Nicholas C. Demetry & Edwin L. Clonts

Erwachende Liebe

Nicholas C. Demetry &
Edwin L. Clonts

Erwachende Liebe

Von Daskalos inspirierte neue Wege
geistiger Heilung
in der heutigen Praxis

HEINRICH SCHWAB VERLAG
ARGENBÜHL-EGLOFSTAL

Titel der Originalausgabe:
„Awakening Love"
© 2001 Nicholas C. Demetry & Edwin L. Clonts
ISBN 1-57733-075-7

Awakening Love ist außer in vorliegender deutscher
Übersetzung in ungarischer, portugiesischer und
tschechischer Sprache erschienen.

ISBN 3-7964-0219-4
1. Auflage 2005
Alle Rechte für die deutsche Ausgabe vorbehalten
© 2005 Heinrich Schwab Verlag KG
D-88260 Argenbühl-Eglofstal
Tel. 0049-7566-941957
e-mail: heinrichschwabverlag@aon.at
http://www.heinrichschwabverlag.de
Umschlaggestaltung: Sabine Beck, book-design
Druck: Aalexx Druck GmbH, Großburgwedel

Wer bin ich?

Quelle ohne Anfang oder Ende
Ohne Wandel –

Erwachtes Herz! Wärme, Freude, Lachen
Ich bin der Ich bin

Gnade, die in ihrem Lächeln scheint
auf sich selbst, für sich selbst und in sich selbst

Die Sprache der Stille spricht –
Still sein heißt alles wissen!

Nick Demetry
Lucknow, Indien 1993

Die Liebe ist der größte Heiler

Unsere Erfahrung der ewigen Wahrheit, das „Ich bin der Ich bin" offenbart, dass Liebe das wahre Wesen der höchsten Wirklichkeit ist.

Du kannst Gott in den Regungen der Liebe spüren. Sie ist Freude, Schönheit, Harmonie, Kraft, Weisheit. Sie ist die vereinigende Kraft. Sie ist der größte Heiler. Christus ist die Verkörperung der Liebe. Deshalb wird Christus als der größte Heiler bezeichnet.

Die Liebe ist die transformierende Kraft, die allen menschlichen Qualitäten zugrunde liegt. Aus diesem Grund ist sie das großartigste Phänomen in der menschlichen Erfahrung. Das Ziel der Liebe in deinem Herzen ist, zu dieser göttlichen Liebe heranzuwachsen. Die Liebe ist das Geheimnis aller Meisterschaft.

Swami Omkarananda

Inhalt

Einführung

Geistige Gesundheit und Spiritualität stehen in einer anerkannten Verbindung zueinander. Diese Verbindung wird von Psychotherapeuten und spirituell Suchenden gleichermaßen aktiv erforscht. Manche Psychotherapeuten integrieren Spiritualität auf kreative und persönliche Weise in ihre therapeutische Arbeit. Sie wirken häufig im Kontext Jungscher oder transpersonaler Psychologie oder sogar im weiten Feld „alternativer Spiritualität" wie etwa der Heilung falscher Einstellungen. Dabei orientieren sie sich an jenen, die eine wirkungsvolle Verbindung zwischen der Psychologie des Innenlebens und den transzendenten Prinzipien und Praktiken der Spiritualität hergestellt haben. Die Psychosynthese des Psychologen Robert Assagioli ist eine solche Verbindung der Technologien der westlichen Psychologie mit der östlichen Spiritualität.

Andere Therapeuten ziehen es vor, die direkte Arbeit mit dem Transzendenten zu vermeiden, anerkennen jedoch, dass Glück und Leben ihrer Klienten irgendwie durch spirituellen Glauben verbessert werden. Die meisten Therapeuten sind geneigt, Spiritualität zumindest als Kernbestandteil bei der Behandlung von Abhängigkeiten durch chemische Mittel und von anderen Süchten zu unterstützen. Nur wenige Heiler dürften die Möglichkeit vollständig von der Hand weisen oder außer Acht lassen, dass die Qualität des Innenlebens durch das Transzendente beeinflusst wird.

Die großen Religionen, in deren Rahmen die meisten Menschen nach dem Transzendenten suchen, müssen erst noch in die Psychologie und Persönlichkeitstheorie integriert werden. Das vorrangige Hindernis einer solchen Synthese besteht in der Unmöglichkeit, integrierte Bereiche des menschlichen Verständnisses mit den zahlreichen sektiererischen und manchmal einander widersprechenden Dogmen der Religionen zu verbinden. Dennoch strebt jede Religion auf ihre eigene Art nach dem Universellen. Folglich muss es irgendeine fassbare und allgemein akzeptable Weise geben, religiöse Erfahrung zu sehen, damit sie sich auf bedeutsame Art mit der modernen Psychologie verbinden kann.

Die Autoren dieses Buchs haben festgestellt, dass einer der Schlüssel zur Lösung dieses Problems in der direkten Beschäftigung mit dem Leben und den Lehren Jesu liegt. Es ist nicht schwer, in Jesus den Meisterheiler und den fortgeschrittenen Psychotherapeuten zu erkennen, selbst wenn man sein Verständnis durch den Schleier der Geschichte und menschlicher Voreingenommenheit aus der traditionellsten Schilderung seines Lebens, aus der Heiligen Schrift nach der Übersetzung Martin Luthers bezieht. Obwohl Jesus fast 2000 Jahre vor Sigmund Freud und den übrigen Psychologiegiganten des 20. Jahrhunderts lebte, demonstrierte er, dass er das Denken und Fühlen des Menschen ebenso gründlich durchschaute wie seinen Geist. Jesus könnte tatsächlich als der Gründer des psychospirituellen Heilens bezeichnet werden.

Die Autoren gelangten auf unterschiedlichen Wegen zu dieser Erkenntnis und verfolgten schließlich, inspiriert durch Stylianos Atteshlis, besser bekannt unter dem Namen Daskalos (griechisch: Lehrer), ein gemeinsames Ziel. Daskalos verbrachte sein gesamtes Leben auf Zypern. Er war ein Mystiker, Heiler, Künstler, Gelehrter und Denker, ein Bruder und ein Führer. Obgleich seine Lehre aus einem christlichen Kontext heraus erfolgte und er sein Leben nach dem Vorbild Jesu führte, lehrte er zugleich die begriffliche wie auch die erfahrungsgemäße Grundlage für die spirituelle Vereinigung der großen Weltreligionen. Er sah das Leben in seiner unteilbaren Ganzheit und trennte die spirituelle Domäne nicht von den übrigen Erfahrungen des Menschen. Vor allem rief Daskalos in seinen Schülern die Erinnerung daran wach, was wahre Liebe ist und dass sie alles ist, und daran, was es bedeutet, ein wirklicher Mensch zu sein, der ein Leben der Liebe führt.

Im April 1994 hatten wir eine private Zusammenkunft mit Daskalos, während der wir ihm unsere unmittelbaren Pläne mitteilten, von Zypern nach Patmos aufzubrechen, der Insel, auf der der Apostel Johannes sein Exil verbracht und auf der er das Buch der Offenbarungen empfangen hatte. Daskalos antwortete, dass Vater Yohannan (Johannes) mit uns sein würde. Während dieser Reise nach Patmos kam uns die Idee, dieses Buch zu schreiben. Daskalos starb Ende des darauffolgenden Jahres.

Im Gedächtnis an Daskalos und in Anerkennung seiner Inspiration integrieren wir in diesem Buch kollektive religiöse Philosophie, individuelle geistige Erfahrung und moderne Psychotherapie.

Herkömmlicherweise werden diese Bereiche oft aufgesplittert und an verschiedenen Orten innerhalb der menschlichen Psyche platziert, wodurch die Entwicklung einer höheren Lebensqualität und innerer Fortschritt behindert werden. Wir beziehen uns dabei auf mehrere überzeugende Modelle, die uns bei unserer eigenen Reise als lehrreiche Landkarten dienen. Enthalten ist in ihnen das Leben und die Lehre Jesu und die Vorstellung eines Energiekörpers mit seinen Chakrazentren, wie sie durch einige heilige Traditionen dargestellt werden.

Durch jahrelange Arbeit in der Psychiatrie und in der Familientherapie haben wir herausgefunden, dass das Gleichnis vom verlorenen Sohn die transformierende Reise jedes Menschen zurück zur Liebe beschreibt. Wir bieten unsere persönlichen Gesprächsaufzeichnungen mit Daskalos sowie praktische Heilungsübungen zur Unterstützung unserer Synthese dar. Im Verlauf des Buchs werden wir die Harmonie zwischen den Lehren Jesu und denen anderer Meister aus anderen Weltreligionen aufzeigen. Wir werden uns auf Jesus konzentrieren, weil er als zentrale religiöse Gestalt der westlichen Zivilisation am besten bekannt ist. Dabei sind wir uns jedoch bewusst, dass spirituelle Lehrer verschiedener anderer Traditionen auf die gleiche Weise dargestellt werden könnten.

Für jene, die im Rahmen der christlichen Tradition aufgezogen wurden, stellt dieses Buch möglicherweise eine Brücke zwischen diesen Wurzeln und der eigenen Psychologie dar. Für jene, die außerhalb des christlichen Glaubens aufgewachsen sind, kann das Buch eine Betrachtungsweise über die eigene Religion veranschaulichen, die sie als Leitlinie zu persönlichem innerem Wachstum und psychospiritueller Transformation zugänglicher macht. In jedem Fall verfolgt das Buch das Ziel, für den Leser Religion wieder zu einem wirklicheren Bestandteil seines Lebens zu machen. Zugleich setzt es sich für die essentielle spirituelle Einheit aller großen Religionen der Welt ein. Es wurde nicht nur für jene geschrieben, die im Gesundheitswesen tätig sind, sondern für alle, die eine bessere Lebensqualität anstreben.

Vor allem aber wollen wir der Liebe als dem Faktor unseren Tribut zollen, der die Menschheit mit der gesamten Schöpfung verbindet. Die praktischen Anwendungen und Übungen dienen dem Zweck, die Blockaden aufzulösen, die uns von der Liebe abschneiden, und die Erinnerung an die Liebe in unserem Herzen neu zu erwecken, die es uns gestattet, die gleichen freudvollen Pfade im Alltag zu beschreiten wie die Heiligen zu allen Zeiten.

I.

EIN SYMBOL DER HEILUNG

Die Bibel spricht vom „wahrhaftigen Licht, welches alle Menschen erleuchtet, die in diese Welt kommen" (Johannes 1, 9). Gott teilt großzügig mit uns sein eigenes göttliches Wesen, das „wahrhaftige Licht", um uns durch seine Gnade zum Zeitpunkt unserer Geburt zu seinen geliebten Söhnen und Töchtern zu machen. Dieses innerste geistige Geschenk, das Jesus so wundervoll im Fleisch zum Ausdruck bringt, wird manchmal „der Christus" genannt. Das Wort „Christus" leitet sich vom griechischen *Christos* ab, was „der Gesalbte" bedeutet. Das „Christus-Selbst" ist folglich ein angemessener Name für unser höheres Geistselbst, das unsere wahre, fortwährende Identität als Kinder göttlichen Lichts schafft.

Durch unser Christus-Selbst sind wir alle für immer EINS, gleich in Größe, Vollkommenheit, Liebe und Rätselhaftigkeit. Aus diesem Grund ist die Aufgabe, sich selbst als verkörperte Liebe zu erkennen, für jede Seele im Wesentlichen gleich. Doch erleben wir durch unsere Persönlichkeitsformen eine Vielzahl von Ängsten, Unvollkommenheiten, Ungleichheiten und Abtrennungen. Unsere

Ressourcen – materiell, kulturell, erzieherisch, emotional, familiär – unterscheiden sich auf vielfältige Weise. Aus diesem Grund ist der Weg zurück zur Selbst-Kenntnis für jede Seele vollkommen einzigartig.

Heilung muss das universelle ebenso wie das besondere Wesen menschlicher Beschaffenheit einbeziehen: das Formlose, das mit der Form interagiert; das Ewige, das mit dem Zeitlichen in Wechselwirkung steht; das Grenzenlose, das in Beziehung zum Begrenzten tritt. Heilung muss den Abstieg des Geistes in das Fleisch und den Aufstieg des Geistes zurück in den Geist ebenso berücksichtigen wie die Aktivität der vielfach eingreifenden Dimensionen. Dieses geheimnisvolle Zusammenspiel zwischen dem Gottessohn (dem Christus-Selbst) und dem Menschensohn (dem menschlichen Wesen) bringt eine progressive Entität namens Seele hervor. Wahre Heilung ist also Seelenarbeit. Jeder noch so kleine Schritt, den die Seele auf ein erweitertes Bewusstsein seines Christus-Wesens hin macht, ist daher ein authentischer Schritt auf dem Weg der Heilung.

Das nachfolgende Symbol soll diesen Heilungsprozess darstellen:

Der Kreis ist das Symbol der Ganzheit oder der Einheit. Es steht für das Einssein, die Vollkommenheit und für das ewige Wesen unseres Christus-Selbst. Es erinnert uns daran, dass alles Gott ist und wir in unserem Christus-Wesen bereits geheilt sind. Die ineinandergreifenden Dreiecke des Hexagramms symbolisieren die Seele, weil sie den Abstieg des Geistes in die Materie und den Aufstieg der Materie zurück in den Geist darstellen. Das Kreuz versinnbildlicht die derzeitige Persönlichkeit, die im übertragenen Sinn durch ihre Beschränkungen in der Welt der Formen gekreuzigt ist und auf ihre Heilung und Auferstehung wartet. Das menschliche Herz, das Zentrum der Liebeserfahrung und Verkörperung der Hoffnung auf Heilung, befindet sich im Schnittpunkt der beiden Kreuzbalken.

Dieses Zeichen spielt im Symbol des Lebens, wie es von Stylianos Atteshlis (Daskalos) verwendet wurde, eine zentrale Rolle, auch wenn es insofern verändert ist, als die beiden Dreiecke fester miteinander verbunden sind. Gemäß Daskalos war es zuerst Origenes, der große Bischof von Alexandria im 3. Jahrhundert, der das Symbol des Lebens verwendete. Unsere Auslegung des oben abgebildeten Zeichens im Rahmen dieses Buchs spiegelt jedoch nicht die Bedeutung wider, die Daskalos ihr im Rahmen des von ihm gelehrten Symbols des Lebens gab. Wir haben für unsere Leser eine mehr psychologische Interpretation gewählt.

Wir verwenden dieses Zeichen bewusst auch, um einen eigenständigen und doch verwandten Prozess der kollektiven Heilung darzustellen. Das Kreuz, dem verschiedene esoterische Bedeutungen zugrunde gelegt werden, ist vor allem als Symbol des Christentums bekannt. Gemäß der christlichen Theologie nimmt es Bezug auf Erlösung und Heil, wie sie durch den Tod Jesu gewährt wurden.

Das Hexagramm wird von altersher als Ornament und magisches Symbol verwendet. Allgemein diente es der Darstellung einer Vereinigung von Gegensätzen, wie etwa jener von Geist und Körper (die Seele), Himmel und Erde, Essenz und Substanz, Feuer und Wasser oder jener von männlichem und weiblichem Aspekt der Gottheit. Im Mittelalter fand es in verschiedenen christlichen, jüdischen und moslemischen Kreisen verbreiteten Gebrauch. Daskalos verwendete das Hexagramm insbesondere als das Symbol der Seele, auch wenn er zu diesem Zweck die Dreiecke mal tiefer und mal weniger tief ineinandergreifen lässt.[1]

Das Hexagramm wurde erst seit dem 19. Jahrhundert speziell mit dem Judaismus assoziiert. Bekannt unter der Bezeichnung „Davidstern" wurde das Symbol schließlich in die israelische Nationalflagge aufgenommen. 1921 legte der jüdische Philosoph Franz Rosenzweig in seinem klassischen Werk *Der Stern der Erlösung* eine eigene Interpretation des Davidsterns vor. Er zeigte auf, dass der Stern die kollektive Seelenaufgabe des jüdischen Volks symbolisiert. Er legte dar, dass die jüdische Aufgabe, wie jene des Christentums, eine der Erlösung ist, indem Gott bewusst in die Schöpfung auf eine Weise hineingebracht wird, die mit dem Verständnis der Juden von der Offenbarung Gottes übereinstimmt.

Das Kreuz als Symbol des Christentums im Innern des jüdischen Davidsterns, der von einem Kreis umfangen ist, bezeichnet die essentielle Einheit aller großen Weltreligionen. Die Erlösungsvorstellung, die im Zentrum sowohl des Christentums als auch des Judentums steht, ist gleichbedeutend mit Heilung, da es sich um den Prozess handelt, der den Geist in der Materie verkörpert und beide im gemeinsamen Zweck vereint. Es ist die Belebung der Schöpfung mit Liebe und Freude, die ihre Möglichkeiten grenzenlos erweitert.

Die Lehren Jesu enthalten universelle Wahrheiten, die in den Worten spiritueller Meister aus allen großen religiösen Traditionen der Welt wunderbar widerhallen. Folglich ist der „Panökumenismus" eines der Nebenthemen, welches das gesamte Buch durchzieht. Das Wort „Religion" leitet sich von dem lateinischen *religere* ab, das „zusammenbinden" bedeutet. Der Religion wird es schließlich gelingen, die Menschen in dem Maß zusammenzubringen, in dem sie eine universale Erfahrung des Herzens und Geistes fördert. Bloße Vorstellungen über Geist oder Dogmen können diese Aufgabe niemals bewältigen. Denkende Individuen werden sich immer Vorstellungen davon machen, was der Geist ist, und diese sind insofern nützlich, als sie tatsächlich die authentische und gemeinsame religiöse Erfahrung fördern. Das Ersetzen religiöser Erfahrung durch religiöse Vorstellungen jedoch erzeugt nichts als weitere konzeptionelle Erfahrung und letztlich Disharmonie.

Es sind diese „Religionen des Verstandes", die im Lauf der Geschichte, häufig verbunden mit den besten Absichten, so viel Uneinigkeit und sogar Blutvergießen verursacht haben. Allein schon das Wort Religion ist in manchen Kreisen zu einem abwertenden Begriff geworden und wird als Hinweis auf all das verstanden, was formalisiert, dogmatisiert, verstaatlicht und diktatorisch ist. Hierin liegt die Ursache für die Vorsicht, die heute viele Menschen zwischen Religion und Spiritualität unterscheiden und sie hervorheben lässt, dass sie zwar spirituell, aber nicht religiös seien. Sie treffen damit eine Aussage zugunsten der direkten persönlichen Erfahrung des Transzendenten außerhalb des Kontexts institutionalisierter Strukturen. Viele schließen sich den eklektischen modernen Trends des New Age oder der „alternativen Spiritualität" an.

Dennoch, die größten Religionen der Welt verfügen über ein enormes Reservoir an gutem Willen und wohlverdienter Weisheit. Sie profitieren von der Ergebenheit und tiefen Loyalität vieler Millionen. Ihr Beitrag zum spirituellen und sozialen Fortschritt der Menschheit hat weit mehr Gewicht als jegliche historischen Fehler. Es gibt keinen Grund, warum sie sich nicht zusammen mit glaubwürdigen alternativen Bewegungen der gemeinsamen Aufgabe stellen sollten, Liebe und Brüderlichkeit unter allen Völkern der Welt zu fördern, unabhängig von ihren religiösen Philosophien. Das Beispiel, das Jesus und viele andere Meister der unzähligen Weisheitstraditionen gegeben haben, kann uns den Weg weisen, damit wir uns im Licht und in der Einheit des Geistes wahrhaft zusammentun.

Ein Überblick über die geistige Heilung

Es sind viele Mittel und Methoden bzw. Techniken zur Anregung der Lebenskraft, zum Ausgleich körperlicher und emotionaler Gleichgewichtsstörungen und zur Förderung des Wohlbefindens entwickelt worden. Zu diesen gehören solche physischer Art wie Diät und körperliche Anwendungen, Energietechniken wie Homöopathie und Chi-Gong, emotionale bzw. mentale Zugangswege wie Hypnose, Psychotherapie und Visualisation wie auch die verschiedenen Kombinationen zwischen diesen. Der Bereich der geistigen Heilung liegt auf einer Linie mit all diesen Methoden, geht jedoch tiefer. Der geistige Zugang folgt aus dem Verständnis dafür, dass letztlich jeder von uns Geist ist – ein menschlicher zwar, doch tatsächlich ebenso sehr Geist wie ein Engel. Deshalb ist jede Art des Heilens, ob bewusst oder unbewusst, letztlich ein Aspekt geistiger Heilung, denn der Geist ist der letztliche Ursprung aller Heilung und allen Wohlbefindens.

Geistige Heilung bringt einfach das Geistige ganz bewusst bei jeder Art Heilungsbestrebung ins Spiel. Es gibt jetzt viele Studienwege, die geistig auf alles einwirken, von der Lebensverlängerung bis zur Linderung von Depression.

Wir anerkennen folgende Axiome bezüglich geistiger Heilung:

I. Bedingungslose Liebe ist das, was in Wahrheit heilt, die eigentliche Vermittlerin der Heilung. Liebe ist die reinste und umfassendste Offenbarwerdung des Seins, die wir erfahren können. Wir lieben, weil wir SIND. Indem wir Liebe erwecken, schaffen wir Raum für Gott und unser eigenes Christus-Selbst, um uns und anderen wahr und echt gegenüberzutreten. Dieses höhere Bewusstsein setzt wunderbare Heilungsmöglichkeiten frei, unabhängig von der jeweils angewandten Methode.

II. Die geistige Perspektive verleiht uns eine total neue Sicht auf Krankheit und Verletzung. Statt sie als ein zufälliges Unheil zu betrachten, können wir in unserer Verletzung eine Gabe der Seele erblicken, die unsere Aufmerksamkeit erfordert, um den Weg zur Ganzheit und Transformation zu weisen. In der Psychotherapie ist es recht gut bekannt, dass unsere Verletzungen in Stärken umgewandelt werden können. Die „sieben Todsünden" im Christentum werden, wenn sie umgewandelt sind, zu den Tugenden der sich emporentwickelnden Persönlichkeit. Sogar der Vorgang des Sterbens und der Tod können diesem Zweck dienen.

III. Es ist wesentlich für das Wohlbefinden, Selbstverantwortung zu übernehmen für unsere Gedanken, Gefühle und Handlungen (der Bereich der Persönlichkeit und ihres Wollens). Wir erkennen, dass wir die Wahl haben, auf unsere menschliche Erfahrung mit der Kraft, Freiheit und Freude einzugehen, die unserem inneren geistigen Selbst natürlich sind und ihm innewohnen. Der Wille unseres eigenen inneren Selbst ist nichts anderes als der Wille Gottes, doch müssen wir ihn bewusst wählen. Eine wirksame Art und Weise, uns unserer Wahlmöglichkeiten und ihrer Folgen bewusster zu werden, liegt in der Untersuchung der Emotions- und Gedankenkomplexe, die wir erzeugen und die die von uns erfahrene Wirklichkeit ausmachen.

IV. Geistige Heilung findet einzig und allein im gegenwärtigen Augenblick statt, wenn die Zeit dem Ewigen und Wunderbaren Platz macht. Wir können die Gegenwart Gottes und unsere eigene geistige Natur nur im zeitlosen JETZT erfahren. Zeit liegt im Vorhandensein des Intellekts, der auf das Ego gegründet ist und sich von Schuld und Scham aus der Vergangenheit und Furcht vor der Zukunft einnehmen lässt.

V. Es sind uns viele Möglichkeiten offen, um in Kontakt mit dem Geist zu kommen. Dazu gehören:

– Gebet, durch das wir unseren Menschenwillen mit Gottes höherem Willen in Einklang bringen, Dankbarkeit ausdrücken und anderen Unterstützung zukommen lassen.

– Meditation, durch die wir innere Stille und höhere Bewusstwerdung fördern. Zahlreiche Techniken werden geübt und gelehrt.

– Geführte Visualisation und Introspektion zur Verstärkung unserer Absicht und als Hilfe, uns von begrenzenden Gedankenbildern zu befreien.

– Die eingehende Untersuchung aller Aspekte unserer Persönlichkeit: Gedanken-, Gefühls- und Handlungsanalyse.

– Das Studium der universalen Prinzipien, durch die uns der Geist leitet. Einige Beispiele sind die Prinzipien von Einssein, Veränderung, Demut, Ursache und Wirkung, Ausgleich, Fülle, Vergebung und Übergabe. Diese Prinzipien und andere finden ihren Niederschlag in Schriftstellen wie dem Vaterunser und dem Gleichnis vom verlorenen Sohn.

Die Gesetze der geistigen Heilung werden im ganzen Buch gründlich erforscht. Wir wollen damit beginnen, dass wir das Leben und die Lehren von Jesus und seinen Aposteln als Modell für das Verständnis des Heilungsprozesses und der geistigen Umwandlung nehmen.

II.

DIE BESCHAFFENHEIT DES MENSCHEN

Allgemeine Bereiche menschlicher Erfahrung

Wir haben einen Überblick über das Heilen und seinen Zweck gegeben. Nun liegt es nahe, sich näher mit
der Beschaffenheit des Menschen und der Rolle zu beschäftigen, die diese bei unseren Erfahrungen hier auf der
Erde spielt. Die drei Funktionen menschlicher Erfahrung sind
Denken, Fühlen und Handeln. Die Denkfunktion kommt
durch die höheren Tugenden Weisheit und Wahrheit zum
Ausdruck. Die Fühlfunktion drückt sich durch die höheren
Tugenden Liebe, Mitgefühl und Hingabe aus. Die kineti-
sche Funktion kommt zum Ausdruck durch die höheren
Tugenden des richtigen Handelns und richtigen Einsatzes
des Willens durch die richtige Verwendung von Kraft für
die physische Manifestation. Der Körper wird oft symbolisch in drei mit diesen Funktionen korrespondierende
Zentren „zergliedert": Kopf, Herz und Bauch. Jeder
Mensch neigt dazu, sich insbesondere von einer dieser
drei energetischen Erfahrungsebenen angezogen zu fühlen.

Dieses besondere Modell des Körpers kann illustriert werden, indem man sich die Apostel Jesu als Christus-Körper und Jesus selbst als das vollkommene Christus-Licht in ihrer Mitte versinnbildlicht. Der Apostel Thomas repräsentiert den „Kopf" dieses Körpers, Johannes das „Herz" und Petrus den „Bauch".

Thomas war der Intellektuelle, der Wissenschaftler, der Skeptiker, der eine Bestätigung durch sichtbare Beweise brauchte, bevor er das Phänomen als Tatsache zu akzeptieren vermochte. Trotz zahlreicher Augenzeugenberichte über die Auferstehung Jesu durch vertrauenswürdige Anhänger glaubte er nicht, bis er den auferstandenen Jesus mit seinen eigenen Augen gesehen und dessen Körper mit seinen eigenen Händen berührt hatte. Jesus reagierte, indem er sagte: „Weil du mich gesehen hast, Thomas, so glaubst du. Selig sind, die nicht sehen und doch glauben!" (Johannes 20, 29) Thomas ist im Lauf der Jahrhunderte als der „ungläubige Thomas" bekannt geworden.

Es ist klar, dass die meisten gebildeten Mitglieder der modernen Gesellschaft Thomas' wissenschaftliche Kopf-Orientierung als das beste Modell betrachten, um das Leben zu verstehen und darauf zu reagieren. Wissenschaft ist ihrem Wesen nach aufgeschlossen, weil sie auf der Annahme beruht, dass das augenblickliche Wissen über ein Phänomen nicht zwangsläufig alles ist, was es zu wissen gibt, und dass durch fortgesetzte Beobachtung vielleicht mehr in Erfahrung gebracht werden kann. Selbst in religiösen Kreisen überwiegt häufig die „Kopf"-Energie. Es gibt erklärte Anhänger Jesu, die die tolerante und aufgeschlossene, doch zugleich skeptische Weltsicht an den Tag legen, die man mit der „Thomas"-Perspektive in Verbindung bringt. Bei ihnen ist es am wahrscheinlichsten, dass sie viele verschiedene Aspekte der Lehren Jesu erfassen.

Das Evangelium Jesu, auch wenn es vielseitig ist, ist vor allem ein Evangelium der Liebe. Die Erfahrung des Christus-Lichts im Innern durchzieht das gesamte Sein eines Menschen, doch zentriert ist es in Wahrheit im Herzen. Spontane herzliche Güte und uneigennützige Dienstfertigkeit bilden sich in jenen, deren Herzen durch den Christus erweckt sind.

Die Bibel bezeichnet den Apostel Johannes als den „Jünger, den Jesus lieb hat". Da es im höchsten Maß unwahrscheinlich ist, dass Jesus einen seiner Anhänger den anderen vorzog, ist es wahrscheinlich, dass Johannes diese Benennung erhielt, weil er der einzige Apostel am Kreuz war, als Jesus starb, und weil er in seinen späteren Briefen so ausführlich über die Liebe schrieb. Der nachfolgende Abschnitt hebt die „Herz"-Perspektive des Johannes hervor:

Ihr Lieben, lasst uns einander liebhaben; denn die Liebe ist von Gott, und wer liebhat, der ist von Gott geboren und kennt Gott. Wer nicht liebhat, der kennt Gott nicht; denn Gott ist Liebe. (1. Johannes 4, 7-8)

Das hohe Ideal göttlicher bedingungsloser Liebe ist das Ziel zahlreicher Anhänger Jesu. Vielleicht erreichen nur wenige diesen Gipfel der Seelenerfahrung, doch viele sind unermesslich gewachsen und haben das Leben jener bereichert, die sie berühren, indem sie das Ideal einfach nur in ihren Herzen bewahren.

Der Bauch symbolisiert das Reich der Kraft, Leistung, Sexualität und göttlich instinktiver Intelligenz. Jene, die sich durch das „Bauch"-Zentrum angezogen fühlen, werden durch die Lehren motiviert, die im Zusammenhang mit Kraft und angemessenem Handeln stehen. Sie fühlen sich herausgefordert, spirituelle Abstraktion auf konkreten Wirklichkeiten im physischen Reich zu gründen. Sie bewegen, erschüttern und errichten die Welt angetrieben mehr durch ihren Instinkt als durch den Intellekt. Nach Daskalos' Auffassung ist dies die Sphäre, mittels derer der Heilige Geist uns durch das Labyrinth des Lebens führt.[2]

Unter den Aposteln verkörpert Petrus den „Bauch"-Bereich am stärksten. Dies hat Jesus mit den Worten verdeutlicht: „Du bist Petrus, und auf diesen Felsen will ich meine Gemeinde bauen." (Matthäus 16, 18) Petrus wurde nach Jesu Tod schließlich zum Kopf der frühchristlichen Kirche in Jerusalem. Petrus hatte eine kraftvolle und dominierende Persönlichkeit. Er agierte gerne spontan und entschlossen, wenn auch nicht immer klug, auf der Basis seines Instinkts. Ein Beispiel ist die nachfolgende Episode im Garten von Gethsemane, die sich ereignete, als die Soldaten der Hohenpriester und Pharisäer an Jesus herantraten, um ihn zu verhaften:

Da hatte Simon Petrus ein Schwert und zog es heraus und schlug nach des Hohenpriesters Knecht und hieb ihm sein rechtes Ohr ab. Und der Knecht hieß Malchus. Da sprach Jesus zu Petrus: Stecke dein Schwert in die Scheide! Soll ich den Kelch nicht trinken, den mir mein Vater gegeben hat? (Johannes 18, 10-11)

Der historische missionarische Eifer und soziale Aktivismus der Anhänger Jesu bezeugt die mächtige Rolle des „Bauch"-Bereichs, die er im religiösen Leben in den vergangenen zweitausend Jahren spielt. Es war immer leicht, im Bereich religiösen Aktivismus' zugleich die göttliche Kraft und die menschliche Torheit auszumachen, die typisch für Petrus ist.

Die Persönlichkeit und ihr Schatten – ein Überblick

Die Schöpfung ist da, um Wahrheit und Schönheit durch den Geist in Zeit und Raum zu manifestieren. Unsere Körper haben die Aufgabe, eine direkte Verbindung zwischen Schöpfer und Schöpfung herzustellen, ein Werkzeug bewussten Mitschaffens mit Gott zu sein, wenn wir es wollen. Unsere Körper verfügen nicht nur über eine physische, sondern auch über emotionale und mentale Strukturen, die miteinander in Wechselwirkung stehen, um einen einzigartigen Ausdruck im Rahmen von Zeit und Raum hervorzubringen. Um dem Zweck dieses Buchs zu dienen, definieren wir diesen emotionalen/mentalen Ausdruck als Persönlichkeit. Doch handelt es sich hier lediglich um eine praktische und funktionale Definition, denn es muss anerkannt werden, dass die Persönlichkeit eines Menschen in Wahrheit zu geheimnisvoll ist, um definierbar zu sein, auch wenn bestimmte Aspekte von ihr beobachtet und beschrieben werden können. Während die Persönlichkeit in dem Sinn unveränderlich ist, dass ich immer einzig und allein „ich" bin, muss dieser gegenwärtige Ausdruck meines Ich gereinigt und verfeinert werden, um als Manifestation der Liebe und als Mittel der Schöpfung dienen zu können.

So wie sich der physische Körper aus Organen zusammensetzt, die gesunde ebenso wie ungesunde Zellen enthalten, verfügt auch die Persönlichkeit als Ganzes über eigene funktionierende „Organ"-Strukturen. Diese Organstrukturen, die umgrenzte Bereiche der Erfahrung regulieren, heißen im östlichen metaphysischen Denken Chakren. Sie werden in einem späteren Kapitel ausführlich besprochen. Die Chakren setzen sich aus ureigenen „zellulären" Bausteinen zusammen, denen Daskalos den Namen Elementale gegeben hat. Wie die physische Zelle, die gesund oder ungesund, z.b. krebsartig, sein kann, können auch die Elementale ihrem Wesen nach positiv oder negativ sein. Die positiven Elementale werden als Gedankenwünsche oder Tugenden bezeichnet. Sie sind reine Gedankenformen, die vom höheren Verstand unterstützt durch die Inspiration des Geistes geschaffen werden. Die negativen Elementale heißen Wunschgedanken und sind Substrate eines Suchtbewusstseins. Es handelt sich bei ihnen um emotionale Gedankenformen, die den Verstand versklaven.[3]

Die Bibel bezeichnet diese negativen Elementale als „Dämonen" oder „unsaubere Geister". Ein jedes von ihnen hat einen „aufgeblasenen" und einen „reduzierten" Aspekt, ähnlich wie ein Kugelfisch. Sie erwecken den Anschein, Gegensätze zu sein, stellen jedoch in Wirklichkeit ein und dieselbe Kreatur dar und haben im Wesentlichen die gleiche Auswirkung auf den Verstand. Beispiele sind: Schüchternheit gegenüber Tollkühnheit, Eitelkeit gegenüber Selbstherabsetzung, Maßlosigkeit gegenüber Selbstverleugnung, Faulheit gegenüber „Workaholismus", Dominanz gegenüber Unterwerfung. In einem beliebig gelegenen sozialen Kontext kann es natürlich sein, dass ein Aspekt funktionaler als der andere ist. Manchmal kann es schwer fallen, bei einer Person allein auf der Basis des äußeren Verhaltens einen aufgeblasenen Dämon von einer wirklichen Tugend zu unterscheiden. Großzügiges Verhalten etwa kann entweder tugendhaft und spontan aus einem Gefühl des Überflusses entstehen oder aber egozentrisch aus einem Wunsch, selbst etwas zu „kriegen" oder zu kontrollieren. Es ist gut, sich daran zu erinnern, dass Judas Jesus mit einem Kuss verraten hat.

Negative Elementale sind die Auswirkung der Entscheidung, primäre Identität aus der materiellen Ebene mit all ihren Illusionen von Trennung, Angst, Verletzbarkeit und Tod abzuleiten. Diese Elementale versklaven die Persönlichkeit in dem Maß, in dem wir unsere einmal getroffene Wahl fortgesetzt durch Gedanken, Gefühle und Handlungen energetisieren. Die Identifikation mit diesem Komplex negativer Elementale wird manchmal als Egoismus bezeichnet. Auf diese Weise erleben wir den Schatten, von dem C.G. Jung gesprochen hat. Das Problem des Egoismus wird im Verlauf des Buchs aus verschiedenen Perspektiven betrachtet werden.

Um in diesem Zusammenhang zu der Metapher zurückzukehren, in der die Apostel Jesu den Christus-Körper darstellen, so ist klar, dass Judas den Schatten im Innern dieses Körpers repräsentiert. Judas wurde schließlich von den Elementalen Gier, Angst, Stolz und Machtlust verzehrt. Er ist ein extremes Beispiel dafür, wie destruktiv der Schatten sein kann, wenn man sich ganz und gar mit ihm identifiziert. Selbstzerstörerische Kulte charakterisieren den Schatten modernen religiösen Lebens am besten. Ihnen wurde in den Medien bereits viel Aufmerksamkeit zuteil. Solche Kulte verbergen sich meist hinter einer spirituellen Fassade, doch sind sie in Wahrheit durch Angst und Isolation gekennzeichnet. In der Regel werden sie von einer charismatischen Einzelperson dominiert, die das Kommando über die Gedankenprozesse der Gruppenmitglieder übernimmt, um ihr eigenes Kontrollgefühl zu steigern. Das einzelne Gruppenmitglied muss seine persönliche Integrität und jedes Bedürfnis nach Selbstbestimmung aufgeben, um im Gegenzug die tröstliche Akzeptanz der Gruppe zu erhalten.

Diese schattenhaften Elementale sind bis zu einem gewissen Grad nahezu in jeder Religion erkennbar, da sie in jedem Individuum existieren. So durchdringend ist der Schatten in unserer Welt, dass er häufig zum dominierenden Element der Persönlichkeit wird. Der Schatten vermittelt dem abgetrennten Individuum kraft der Größe, Form und Position, die er in der Persönlichkeit einnimmt, das Gefühl der Einzigartigkeit. In Wirklichkeit besitzt er keinerlei kosmische Realität; der Schatten ist nichts anderes als die Abwesenheit des Christus-Lichts im Bewusstsein.

Die Persönlichkeit, die sich so heftig mit dem Irrealen identifiziert, wird von Daskalos als die „derzeitige Persönlichkeit" oder das „gegenwärtige Persönlichkeitsselbst" oder als die „vorübergehende Persönlichkeit" bezeichnet.[4] Die derzeitige Persönlichkeit kann sich, da sie von Egoismus „überschattet" wird, durch diese Illusion der Besonderheit angezogen fühlen. In Wirklichkeit erschafft diese Illusion so viel Leiden, dass die Persönlichkeit im übertragenen Sinne gekreuzigt wird. Wir wenden daher das Keuz als ein Symbol für die gekreuzigte derzeitige Persönlichkeit an.

Die erleuchtete Persönlichkeit andererseits identifiziert sich mit dem, was sie IST. Als verkörperte Liebe, die die Schönheit und das Wunder Christi in der Schöpfung manifestiert, hat diese Persönlichkeit den überragenden und sich unablässig entfaltenden Zweck erreicht, für den sie erschaffen wurde. Während sie für alle Zeiten in Liebe, Weisheit und Macht als Bestandteil einer unsterblichen Seele wächst, erkennt sich diese Persönlichkeit, die Daskalos als die *permanente Persönlichkeit* bezeichnet, als einzigartiges Wesen mit einer unveränderlichen Identität.[5] Wenn sich die Persönlichkeitsidentität mit dem Christus-Selbst verbindet, kann der Erleuchtete mit der gleichen Sicherheit wie Jesus sagen: „Ehe denn Abraham ward, bin ich." (Johannes 8, 58) Auf einer solchen Bewusstseinsebene können die Persönlichkeit und die Seele nicht voneinander unterschieden werden, weil die Persönlichkeit zum eigentlichen Ausdruck der Seelentugenden in Zeit und Raum gelangt ist.

Bevor die Auferstehung und Himmelfahrt der Persönlichkeit stattfinden können, müssen ihre Schattenelemente oder negativen Elemente bewusst dem Christus-Licht zum Zweck der Heilung zugeführt werden. Die Bibel bezeichnet diesen Prozess als Reue. Heutzutage neigen wir eher dazu, ihn als Psychotherapie zu sehen. Wie immer wir den Prozess auch nennen, der Schatten kann ein mächtiger Anstifter zu transformierenden Veränderungen sein, wenn er eingesetzt wird, um uns zu zeigen, wo auf unserem Weg zur Buße Vergebung erforderlich ist. Der Judas in uns selbst kann daher der eigene Führer zu Liebe und Freiheit sein oder aber der eigene Zerstörer, je nachdem wie wir uns zu ihm in Beziehung setzen. Die Wahl, Leben oder Tod, ist wie immer die unsere.

Schatten und Tugenden

Um das Wesen des Schattens und seines Einflusses auf die Persönlichkeit besser zu verstehen, ist es hilfreich, einige seiner häufigeren Manifestationen zu betrachten. Die „sieben Todsünden" der christlichen Tradition – namentlich Hochmut, Geiz, Wollust, Neid, Völlerei, Zorn, Trägheit – ebenso wie die Schatten Angst und Unehrlichkeit sind hier nützlich, um der Veranschaulichung zu dienen. Diese Grundfehler oder negativen Elementale werden folgendermaßen definiert:

1. Zorn: Eine emotional aggressive oder „Kampf"-Reaktion auf eine vermeintliche Bedrohung.

2. Hochmut: „Vornehmer Egoismus", ein Dämon im Gewand eines Lichtengels.

3. Unehrlichkeit: Absichtliche Widersprüchlichkeiten im Denken, Fühlen und Handeln, die ihren Ursprung in der Angst vor der Wahrheit haben.

4. Neid: Ein schmerzhaftes Gefühl der Diskrepanz zwischen einem selbst und anderen, erhöht durch Gefühle des Sehnens und Vermissens.

5. Geiz: Aus einem Gefühl des Mangels heraus fehlende Bereitschaft, etwas, das man besitzt, loszulassen. Ein Zustand, in dem man von seinem Besitz besessen ist.

6. Angst: Die emotionale „Flucht"-Reaktion auf eine vermeintliche Bedrohung.

7. Völlerei: Hungern nach angenehmen Erfahrungen als Mittel, um einer vermeintlichen Bedrohung zu entkommen.

8. Wollust: Ein übertriebenes Konsumierbedürfnis, verbunden mit dem Wunsch zu dominieren und zu kontrollieren, entstanden aus einem Gefühl der Verletzlichkeit.

9. Trägheit: Nachlässigkeit gegenüber den essentiellen Aufgaben des Konzentrierens und Neubelebens, insbesondere in Bezug auf sich selbst; selbsttötend und sich selbst vernachlässigend.

Da die Dunkelheit nur durch das Licht ausgelöscht werden kann, werden nachfolgend die entsprechenden Tugenden oder positiven Elementale aufgeführt und definiert, die erforderlich sind, um die vorangegangenen Schatten zu ersetzen:

1. Gelassenheit: Die Akzeptanz des göttlichen Zwecks.

2. Demut: Das Wissen um die Aufrechterhaltung durch Gnade.

3. Aufrichtigkeit: Eine Übereinstimmung von Gedanken, Gefühlen und Handlungen, die aus dem Vertrauen resultieren, dass die eigenen Bemühungen den Willen Gottes widerspiegeln.

4. Gleichgewicht und Stabilität: Der Geisteszustand, der seinen Ursprung im Bewusstsein vom göttlichen Ursprung aller Dinge hat.

5. Nichtfesthalten: Die Fähigkeit, das Leben in seiner ganzen Fülle zu leben, ohne irgendetwas davon festzuhalten.

6. Tapferkeit: Vertrauensvolles Handeln im Angesicht von Widrigkeiten, die ihren Ursprung im Bewusstsein von der Unverletzbarkeit der eigenen Geistkernwirklichkeit haben.

7. Engagement: Die Aufrechterhaltung eines stetigen Handlungsverlaufs, um die eigenen höheren Ziele zu erreichen. Der Drang, „mit dem Weitermachen weiterzumachen".

8. Hingabe: Loslassen und Gott machen lassen.

9. Entschlossenes Handeln: Handeln, das seine Wurzeln im Begreifen des eigenen Selbst hat.

Obgleich diese Schatten und Tugenden recht klar zu sein scheinen und aufgrund ihrer Definition einleuchten, erfolgt ihre Manifestation in der menschlichen Persönlichkeit auf subtilere Weise. Das Heilen verlangt von uns, die elementaren Schatten in der Persönlichkeit zu erkennen und zu Tugenden zu transformieren.

Wenn man in der Geschichte zurückblickt, kann man in frühen semitischen religiösen Traditionen uralte Ansätze für den Umgang mit dieser Herausforderung finden. Das Enneagramm ist eines dieser alten Systeme, das es uns gestattet, uns auf diese Weise zu verstehen. Die Sünden und die entsprechenden universalen Tugenden, wie oben aufgeführt, sind die Grundlage zur Bildung und

Entfaltung der neun Persönlichkeitstypen des Enneagramms. Wenn wir auch anerkennen, was wir der Theorie des Enneagramms verdanken, soll jedoch hier in diesem Buch auf die Einzelheiten des Enneagramms nicht näher eingegangen werden. Dagegen wollen wir, durch Daskalos dazu angeregt, aufzeigen, wie diese Untugenden durch die Lehren Jesu und andere Weisheitstraditionen in Tugenden umgewandelt werden können. Falls das Bedürfnis besteht, das Enneagramm eingehender zu studieren, empfehlen wir die Bücher von Ebert und Rohr, Palmer, Bennet und Riso.

Ursprung der derzeitigen Persönlichkeit: Der Fall

Das Tierreich weist verschiedene Arten instinktiver Intelligenz auf, die weit jenseits normaler menschlicher Fähigkeiten angesiedelt sind. Viele Völker, insbesondere, wenn in ihrer Spiritualität traditionell die Erde im Zentrum steht, betrachten Menschen und Tiere in Gottes Schöpfung als gleichwertig. Menschen verfügen jedoch über eine Fähigkeit, die sie aus dem Tierreich heraushebt. Dies ist die Fähigkeit zur Selbstbewusstheit und Selbstbeobachtung, die seit den Tagen von Sigmund Freud als das Ego bekannt ist. Selbst auf einer rein physischen Ebene des Bewusstseins und bei einem sehr niedrigen Intelligenzniveau erhalten Menschen diese Fähigkeit aufrecht, sich ihrer individualisierten Ego-Identität bewusst zu sein. Das Ego scheint eine angeborene Funktion des menschlichen Geistes und ein hervorragendes Merkmal der menschlichen Persönlichkeit zu sein.

Auf den höheren Ebenen des Bewusstseins, die zu erreichen dem Menschen bestimmt ist, besitzt die Persönlichkeit jedoch auch die Fähigkeit, sich mit ihrem inneren Christus-Selbst zu identifizieren. Dieses Christus-Bewusstsein wird in einer wunderbaren Verbindung mit allem, was ist, erfahren, denn das Christus-Selbst ist ein reines Geistfragment des Göttlichen. Daskalos bezeichnet das Christus-Selbst als „Geist-Ego-Selbst" oder als die „heilige Monade", um sein individualisiertes Wesen zu betonen. Diese höhere spirituelle Ebene der Selbstbeobachtung findet durch eine reflektive Funktion des höheren Verstandes statt, der manchmal als „Überbewusstsein" bezeichnet wird. Wie ein Spiegel, der gesäubert werden muss, damit er ein klares Bild zurückwerfen kann, muss dieser höhere Verstand nach Daskalos' Auffassung durch Vergebung gereinigt werden, um dem Selbst-Beobachter ein deutliches Christus-Selbst zurückzuspiegeln.[6] Der Apostel Paulus nahm Bezug auf diesen Prozess, als er schrieb: „Ein jeglicher sei gesinnt, wie Jesus Christus auch war." (Philipper 2, 5)

Die erwachte Persönlichkeit ist eine von Selbstbewusstheit erfüllte Seele, die sich selbst als individualisierte, geistergriffene, multidimensionale Entität erkennt und sich entfaltet, indem sie ihr eigenes göttliches und vollkommenes Wesen progressiv erfährt. Lediglich auf der schwächsten Ebene des Bewusstseins erlebt die Persönlichkeit ihre eigene Kreuzigung. Tragischerweise spielt diese Ebene menschlichen Bewusstseins die ganze Menschheitsgeschichte hindurch eine vorherrschende Rolle.

Jesus ist das profundeste und dramatischste Lehr-beispiel aller Zeiten, das Kreuzigung und Tod bedeu-tungslos gemacht hat. Warum erhalten wir dann weiterhin unsere eigene Kreuzigung aufrecht, indem wir uns so ausschließlich mit einer isolierten Ich-Form identifizieren und unser Christus-Selbst leugnen?

Die biblische Geschichte von Adam und Eva im Garten Eden stellt eine allegorische Erklärung für diesen Fall aus dem Bewusstsein dar, der in der Morgenröte der Menschheitsgeschichte begann und bis zum heutigen Tag fortdauert. Adam und Eva lebten in dem Garten, in dem sie erschaffen wurden, in Harmonie mit Gott. Gott warnte sie, nicht vom „Baum der Erkenntnis des Guten und Bösen" zu essen, da sie sonst sterben würden. Die Schlange führte Eva in Versuchung, indem sie sagte: „... sondern Gott weiß: an dem Tage, da ihr davon esst, werden eure Augen aufgetan und ihr werdet sein wie Gott und wissen, was gut und böse ist." (1. Mose 3, 5) Eva und dann auch Adam gaben dieser Versuchung nach und aßen von dem Baum. Sie schämten sich sogleich ihrer Nacktheit und wurden von Gott mit den Worten aus dem Garten vertrieben: „Denn du bist Erde und sollst zu Erde werden." (1. Mose 3, 19)

Ein jeder von uns ist Adam und Eva. Die Verführung der Schlange, von den verbotenen Früchten zu essen, um „wie Gott" zu sein, steht für die Versuchung des Egos, sich vorrangig mit der Welt der Form zu identifizieren und über die Welt als „Gott" zu herrschen. Durch diese falsche Identifikation, die unsere spirituelle Quelle verleugnet, versuchen wir uns selbst „nach unserem Bild" zu erschaf-fen. Statt unsere gottgegebene Einzigartigkeit und Ganzheitlichkeit zu akzeptieren, erliegen wir der Versuchung des Egos, Einzigartigkeit und Macht gerade durch das zu empfinden, was nicht Gott ist.

Das Ego schafft und erhält dieses grandiose und illusorische falsche Selbst aufrecht, indem es einen Schleier aus negativen Elementalen schafft, die ihrerseits wiederum den Blick auf das wahre Christus-Selbst verstellen. Der Akt, sich von Gott, der Schöpfung und dem eigenen wahren Wesen abzuspalten, ist von Natur aus beängstigend; folglich basieren all diese negativen Elementale auf Angst. Jeder Akt der Verletzung und des Todes durch diese derzeitige Persönlichkeit ist in der einen oder anderen Hinsicht eine Reaktion auf den Gott der Angst, der sie nun beherrscht. In seiner grundlegenden Unzufriedenheit versucht das Ego seine Leere durch süchtig machendes Suchen zu füllen.

Dieser Prozess des Falls, den wir ununterbrochen wiederholen, lässt sich durch eine symbolische Darstellung weiter verdeutlichen. Die individuelle Menschenseele gleicht ihrem Wesen nach Adam und Eva im Garten Eden. Wie nachfolgend dargestellt, steht sie ganz und erfüllt von Selbstbewusstsein im Kreis der Einheit.

Kreis der Einheit

Die Entscheidung des Egos, sich ausschließlich mit seinem individuellen Körper zu identifizieren und aus dem Garten des Gott-Bewusstseins herauszutreten, kann wie folgt dargestellt werden:

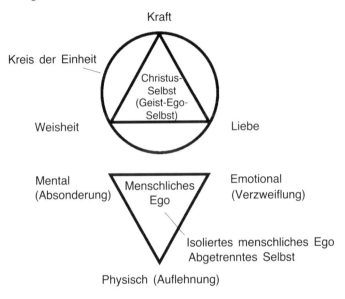

Das illusorische Wesen des Prozesses wird durch die außerhalb des Kreises der Einheit befindliche Körperform symbolisiert, wo in Wahrheit nichts existieren kann.

Der Schleier negativer Elementale, die das selbstbeobachtende Ego projiziert, um sich den Blick auf sein wahres Selbst zu verstellen, ist der Schatten der derzeitigen Persönlichkeit. Die ungeheilte Persönlichkeit, die durch schattenhafte Illusionen abgetrennt und durch ihren mitleiderregenden Versuch, „Gott zu spielen", gekreuzigt wird, lässt sich folgendermaßen aufzeigen:

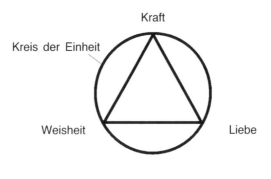

Kraft

Kreis der Einheit

Weisheit

Liebe

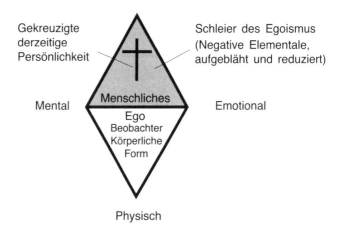

Gekreuzigte
derzeitige
Persönlichkeit

Schleier des Egoismus
(Negative Elementale,
aufgebläht und reduziert)

Mental

Menschliches
Ego
Beobachter
Körperliche
Form

Emotional

Physisch

Dieser tägliche Prozess der Abtrennung, durch den wir den Kontakt zu unserer Quelle abbrechen und versuchen, Gott zu spielen, ist eher eine Folge von Vergesslichkeit und Unwissenheit als eine böswillige Absicht. Wie ließe sich sonst erklären, dass wir Kreuzigung und Tod den Vorzug vor Leben und Freiheit geben? Untersuchungen des Ablösungsprozesses des Kindes von den Eltern nach der Geburt können uns darin unterstützen, die primären Gefühle besser zu verstehen, die wir empfinden, wenn wir vom Bewusstsein der Anwesenheit unseres Schöpfers getrennt sind.

Ein Modell des Falls: Die Kind-Eltern-Ablösung

Das ursprüngliche „Vergessen" oder die Abtrennung findet statt, sobald wir durch unsere Geburt in die Welt der Form treten. Anfangs erleben wir uns selbst nicht als abgetrennt von unseren Eltern. Das Bewusstsein von uns selbst als eigenständige Individuen ist ein allmählicher und entscheidender erster Schritt in dem Prozess, durch den wir unsere einzigartige Seelenidentität gewinnen. Diese Ablösung kann zu früh, rechtzeitig mit psychologischer Bereitschaft oder aber zu spät stattfinden; sie kann mit Liebe oder mit Verurteilung, in Sicherheit oder in Angst geschehen. Die Art und Weise, in der die Ablösung erfolgt, wird in vielerlei Hinsicht darüber entscheiden, für wen wir uns selbst halten, wenn wir erkennen, dass wir nicht mehr unsere Eltern sind.

In unserer Kultur müssen viele Kinder die Abtrennung von ihren Eltern erleben, bevor sie psychisch bereit dazu sind. Michael Trout, der Leiter des *Infant-Parent Institute,* einer Organisation, die sich mit der geistigen Gesundheit von Kleinkindern beschäftigt, hat über entwicklungsbedingte gesellschaftliche Veränderungen und ihre tiefgreifenden Auswirkungen auf Neugeborene gesprochen und geschrieben. In einer seiner Arbeiten mit dem Titel *„The All American Infant: At Odds with Its*

Evolution" (Das typische amerikanische Kleinkind: Die Abweichung von seiner Fortentwicklung) stellt er archäologisches und kulturübergreifendes Beweismaterial dafür vor, dass Kleinkinder seit Millionen Jahren in ihren ersten Lebensjahren fast ununterbrochenen Körperkontakt mit ihren Eltern oder den sie versorgenden Geschwistern hatten – bis heute.[7]

Der Zusammenbruch der Familienstruktur führt häufig zu einer mangelnden familiären Unterstützung und zu gesteigertem finanziellem Druck. Es kann einem oder sogar beiden Elternteilen unmöglich sein, während der Zeit zu Hause zu sein, die für die Herstellung der Bindung mit dem Kleinkind entscheidend ist. Frühe Trennung und die nachfolgende unvollständige Bindung ist zu einer immer wichtigeren Ursache für die Verletzung des Persönlichkeitskerns in unserer Gesellschaft geworden. Diese frühen emotionalen Wunden könnten sehr wohl mit der Grund für unseren Fall aus dem Gott-Bewusstsein sein. Jedenfalls offenbart eine Untersuchung der psychologischen Wunden des Kleinkinds nach einer zu frühen Ablösung von den Eltern das Wesen der Urgefühle, die wir alle empfinden, wenn wir im Bewusstsein von unserem Schöpfer abgeschnitten sind.

Die Wissenschaftler John Bowlby und James Robertson haben herausgefunden, dass die Reaktion auf zu frühe Trennung in drei Phasen erfolgt: Protest, Verzweiflung und Abtrennung. Protest äußert sich in der Weigerung des Kindes, einen Ersatz für die Mutter zu akzeptieren, in tränenreichem und wütendem Brüllen oder in griesgrämigem und dickköpfigem Verhalten. Verzweiflung ist gekennzeichnet durch Jammern, stilles Weinen und einen traurigen Gesichtsausdruck, mit anderen Worten, durch Depression. Die Ablösung findet mehrere Tage oder etwa eine Woche nach dem Beginn der Trennung statt, wenn das Kind scheinbar gefühllos wird und eine Haltung des „Ist mir doch egal!" einzunehmen beginnt. Bowlby und Robertson legen dar: „Die Abtrennungsreaktion ist wie der Sendeschluss liebevoller Gefühle – und sie geht mit Verlust unterschiedlich um: Sie bestraft die Person für ihr Fortgehen. Sie dient als maskierende Ausdrucksform von Wut, denn intensiver und überwältigender Hass ist eine der Hauptreaktionen auf das Verlassenwerden. Und sie kann außerdem für Stunden oder Tage oder für ein ganzes Leben die Form einer Verteidigungshaltung annehmen – eine Verteidigungshaltung gegen die Qual, jemals wieder zu lieben oder Verluste erleiden zu müssen. Abwesenheit lässt das Herz gefrieren und erweicht es keineswegs."[8]

Diejenigen, die mit der *Enneagramm*-Theorie über Persönlichkeitstypen vertraut sind, werden erkennen, dass die drei hauptsächlichen Folgen zu früher Trennung auffallende Ähnlichkeit aufweisen mit den drei hauptsächlichen Kernverwundungsbereichen im Enneagramm: Zorn, Kummer und Angst. Was immer es war, das zur Absonderung der Persönlichkeit und ihren daraus folgenden emotionalen Verwundungen führte, sie muss eine Überlebensstrategie gegenüber der enttäuschenden misslichen Lage entwickeln. Jede Persönlichkeit neigt dazu, sich um eine oder mehrere Überlebensstrategien zu organisieren, und diese lassen sich dann mehr oder weniger voraussehen.

Auf einer tieferen Ebene arbeitet die Seele daran, ihre derzeitige Persönlichkeit in eine entsprechende Wesenheit von wahrem Überlebenswert umzuwandeln. Dabei erreicht sie durch Erfahrung die besondere Phase von Selbstgewahrsein, um derentwillen ihre Verkörperung erfolgte, und erkennt sich selbst als Liebe. Wieder ist es offensichtlich, dass die verletzte derzeitige Persönlichkeit, unser „innerer Judas", besser verstanden werden kann und weniger missachtet wird, wenn wir sie aus einer höheren Sicht betrachten.

III.

STRUKTUR DER DERZEITIGEN PERSÖNLICHKEIT

Ihre Chakren und Elementale

Chakra ist ein Wort aus dem Sanskrit und bedeutet „Rad". Für gewöhnlich wird darunter ein spiralförmiger Energiewirbel verstanden, durch den kosmische Energie zu immer dichteren Ebenen der Schöpfung gelangt. Als Bestandteil der Persönlichkeit eines Menschen stellt jedes Chakra auf einer bestimmten Erfahrungsebene ein ätherisches Bindeglied zwischen dem Christus-Selbst und dem mentalen, emotionalen und physischen Körper dar. Die Chakren befinden sich in der Nähe der Wirbelsäule und reichen vom Scheitel des Kopfes bis hinab zum Steißbein. So wie ein Prisma weißes Licht in die Farben des Regenbogens spaltet, so bricht jedes Chakra kosmische Energien in eine „Farbe" oder Vibration, die mit ihm übereinstimmt. Traditionell erkennen östliche Philosophen sieben Haupt- und etliche Nebenchakren an. Die sieben Hauptchakren regulieren sieben Hauptbereiche psychospiritueller Erfahrung und korrelieren mit sieben Entwicklungsstufen innerhalb der Persönlichkeit. Zwar sind alle Chakren im Verlauf der persönlichen Reifung aktiv, doch dominiert jeweils ein Chakra zu einem bestimmten chronologischen Zeitpunkt während des Reifungsprozesses in der Kindheit und Jugend.

Jedes Chakra spiegelt in seinem individuellen Zustand von Gesundheit und Krankheit die Vorstellungen wider, die man von sich selbst auf dieser Ebene hat. Wenn sich ein Mensch als Christus erkennt, wie Jesus es tat, dann sind alle Chakren weit offen und funktionieren optimal gemäß ihrer Beschaffenheit. Die „zellulären" Strukturen all dieser Chakren setzen sich aus tugendhaften Gedankenformen zusammen und bewirken auf jeder Ebene einen in sich geschlossenen, freien und freudigen Persönlichkeitsausdruck und eine ebensolche Persönlichkeitserfahrung. Doch wenn ein Chakra das Selbstbild einer abgetrennten Persönlichkeit widerspiegelt, dann ist der Strom von Liebe und Licht des göttlichen Geistes durch dieses Chakra von negativen Elementalen blockiert. Diese Blockierung ereignet sich mit großer Wahrscheinlichkeit gerade in dem Alter, in dem die Entwicklung dieses Chakra im Vordergrund steht, und manifestiert sich möglicherweise als physische, emotionale oder mentale Störung im Wirkungsbereich dieses Chakra. Folglich geben die Chakren ein Feedback über das Wohlbefinden der mit ihnen verbundenen Funktionsbereiche.

Es ist wahrscheinlich, dass Jesus sich im „Gleichnis vom unsauberen Geist" auf die Abtrennung oder Krankheit auf der Chakraebene bezog:

Wenn der unsaubere Geist von dem Menschen ausgefahren ist, so durchwandelt er dürre Stätten, sucht Ruhe und findet sie nicht. Da spricht er denn: Ich will wieder umkehren in mein Haus, daraus ich gegangen bin. Und wenn er kommt, so findet er's leer, gekehrt und geschmückt. Dann geht er hin und nimmt zu sich sieben andere Geister, die ärger sind als er selbst; und wenn sie hineinkommen, wohnen sie allda; und es wird mit demselben Menschen hernach ärger, als es zuvor war. (Matthäus 12, 43-45)

Der ursprüngliche „unsaubere Geist" ist die Gedankenform, in der alle negativen Elementale widerhallen. Sie ist der Kerngedanke, der sich hinter jedem „unsauberen Geist" verbirgt, weil sie sagt: „Ich bin von Gott abgetrennt!" Wenn ein Mensch sie projiziert, dann stößt die Gedankenform nur auf „dürre Stätten" und findet außerhalb dieses Menschen keine Ruhe, da es keinen Ort in der Schöpfung gibt, der wirklich von Gott getrennt ist. Als bedeutungslose Gedankenform bleibt ihr nichts anderes übrig, als in das illusorische Heim ihres Schöpfers, der derzeitigen Persönlichkeit des Menschen, zurückzukehren. Dies ist der einzige Ort, an dem sie neu belebt werden kann. Da der „unsaubere Geist" das Heim ohne Tugenden vorfindet, ist er frei, sieben Geister mitzubringen, die sich im Einklang mit ihm befinden, „die ärger sind als er selbst". Diese Geister bewohnen dann die sieben „Zimmer" des Zuhauses und sorgen dafür, dass der Erschaffer der negativen Elementale noch schlechter dran ist. Diese sieben Zimmer sind die sieben Chakras der derzeitigen Persönlichkeit des betreffenden Menschen.

Jedes Chakra spiegelt, wie bereits festgestellt wurde, eine Vorstellung von sich selbst in einem bestimmten Erfahrungsbereich wider. Das Kernelemental, „Ich bin von

Gott abgetrennt", kommt wie nachfolgend aufgeführt in jedem der sieben Hauptbereiche der Selbstbewusstheit oder der Chakras durch einen entsprechenden „unsauberen Geist" zum Ausdruck:

Psychospirituelle Domäne „Unsauberer Geist"

1. Selbstbild: „Ich bin nicht wert zu existieren."
2. Innere Gefühle: „Ich bin durch andere verletzbar."
3. Selbstkonzept: „Ich bin hilflos."
4. Selbstfürsorge: „Ich leide."
5. Selbstausdruck: „Ich muss lügen, damit ich bekomme, was ich will."
6. Selbstwahrnehmung: „Ich sehe in mir nur Unvollkommenheit."
7. Höherer Zweck: „Ich erfülle keinen höheren Zweck im Leben."

Um das Wesen der Probleme zu verdeutlichen und zu illustrieren, die durch die Gegenwart dieser „unsauberen Geister" hervorgerufen werden, wollen wir die Chakren eines nach dem anderen untersuchen. Der Prozess der Persönlichkeitsreifung wird im Rahmen der mit den einzelnen Chakren verbundenen Bereiche besprochen und durch ein biblisches Beispiel für Abtrennung veranschaulicht.

Das erste (Wurzel-)Chakra (Selbstbild)

Das erste Chakra befindet sich am äußersten unteren Ende der Wirbelsäule und nimmt Einfluss auf die rein physische Selbsterhaltung. Zu dieser gehören Überleben, Sicherheit und Geborgenheit ebenso wie erotische Urbedürfnisse und die Fortpflanzung. Die Entwicklung in den ersten drei Lebensjahren konzentriert sich im Wesentlichen auf diese Domäne. In dieser Lebensphase tritt das sich selbst beobachtende Ego in der Persönlichkeit hervor und das Kind erlangt die Fähigkeit, „sich selbst zu sehen".

Während der ersten paar Monate seines Lebens unterscheidet das Kind nicht zwischen sich und den es umgebenden Bezugspersonen. Allein schon das Vorhandensein physischer Spannungen (wie die durch Hunger oder Kälte entstehenden – also Spannungen, die durch ein biologisches Bedürfnis ausgelöst werden), scheint automatisch die Umgebung auszuschalten.[9] Unter normalen familiären Umständen erhält das Kind in dieser Zeit die erste Bestätigung des Universums, dass es auf die Tatsache seiner Existenz vertrauen kann und dass seine Existenz wertvoll ist.

Im Alter von acht Monaten unterscheidet das Kind die Eltern klar von anderen Personen und erkennt, dass es insbesondere sie sind, die es von seinen Spannungen erlösen.[10] Jede Trennung von diesen besonderen Menschen bringt Angst mit sich. Schon bald danach lernt das Kind zu stehen und zu gehen und erlangt damit die Fähigkeit, sich aktiv vom Körper seiner Mutter zu entfernen. Das „Nein!" des Kleinkinds folgt ganz natürlich in dem

Augenblick, wo es anfängt, sich seiner Unabhängigkeit zu versichern und ein eigenes Ego auszubilden.[11]

Unter einer Vielzahl mentaler und sozialer Errungenschaften erlangt das Kind im Alter zwischen achtzehn Monaten und drei Jahren vor allem zwei Fertigkeiten, die seine Fähigkeit, mit seiner Welt zurechtzukommen, steigern und angenehme Erleichterung von biologischen Spannungen schaffen: Sprache und Beherrschung der Ausscheidung. Die magischen Worte „ich will" können die erstaunlichsten sinnlichen Erfahrungen und Erleichterung von Unbehagen herbeiführen. Allein schon das Bild, das ein Wort wie „Hündchen" mental erzeugt, kann außerordentliches Vergnügen bereiten, auch dann wenn das begehrte Objekt gar nicht wirklich vorhanden ist.[12]

Sobald die Kontrolle über den Darm und die Blase erlangt ist, hat das Kleinkind das Kommando über die Fähigkeit, diese ausgeprägten Sinneseindrücke sowohl zu verstehen wie auch nach Belieben auszulösen. Die starke Betonung, die auf der Erziehung zur Sauberkeit liegt, veranlasst das Kleinkind, der anatomischen Lage des ersten Chakras ein bedeutendes Maß an Aufmerksamkeit zuzuwenden.

Im Alter von drei Jahren hat das Kind unter zahlreichen anderen Fertigkeiten vor allem das unverwechselbar menschliche Merkmal der Selbstwahrnehmung des Egos entwickelt.[13] Es hat dem Universum auf vielerlei Art mitgeteilt: „Ich existiere!" Was dieses junge Ego sieht, wenn es sich selbst an diesem Scheideweg beobachtet, ist auch noch lange danach grundlegend für das eigene Selbstbild. Wenn seine frühen biologischen, emotionalen und intellektuellen Bedürfnisse derart gestillt wurden, um eine normale Entwicklung zu ermöglichen, dann weiß das Kind sich in der Welt geschätzt und sicher. Wenn es eine normale Bindung herstellen konnte, beständige Zuneigung und gesunde Berührungen erfahren hat, dann empfindet es sich selbst als geliebt und der Liebe würdig. Das Fundament eines „gesunden Egos" wurde geschaffen.

Falls seine Bedürfnisse nicht konsequent erfüllt wurden, kann es dem Kind bei zunehmender Reife sehr schwer fallen, die tiefere Liebe des Christus-Selbst im Innern wahrzunehmen und sich selbst als das einzigartige Kind Gottes zu sehen, das es ist. Dann ist das Fundament bereitet für ein Kerngefühl der Wertlosigkeit, des Selbstzweifels und des Schamgefühls. Ein Kind, das sich für existenzunwürdig hält, erzeugt zahlreiche verwandte elementare Gedankenformen wie etwa:

„Ich verdiene keine Liebe."

„Ich bin zu arm, um akzeptiert zu werden."

„Ich darf dir keinen Zugang zu mir gewähren, denn wenn ich es täte, könntest du mich nicht lieben."

„Ich schäme mich dafür, wer ich bin."

„Ich bin unfähig zu lieben."

„Das Universum hat mich vergessen."

„Niemand akzeptiert mich so, wie ich bin."

„Ich werde immer missverstanden."

„Niemand respektiert mich."

Menschen, die ein solches Fundament in sich tragen, versuchen die resultierenden Gefühle mit dem Erwerb, Erhalt und der Kontrolle über materiellen Besitz zu kompensieren und entwickeln eine Abhängigkeit von materiellen Dingen. Es kann zu physischen Beschwerden im Bereich des ersten Chakras kommen, die möglicherweise das Kreuzbein, das Steißbein, den Anus oder die Genitalien betreffen.

Die biblische Geschichte von Zachäus versinnbildlicht die Probleme, die bei einer Blockade des ersten Chakras durch negative Elementale entstehen:

> Und er zog hinein und ging durch Jericho. Und siehe, da war ein Mann, genannt Zachäus, der war ein Oberster der Zöllner und war reich. Und er begehrte, Jesus zu sehen, wer er wäre, und konnte nicht vor dem Volk; denn er war klein von Person. Und er lief voraus und stieg auf einen Maulbeerbaum, auf dass er ihn sähe; denn allda sollte er durchkommen. Und als Jesus kam an die Stätte, sah er auf und sprach zu ihm: Zachäus, steig eilend hernieder; denn ich muss heute in deinem Haus einkehren. Und er stieg eilend hernieder und nahm ihn auf mit Freuden. Da sie das sahen, murrten sie alle und sprachen: Bei einem Sünder ist er eingekehrt. Zachäus aber trat vor den Herrn und sprach: Siehe, Herr, die Hälfte meiner Güter gebe ich den Armen, und wenn ich jemand betrogen habe, das gebe ich vierfältig wieder. Jesus aber sprach zu ihm: Heute ist diesem Haus Heil widerfahren, denn auch er ist Abrahams Sohn. Denn des Menschen Sohn ist gekommen zu suchen und selig zu machen, was verloren ist. (Lukas 19, 1-10)

Als Oberster unter den Zöllnern war der Jude Zachäus ein Angestellter der verabscheuten römischen Herrscher über Israel und hatte die Steuern von ihren jüdischen Untertanen einzusammeln. Da Zöllner von ihren eigenen Leuten als Verräter betrachtet und als sozial Ausgestoßene behandelt wurden, konnten sie nur unter dem Schutz der Römer überleben. Sie wurden für ihre unbeliebten Dienste nicht nur recht großzügig bezahlt, sondern hatten auch freie Hand, über die tatsächlichen Steuern hinaus Geld einzutreiben und die Differenz ohne Angst vor Verfolgung in die eigene Tasche abzuführen. Zachäus war einer dieser Betrüger, der seine ganze Existenz der materiellen Selbsterhaltung und dem Zusammenraffen materieller Güter widmete. Ohne Zweifel schämte er sich unter der Lackschicht seiner physischen Sicherheit zutiefst für seine Existenz. Seine Kleinwüchsigkeit, die es erforderlich machte, einen Baum zu besteigen, um Jesus überhaupt sehen zu können, trug sicherlich nicht dazu bei, sein Selbstbild zu verbessern.

Wir können uns nur vorstellen, wie überrascht Zachäus gewesen sein muss, als der berühmte Prediger Jesus inmitten seines Gefolgs anhielt und ankündigte, dass er die Nacht bei ihm verbringen würde! Zachäus' Überraschung kam vermutlich nur der Geringschätzung der Feinde Jesu gleich, die sie empfanden, als er sein Vorhaben ankündigte. Das Drama kam auf noch unerwartetere Weise zum Abschluss, als Zachäus der Menge ankündigte, die Hälfte seiner Güter an die Armen zu verteilen und all jene vierfach zu entschädigen, die er betrogen hatte.

Die Geschichte von Zachäus und Jesus illustriert auf lebendige und anrührende Weise, was geschieht, wenn es zu einer Abtrennung oder Blockade auf der Ebene des ersten Chakras kommt, und welche Folgen es hat, wenn die Verbindung mit der Quelle durch Vergebung wiederhergestellt wird. Hat man die Erfahrung gemacht, dass man alles *ist,* welchen Sinn sollte es dann noch haben, etwas außerhalb von sich selbst zu besitzen oder festzuhalten, selbst wenn es sich dabei um den eigenen physischen Körper handelt? Was kann nicht mit freier Hand dorthin weggegeben werden, wo es benötigt wird, wenn man weiß, dass grenzenlose Mittel für die eigenen Bedürfnisse in der Fülle des Christus-Selbst im eigenen Innern vorhanden sind?

Das zweite (Sakral-)Chakra (Gefühle)

Das zweite Chakra befindet sich vor der Wirbelsäule auf der Höhe des Unterleibs und wird in der Regel als das emotionale Zentrum der Persönlichkeit betrachtet. Es umfasst und beherrscht die Sexualität im Zusammenhang mit Beziehungen. Es ist das von Psychologen sogenannte „Reich der Grenzbereiche". Damit wird zum Ausdruck gebracht, dass es sich um ein Zentrum handelt, in dem sich die Seele zugleich als einzigartig und in der Beziehung zu anderen als „eingegrenzt" oder als aufs Engste mit anderen verbunden und „grenzenlos" empfindet. Diese paradoxe Beziehungstatsache, diese göttliche Dichotomie hat ihren Ursprung im paradoxen Wesen der Seele selbst – Menschensohn und Gottessohn. Zwischenmenschliche Beziehungen stellen folglich eine schwierige und interessante Herausforderung mit zahlreichen Merkwürdigkeiten und Fallgruben für die Seele dar. Dabei ist die Entwicklung optimaler Funktionen des zweiten Chakras für die Seele außerordentlich befriedigend. Der Impuls kreativer Lebenskraft nährt den Willen und lädt die Persönlichkeit auf. Die Persönlichkeit ist fähig, Liebe furchtlos, frei und angemessen zu geben und zu empfangen.

Die psychospirituelle Domäne des zweiten Chakras betrifft die Entwicklung in der Zeit zwischen dem dritten und siebten Lebensjahr. In dieser Phase gibt sich das neu erstandene Ego erstmals Prozessen der Selbstbeobachtung und Selbstentdeckung hin. Nachdem das Kind für die Anerkennung seines „Ich existiere" gesorgt hat, beginnt es mit dem lebenslangen Prozess, der unter dem Motto der Frage „Wer bin ich?" steht. Das Wesen des „Ich" wird in diesem Stadium im Wesentlichen durch die Beziehung zum „Nicht-Ich" erfahren, namentlich der Kernfamilie. Obwohl die mentale Entwicklung große Fortschritte macht, erfolgt dieser Prozess der Selbstentdeckung mehr im Gefühlsbereich als auf der Verstandesebene. Welche Gefühle das Kind von sich selbst hat, wird insbesondere durch die emotionale Beziehung zu seinen Eltern bestimmt. Es braucht das Gefühl emotionaler Sicherheit, liebevolle Eltern, um seine Verletzungen zu lindern und seine Ängste zu beruhigen, die ihren Ursprung in der lebhaften Fantasie und im magischen Denken des Kindes haben.[14]

Die emotionale Beziehung zwischen Eltern und Kind wird weitgehend dadurch bestimmt, wie die Eltern mit seinen Aktivitäten zurechtkommen und wie sie auf sie reagieren. Bis zum Alter von drei Jahren richtete sich seine Aktivität im Wesentlichen auf die Erlangung von Unabhängigkeit gegenüber den Eltern. Danach finden gemäß der Auffassung des Entwicklungspsychologen Erik Erikson spielerische Aktivitäten und Initiativen um ihrer selbst willen statt und sind von großer Bedeutung im Leben des Kindes.[15] Es sind natürlich die Eltern, die dem Kind beibringen, was „gute" bzw. liebenswerte Verhaltensweisen sind und welche die „schlechten". Kinder sehnen sich in diesem Alter nach der Wertschätzung ihrer Eltern, weil es so entscheidend für sie ist, wie sie bei Vater und Mutter ankommen. Ihr Verhalten wird nun stärker durch die Erwartungen der Eltern geformt. Disziplinarische Maßnahmen sollten dem jeweiligen Alter entsprechen und direkt mit dem unerwünschten Verhalten verbunden sein. Sie geben dem Kind die Gelegenheit, eine gesunde vorübergehende Reue zu empfinden, die eine Wiederholung des verletzenden Verhaltens verhindert.[16] Die Kinderpsychologin Selma Fraiberg weist außerdem darauf hin, dass Kinder in diesem Alter die Fähigkeit entwickeln, sich mit anderen zu identifizieren, sich also in die Situation anderer hineinzuversetzen. Die Frage: „Wie würdest du dich fühlen, wenn du dieses Kind wärst?" kann diesen Lernprozess wirkungsvoll unterstützen.[17] Außerdem sind sie fähig, gemeinsam an einer Sache zu arbeiten und sich daran zu erfreuen.

All diese Fortschritte sorgen dafür, dass das Kind vom Zentrum der Welt an eine ihm angemessene Position in der Menschheit als Ganzes rückt. Die krönende Errungenschaft der Entwicklungsstufe des zweiten Chakras ist das Auftauchen des Gewissens. Das Gewissen entwickelt sich, wenn die Entscheidung für richtig oder falsch in Beziehung zu anderen Menschen eher aus dem Innern als durch äußere Kontrollen erfolgt.[18] Mit dem Aufsteigen des

Gewissens kommt die Fähigkeit, persönliche Entscheidung und Verantwortung schätzen zu lernen und sich echte moralische Werte und wahres Mitgefühl anzueignen.

Ein wichtiger Aspekt der Antwort auf die Frage „Wer bin ich?" in dieser Zeit ist die Entdeckung der eigenen Identität als Mädchen oder Junge. Mädchen und Jungen sammeln Erfahrungen mit Geschlechtsunterschieden durch gegenseitiges Vergleichen und Sexspiele. In diesem Alter entdecken sie, dass der Genitalbereich angenehme Empfindungen in ihnen auslösen kann. Unterschiedliches männliches und weibliches Verhalten ist nicht nur eine Folge genetischer Verschiedenheit, sondern auch des Wunsches, in dieser Hinsicht die Vorstellungen der Eltern zu erfüllen. Die Einstellung zum eigenen Körper und zur eigenen Sexualität ist auch ein Spiegelbild der jeweiligen elterlichen Einstellung.

In Anbetracht der Komplexität dessen, was das Kind in dieser Zeit über sich in der Beziehung zu anderen lernt, ist es leicht zu verstehen, dass Angst- und Schuldgefühle entstehen können, wenn normales Lernen im Rahmen der Familie nicht stattfindet. Wenn das Kind vernachlässigt oder verlassen wird oder nicht das normale Maß an Zuneigung empfängt, dann entwickelt es Ängste und fühlt sich nicht liebenswert. Unangemessene disziplinarische Maßnahmen in diesem Alter können schwerwiegende Probleme verursachen. Wenn die normale Initiative des Kindes wiederholt durch harte disziplinarische Maßnahmen oder unangemessene Negativität unterdrückt wird, dann entwickelt es destruktive Schuldgefühle, eine „unterbewusste innere Geheimpolizei", die etwas Schlechtes in seinem allernormalsten Verhalten sieht und die Persönlichkeit übermäßig hemmt oder sogar lähmt. Wird das Kind zu wenig diszipliniert, dann fehlen ihm möglicherweise Selbstkontrolle und Mitgefühl und es wächst mit der Erwartung auf, dass andere sein schlechtes Verhalten tolerieren müssen, wenn sie es wirklich lieben. Wenn seine Eltern unglücklich sind, dann macht es sich möglicherweise dafür verantwortlich. Lernt es, dass sein Körper „schlecht" oder auf irgendeine Weise unerwünscht ist, dann kann es später im Leben Schuldgefühle und Angst im Zusammenhang mit sexuellen Gefühlen und Beziehungen entwickeln. Wird es durch offenkundigen sexuellen Missbrauch verletzt, dann nimmt der Schmerz noch zu. Durch Erwachsene oder die kulturell konditionierten Erfahrungen können ebenfalls Blockaden auf der Ebene des zweiten Chakras entstehen.

Welches auch die Ursachen sein mögen, die Abtrennung auf dieser Bewusstseinsebene blockiert den freien Fluss der Liebe von und zu einer anderen Person. Liebe wird bedingt durch das, was sich für das abgetrennte Selbst sicher anfühlt. Die Person erschafft zahllose Elementale, die mit dem „unsauberen Geist" verwandt sind, der sagt: „Ich bin durch andere verletzbar." Es folgen Beispiele für solche Elementale:

„Mir kann niemand nahekommen."
„Liebe gefährdet mein Wohlergehen und bringt mir nur Verletzung und Schmerz ein."
„Ich fühle mich unsicher."
„Es ist beängstigend, ich selbst zu sein."

„Ich misstraue jedem."

„Ich weiß nicht, ob ich lieben oder in einer Beziehung das finden kann, was ich möchte."

„Es ist nicht sicher, sich auf eine Beziehung einzulassen."

„Mich kann keiner genug lieben, um es mit mir auszuhalten."

„Ich kann in einer Beziehung nicht ich selbst sein, ohne den anderen zu verletzen."

Diejenigen, die auf der Ebene des zweiten Chakras von ihrem Christus-Selbst abgeschnitten sind, versuchen ihrer Angst und ihrem Schmerz oft durch Suchtverhalten im Zusammenhang mit Sex, Drama, Nervenkitzel und Aufregung zu entkommen. Physische Störungen können in den Bereichen der Geschlechtsorgane, der Blase, des Dünn- bzw. Dickdarms und der Lendenwirbelsäule auftreten.

Die Bibelgeschichte von der „Frau am Brunnen" macht die Probleme deutlich, die entstehen, wenn es zu einer Blockade oder Abtrennung auf der Ebene des zweiten Chakras gekommen ist:

Da kam er in eine Stadt Samariens, die heißt Sychar, nahe bei dem Feld, das Jakob seinem Sohn Joseph gab. Es war aber daselbst Jakobs Brunnen. Da nun Jesus müde war von der Reise, setzte er sich auf den Brunnen; und es war um die sechste Stunde. Da kommt eine Frau aus Samarien, Wasser zu schöpfen. Jesus spricht zu ihr: Gib mir zu trinken! Denn seine Jünger waren in die Stadt gegangen, dass sie Speise kauften.

Spricht nun die samaritische Frau zu ihm: Wie bittest du von mir zu trinken, der du ein Jude bist und ich ein samaritisch Weib? Denn die Juden haben keine Gemeinschaft mit den Samaritern. Jesus antwortete und sprach zu ihr: Wenn du erkenntest die Gabe Gottes und wer der ist, der zu dir sagt: Gib mir zu trinken! Du bätest ihn, und er gäbe dir lebendiges Wasser. Spricht zu ihm die Frau: Herr, hast du doch nichts, womit du schöpfest, und der Brunnen ist tief; woher hast du denn lebendiges Wasser? Bist du mehr als unser Vater Jakob, der uns diesen Brunnen gegeben hat? Und er hat daraus getrunken und seine Kinder und sein Vieh.

Jesus antwortete und sprach zu ihr: Wer von diesem Wasser trinken wird, das ich ihm gebe, den wird ewiglich nicht dürsten, sondern das Wasser, das ich ihm geben werde, das wird in ihm ein Brunnen des Wassers werden, das in das ewige Leben quillt. Spricht die Frau zu ihm: Herr, gib mir solches Wasser, auf dass mich nicht dürste und ich nicht mehr herkommen müsse zu schöpfen! Jesus spricht zu ihr: Gehe hin, rufe deinen Mann und komm her! Die Frau antwortete und sprach: Ich habe keinen Mann. Jesus spricht zu ihr: Du hast recht gesagt: Ich habe keinen Mann. Fünf Männer hast du gehabt, und den du nun hast, der ist nicht dein Mann; da hast du recht gesagt. Die Frau spricht zu ihm: Herr, ich sehe, dass du ein Prophet bist. Unsere Väter haben auf diesem Berge angebetet, und ihr sagt, zu Jerusalem sei die Stätte, da man anbeten solle. Jesus spricht zu ihr: Weib, glaube mir, es kommt die Zeit, dass ihr weder auf diesem Berge noch zu Jerusalem werdet den Vater anbeten. Ihr wisset nicht, was ihr anbetet; wir wissen aber, was wir anbeten; denn das

Heil kommt von den Juden. Aber es kommt die Zeit und ist schon jetzt, dass die wahrhaftigen Anbeter werden den Vater anbeten im Geist und in der Wahrheit. Gott ist Geist, und die ihn anbeten, die müssen ihn im Geist und in der Wahrheit anbeten. Spricht die Frau zu ihm: Ich weiß, dass der Messias kommt, der da Christus heißt. Wenn derselbe kommen wird, so wird er's uns alles verkündigen. Jesus spricht zu ihr: Ich bin's, der mit dir redet. Und über dem kamen seine Jünger, und es nahm sie wunder, dass er mit einem Weibe redete. Doch sprach niemand: Was fragst du? Oder: Was redest du mit ihr? (Johannes 4, 5-27)

Als diese samaritische Frau mit Jesus allein am Brunnen ist, zeigt sie ihre verletzten Gefühle, indem sie ihn fragt: „Wie kommt es, dass du, ein Jude, mich, eine Samariterin, bittest, dir etwas zu trinken zu geben?" Die Abtrennung auf der Ebene des zweiten Chakras führte in diesem Fall zu den vorherrschenden kulturellen Einflüssen, die vermutlich in der frühen Kindheit verinnerlicht wurden. Eine Blockade wird auch auf einer persönlicheren Ebene durch ihre fünf Ehemänner impliziert, eine Tatsache, aus der geschlossen werden kann, dass die Frau erhebliche Schwierigkeiten mit zwischenmenschlichen Beziehungen hatte.

Um das Unbehagen der Frau wirklich begreifen zu können, muss man wissen, dass es damals für einen anständigen Mann als ungehörig betrachtet wurde, in der Öffentlichkeit mit einer Frau zu sprechen, insbesondere dann, wenn es sich um eine Frau handelte, die als unmoralisch angesehen war. Man meinte, dass Frauen Männern spirituell von Geburt an unterlegen waren.[19] (Indem er Bemerkungen über ihre persönliche Ehe- und Sexualgeschichte machte, stellte Jesus klar, dass ihm ihre vermeintliche Unmoral bekannt war, ohne ihr Verhalten zu verurteilen noch gutzuheißen.) Noch schlimmer war es, wenn ein Jude mit irgendeinem Samariter sprach. Juden hatten aufgrund einer alten Feindschaft tiefe Vorurteile gegen Samariter.[20] Juden und Samariter gingen einander aus dem Weg.

Als die Jünger Jesu zurückkehrten und sie Jesus so vertraut mit dieser samaritischen Frau sprechen sahen, da standen sie still in überraschtem Schweigen. (Doch sprach niemand: Was fragst du? Oder: Was redest du mit ihr?) Noch überraschender ist der Inhalt des Gesprächs, das Jesus mit ihr führt. Dies ist die erste Stelle im Evangelium, in der Jesus offen gegenüber irgendjemandem bekennt, dass er der prophezeite Erlöser ist. Die Angst dieser Frau hatte sie potentiell daran gehindert, seine Heilsbotschaft zu empfangen, weil sie allein mit ihm war. Indem er offen und vertraut mit ihr über sich selbst ebenso wie über Gott sprach, brachte Jesus der Frau auf der Ebene des zweiten Chakras Heilung und darüber hinaus auch die umfassendere Botschaft vom spirituellen Heil.

Auch wenn die Mission Jesus streng spirituell und keineswegs kulturell oder politisch zu verstehen ist, so zögerte er doch keineswegs, offen mit dem rückständigen sozialen Sittenkodex zu brechen, wenn dies erforderlich war, um bestimmten Personen spirituelle Heilung zuteil werden zu lassen. Ohne Zweifel war es das Vorbild dieser überraschenden persönlichen Kühnheit, wie sie oben zum

Ausdruck kommt, was die frühen Christen dazu bewog, Frauen und Nichtjuden als spirituell Gleichgestellte zu akzeptieren. Erwartungsgemäß kehrten jedoch die frühen Christen schließlich zu ihren historischen Vorurteilen gegenüber Frauen zurück. Das Vorbild Jesu, ganz gleich wie stark seine Macht war, eilte seiner Zeit einfach zu weit voraus. Es ist ermutigend festzustellen, dass sich die Lehren Jesu von der Gleichheit von Mann und Frau schließlich doch noch zum Vorteil aller durchzusetzen scheinen.

Das dritte (Solarplexus-)Chakra (Selbstkonzept)

Das dritte Chakra befindet sich vor der Wirbelsäule auf der Höhe des Solarplexus und regelt Belange, die mit dem Selbstwertgefühl, mit Arbeit und sozialen Werten zu tun haben. Es wird im allgemeinen als das Machtzentrum der Persönlichkeit empfunden, das es der Person gestattet, „in der Welt" zu sein, während sie zugleich Kraft von einer Macht bezieht, die „nicht von dieser Welt" ist. Das dritte Chakra steht für die psychospirituelle Domäne der Schulzeit und damit des sieben- bis zwölfjährigen Kindes. Freud bezeichnete diese der Pubertät vorausgehende Zeit als Latenzperiode. In dieser Phase entwickelt das Kind sein Konzept des „Wer bin ich?" weiter, indem es seinen Platz in Beziehung zur Welt außerhalb seiner Familie erforscht. Erikson zufolge lässt jede Kultur der Welt seinen Kindern in dieser Zeit eine wie auch immer gestaltete systematische Unterweisung angedeihen, um den jungen Menschen darauf vorzubereiten, Arbeiter und

Ernährer zu sein. Erikson fasst die Aufgaben der Latenzphase folgendermaßen zusammen:

(Das Kind) hat eingesehen, dass innerhalb des engsten Familienkreises nicht mehr zu erreichen ist, und es ist nun bereit, sich Handfertigkeiten und Aufgaben zuzuwenden, die den bloßen Ausdruck seiner Körperfähigkeiten oder den Lustgewinn an der Funktion seiner Gliedmaßen weit überschreiten. Es entwickelt Werksinn, d.h. es passt sich den anorganischen Gesetzen der Werkzeugwelt an. Es kann nun eifrig und absorbiert in einer Produktionssituation aufgehen. Eine Produktionssituation zur Vollendung zu bringen wird nun zu einem Ziel, das die wechselnden Einfälle und Wünsche seines autonomen Organismus allmählich verdrängt.[21]

Wie das Kind in dieser Phase von sich selbst denkt, steht in einem engen Verhältnis zu seiner Selbsteinschätzung im Klassenzimmer, auf dem Sportplatz und im Rahmen der Gleichaltrigen. Es spürt das Bedürfnis, sich selbst zu beweisen und Anerkennung für seine Leistungen zu erhalten. Die Gefahr in der Phase des dritten Chakras besteht darin, ein Minderwertigkeits- und Unterlegenheitsgefühl zu entwickeln. Vielleicht wird das Kind durch sein Familienleben nicht richtig auf die Schule vorbereitet oder beim Lernen nicht auf angemessene Weise unterstützt. Eventuell ist es aber auch richtig vorbereitet, doch wird es irgendwie von der Schule im Stich gelassen. Denkbar ist auch, dass sich seine soziale Klassenzugehörigkeit, Rassenvorurteile, seine intellektuelle oder körperliche Ausstattung zu seinem Nachteil auswirken. Um welche Nachteile es sich auch handelt, das Kind könnte sich gegenüber einer überwältigenden Gesellschaft als machtlos empfinden und mit chronischer Wut reagieren.[22]

Bleibt die Korrektur dieses frühen Selbstachtungsdefekts aus, dann kann dies die Wahrnehmung der wirklichen Macht des Christus-Selbst im Innern verhindern. Wenn sie das Erwachsenenalter erreichen, versuchen die Menschen, die auf der Ebene ihres dritten Chakras abgeschnitten wurden, ihre Unzulänglichkeitsgefühle durch kontrollierendes, sich beweisendes oder unechtes Verhalten zu kompensieren. Um ihrem Schmerz zu entgehen, werden sie vielleicht zu *Workaholics*, können jedoch keine rechte Freude an ihren Leistungen empfinden oder auch nicht sehen, auf welche Weise ihre Arbeit zum großen Ganzen beiträgt. Sie fühlen sich oft ungerecht behandelt und daher gerechtfertigt darin, ohne Rücksicht auf die Rechte oder Gefühle anderer vorwärtszudrängen. Oder aber sie werden zu gedankenlosen Konformisten, die sich von anderen leicht ausbeuten lassen. Sie erzeugen zahlreiche negative Elementale wie die nachfolgenden, die sich aus der Vorstellung ableiten, hilflos zu sein:

„Du musst das für mich tun!"
„Ich kann mich nicht um mich selbst kümmern."
„Mein Erfolg hängt von dir ab."
„Mein Überleben hängt von dir ab."
„Ich tue, was man von mir will."
„Um Erfolg zu haben, muss ich kämpfen."
„Es macht mich wütend, dass ich immer das Opfer bin."
„Nichts geht in meinem Leben leicht."

67

„Ich habe es nicht in der Hand, mein Leben zu ändern."

„Ich besitze die, die ich liebe."

„Alle nutzen mich aus."

Auf der physischen Ebene nimmt das dritte Chakra Einfluss auf die wesentlichen Verdauungs- und Ausscheidungsorgane. Hierzu zählen Leber, Galle, Magen, Bauchspeicheldrüse, Milz, Nieren und Nebennieren. Auch der obere Lendenwirbelbereich kann betroffen sein. Die Erkrankung dieser Organe oder des unteren Rückens weisen auf eine Störung des dritten Chakras hin.

Die nachfolgende Bibelgeschichte über Herodes und die Weisen aus dem Morgenland verdeutlicht die Abspaltung auf der Ebene des dritten Chakras:

Da Jesus geboren war zu Bethlehem im jüdischen Lande zur Zeit des Königs Herodes, siehe da kamen Weise vom Morgenland nach Jerusalem und sprachen: Wo ist der neugeborene König der Juden? Wir haben seinen Stern gesehen im Morgenland und sind gekommen, ihn anzubeten. Da das der König Herodes hörte, erschrak er und mit ihm das ganze Jerusalem und ließ versammeln alle Hohenpriester und Schriftgelehrten unter dem Volk und erforschte von ihnen, wo der Christus sollte geboren werden. Und sie sagten ihm: Zu Bethlehem im jüdischen Lande; denn also steht geschrieben durch den Propheten: „Und du Bethlehem im jüdischen Lande bist mitnichten die kleinste unter den Städten in Juda; denn aus dir soll mir kommen der Herzog, der über mein Volk Israel ein Herr sei." Da berief Herodes die Weisen heimlich und erkundete mit Fleiß von ihnen, wann der Stern erschienen wäre, und wies sie nach Bethlehem und sprach: Ziehet hin und forschet fleißig nach dem Kindlein; und wenn ihr's findet, so sagt mir's wieder, dass ich auch komme und es anbete. Als sie nun den König gehört hatten, zogen sie hin. Und siehe, der Stern, den sie im Morgenland gesehen hatten, ging vor ihnen hin, bis dass er kam und stand oben über, wo das Kindlein war. Da sie den Stern sahen, wurden sie hoch erfreut und gingen in das Haus und fanden das Kindlein mit Maria, seiner Mutter, und fielen nieder und beteten es an und taten ihre Schätze auf und schenkten ihm Gold, Weihrauch und Myrrhe. Und Gott befahl ihnen im Traum, dass sie nicht sollten wieder zu Herodes gehen, und sie zogen auf einem anderen Weg wieder in ihr Land. Da sie aber hinweggezogen waren, siehe, da erschien der Engel des Herrn dem Joseph im Traum und sprach: Stehe auf und nimm das Kindlein und seine Mutter zu dir und flieh nach Ägyptenland und bleib allda, bis ich dir's sage; denn Herodes geht damit um, dass er das Kindlein suche, es umzubringen. Und er stand auf und nahm das Kindlein und seine Mutter zu sich bei der Nacht und entwich nach Ägyptenland und blieb allda bis nach dem Tod des Herodes, auf dass erfüllt würde, was der Herr durch den Propheten gesagt hat, der da spricht: „Aus Ägypten habe ich meinen Sohn gerufen."

Da Herodes nun sah, dass er von den Weisen betrogen war, ward er sehr zornig und schickte aus und ließ alle Knäblein zu Bethlehem töten und in der ganzen Gegend, die da zweijährig und darunter waren, nach der Zeit, der er mit Fleiß von den Weisen erkundet hatte. Da ist erfüllt, was gesagt ist von dem Propheten Jeremia, der da spricht: „Zu Rama hat man ein Geschrei gehört, viel Weinen und Heulen; Rahel beweinte ihre Kinder und wollte sich nicht trösten lassen, denn es war aus mit ihnen." (Matthäus 2, 1-18)

Die Abtrennung des Egos oder der Egoismus kann sich als vergeblicher Versuch äußern, „Gott zu spielen". Typischerweise wird dies subtil oder nicht voll bewusst versucht. König Herodes zeigt in diesem extremen Beispiel der Abtrennung auf der Basis des dritten Chakras jedoch nichts von dieser Subtilität. Er nimmt die alte hebräische Prophezeiung von einem kommenden Messias ernst genug, um sich für die Zukunft in seiner politischen Kontrolle über Judäa bedroht zu sehen. Da er sich aus seiner abergläubischen Angst heraus vor Gott hilflos fühlt, entschließt er sich, Gott zu „überlisten", indem er alle männlichen Kinder in Bethlehem, die eines Tages die Prophezeiung erfüllen könnten, töten lässt. Heute würden wir Herodes als „Kontrollsüchtigen" bezeichnen, obwohl seine tragischen und absurden Handlungen gar nicht so weit hergeholt sind, wenn man ihn mit einigen bekannten Tyrannen des 20. Jahrhunderts vergleicht.

Es stolpern deshalb so viele Menschen über die Sache mit der persönlichen Macht, weil sie das wahre Wesen der Macht gar nicht verstehen. Gott herrscht durch die Macht der Liebe über ein ausgedehntes Universum. Desgleichen müssen auch wir über unser persönliches Universum mit Liebe herrschen, denn alle wirkliche Macht hat ihren Ursprung in der Liebe. Wirkliche Macht heißt nicht, etwas zu beherrschen, sondern mit etwas zu herrschen, und setzt aller Opferhaltung ein Ende. Wirkliche Macht nimmt zu, wenn man sie teilt, und wird weniger, wenn man versucht, andere zu entmachten. Wirkliche Macht ist sanft; Schwäche ist gebieterisch. Wirkliche Macht wird mit Leichtigkeit und Freude ausgeübt, weil sie es uns ermöglicht, in der Welt erfolgreich zu sein, indem wir wir selbst sind. Nur Schwäche ziert sich und lehnt sich gegen das eigene wahre Wesen auf. Ein großer Führer setzt seine Macht wirkungsvoll ein, indem er die edleren Neigungen seiner Gruppe erkennt und fördert. Ein Demagoge schwächt alle, indem er an den kleinsten gemeinsamen Nenner des Gruppenbewusstseins appelliert. Viel Weisheit und Erfahrung sind erforderlich, damit die Persönlichkeit die Paradoxa der Macht würdigen und umsetzen kann.

Wirklicher und bleibender Erfolg in der Gesellschaft hat seinen Ursprung in der grenzenlosen Macht des Christus-Selbst im Innern und im Wunsch, die Macht der Liebe in der Welt zu teilen. Die Kompensation des Gefühls der Macht- und Hilflosigkeit durch den Anschein von Leistung ist eine Funktion der heutigen Persönlichkeit, die mit einem verschlossenen dritten Chakra zu überleben versucht. Irdischer Erfolg, der auf natürliche und instinktive Weise durch die Verbindung des offenen dritten Chakras mit dem Heiligen Geist erreicht wird, ist eine hohe Seelenfunktion. Das Paradoxe an einer solchen leistungsstarken und spirituell fortgeschrittenen Persönlichkeit ist die Tatsache, dass sie sich im Grunde überhaupt nicht für diesen Erfolg interessiert, den sie so leicht und natürlich erlangt. Da diese Seele im Engelreich göttlichen Sendungsbewusstseins arbeitet, vermag sie weltliche Wertschätzung ebenso leicht aufzugeben wie zu akzeptieren. Die Entscheidung erfolgt immer nach dem Willen Gottes, denn der Wille Gottes und der Wille einer Seele mit wahrer Macht sind ein und derselbe.

Das vierte (Herz-)Chakra (Selbstfürsorge)

Das Herzchakra befindet sich vor der Wirbelsäule etwa auf der Höhe des physischen Herzens. Es wird allgemein als das Liebeszentrum der Persönlichkeit betrachtet und spiegelt die Gegenwart menschlicher wie göttlicher Liebe in ihrem Leben wider. Auf der physischen Ebene trifft das vierte Chakra eine Aussage über die Gesundheit von Herz, Lungen, Bronchien, Brüsten, Zwerchfell, Hauptschlagader des Blutkreislaufs, Brustfell und Brustwirbelsäule.

Trotz der Tatsache, dass das Herzchakra nur an vierter Stelle steht, ist es dennoch das höchste Chakra. Das liegt daran, dass es sich in der Mitte der Erfahrungen der Seele befindet und damit auch im Zentrum der Persönlichkeitseinigung steht. Das Herz symbolisiert gleichzeitig den „Menschensohn" und den „Gottessohn" und ist der Mittelpunkt, der die Seele durch die endlosen, aufgrund ihrer tiefgreifenden Dichotomie erzeugten Verwirrungen steuert. Das Herz empfängt sowohl die göttliche Weisheit des Vaters „da oben" als auch die göttliche instinktive Intelligenz des Heiligen Geistes „da unten". Ein offenes Herz ist grenzenlos, muss jedoch ständig Wege finden, um das legitime Bedürfnis der Seele nach Individuation und Grenzen zu befriedigen. Das Herz muss festlegen, wann es sanft und fürsorglich und wann es hart und unnachgiebig sein soll. Das Herz spricht eine Sprache mysteriöser Paradoxa, eine Sprache, die Lao-tse wortgewandt in dem alten taoistischen Klassiker To-Te-King festhielt. In Bezug auf die Tugenden der Dankbarkeit und Akzeptanz sagt Lao-tse:

Sei zufrieden mit dem, was du hast.
Erfreue dich daran, wie die Dinge sind.
Wenn du erkennst, dass nichts fehlt,
dann gehört dir die ganze Welt.[23]

In den Seligpreisungen brachte Jesus die gleichen paradoxen Wahrheiten zum Ausdruck: „Selig sind die Sanftmütigen, denn sie werden das Erdreich besitzen." (Matthäus 5, 5) Eine solche Intelligenz des Herzens ist für einen auf dem Ego beruhenden Intellekt bedeutungslos.

Nur Liebe kann gleichzeitig und wirkungsvoll auf jeder Ebene multidimensionaler Seelenerfahrung funktionieren, Himmel und Erde integrieren, Geist und Willen, Bewusstes und Unterbewusstes, Weisheit und Macht, Energie und Form. Die Persönlichkeit ist hoffnungslos verloren und orientierungslos ohne die Führung durch die Liebe. Die reinste und direkteste Erfahrung des Christus-Selbst im Fleisch ist die Erfahrung von bedingungsloser göttlicher Liebe im Herzzentrum. Das durch das Christus-Selbst erweckte Herz verströmt seine Liebe frei, natürlich und dankbar in die Welt. Liebe und Dienst sind die höchste Freude und das wahrhaftigste Vergnügen der Persönlichkeit und führen oft zu heroischen Ebenen des Dienstes in seiner mitteilsamsten und zugleich praktischsten Art. Sobald das Herz, das Zentrum des persönlichen Universums, geheilt ist, besteht auch Hoffnung für die Heilung der weiter entfernten Ränder der Persönlichkeit.

Da spirituelle Erfahrung so viele Bereiche im Leben umfasst, ist es nicht erstaunlich, dass Jesus sich dazu entschloss, in seiner kurzen Verweildauer auf Erden bis zum Kern vorzustoßen – sein Leben im Herzen und seine Lehren auf ein Evangelium der Liebe und des Dienens zu konzentrieren. Einmal fragte ein Mann Jesus, was er tun sollte, um das ewige Leben zu erlangen. Jesus versicherte, dass er lediglich dem größten der alten hebräischen Gesetze Folge leisten müsse: „Du sollst Gott, deinen Herrn, lieben von ganzem Herzen, von ganzer Seele, von allen Kräften und von ganzem Gemüt und deinen Nächsten wie dich selbst." (Lukas 10, 27)

Kurz vor seinem Tod gab Jesus seinen Jüngern neue Anweisungen: „... dass ihr euch untereinander liebt, wie ich euch geliebt habe... Daran wird jedermann erkennen, dass ihr meine Jünger seid..." (Johannes 13, 34-35) Im Buddhismus erfasst und belebt das traditionelle Ideal vom Bodhisattva den Geist dieser Abschiedsanweisungen Jesu. Der Bodhisattva ist ein erleuchtetes Wesen, das seine gesamte Existenz dem liebenden Dienst an der Menschheit widmet.

Das Herzzentrum ist der Bereich, auf dessen Entwicklung sich der Jugendliche im Alter von zwölf bis siebzehn Jahren konzentriert. Der Beginn der Adoleszenz kündigt eine tiefgreifende neue Herausforderung durch die immerwährende Frage „Wer bin ich?" an. Die raschen physischen und physiologischen Veränderungen, darunter das Aufbrechen der Libido, sind so groß wie jene in der frühen Kindheit. Diese körperliche Erneuerung zwingt dem Jugendlichen die Notwendigkeit auf, seine Vorstellung vom Selbst rascher und bewusster zu erweitern. Er muss auf die Gemeinschaft der Kindheit verzichten und aus diesem Übergangsstadium des relativen Chaos heraus ein neues Gefühl für eine Erwachsenenkontinuität schaffen. Er muss die Fertigkeiten, Mittel und das Selbst der Kindheit in eine neue Erwachsenenidentität und einen neuen Lebenslauf integrieren. Er muss von der Moralität und den Werten der Kindheit zur Ethik und zum Zielbewusstsein des Erwachsenen finden.[24]

Die adoleszente Rebellion gegen die Autorität der Erwachsenen dient mehr oder weniger dem gleichen Zweck wie die Negativität des Kleinkinds. Beide sind Ausdruck einer Phase, in der eine neugefundene Identität des Selbst begründet wird. Dabei ist die Rebellion des Jugendlichen natürlich bewusster und komplexer und damit auch unbeständiger. Unabhängig vom Grad der Rebellion orientiert sich der Teenager im allgemeinen an Gleichaltrigen, um die Frage nach dem „Wer bin ich?" zu beantworten. Cliquenbildung und Konformität von Jugendlichen haben ihren Ursprung in diesem dringenden Bedürfnis, eine neue Identität auszubilden. Der Teenager denkt viel über das Bild nach, das er in den Augen Gleichaltriger abgibt, denn das ist die Art, wie er sich selbst sieht, und die Basis seiner Selbstliebe. Seine knospende Sexualität macht romantische Liebe zu einem möglichen Mittel, um die eigene Identität als sexuelles Wesen weiter zu erforschen und zu definieren.[25]

Diese Sorge um das Selbstbild, das sich in den Augen der Gleichaltrigen widerspiegelt, führt schließlich zu der Möglichkeit, dass der Jugendliche sich um seiner selbst willen um sich kümmert. Diese Selbstfürsorge entwickelt sich, wenn der Jugendliche in den Seelen der anderen das spirituelle Spiegelbild seiner eigenen Seele erkennt und schätzt. Indem sich das Herz des jungen Menschen öffnet, findet er auf natürlichem Weg zum großen Gebot Jesu: „Du sollst deinen Nächsten lieben wie dich selbst." Das aufrichtige Lieben anderer wird immer in der Selbstliebe gespiegelt und umgekehrt.

Die Abtrennung auf der Ebene des Herzchakras resultiert aus allem, was die eigene Fähigkeit stört, sich um sich selbst zu kümmern, sich zu hegen und zu pflegen. Schwierigkeiten in der frühen Kindheit bewirken häufig genau dies. Außerdem kann sich die Abtrennung jederzeit im Verlauf des Erwachsenenlebens ereignen. Die Adoleszenz stellt jedoch eine besondere Bedrohung bzw. eine besondere Gelegenheit für die Entwicklung des Herzzentrums dar. Jugendliche sind so imagebewusst, dass ein positives Bild in den Augen Gleichaltriger ebenso belebend wie ein negatives vernichtend sein kann. Dem Jugendlichen, der aufgrund seiner Rasse, seiner Zugehörigkeit zu einer bestimmten Gesellschaftsschicht, seiner beeinträchtigten sozialen Fähigkeiten, seines unattraktiven Äußeren oder einfach deshalb zurückgewiesen wird, weil er die Akzeptanz einer Clique nicht erringen kann, dem wird im wahrsten Sinn des Wortes das Herz gebrochen. Der Jugendliche, der nicht mit angemessenen Abgrenzungen und Einschränkungen ausgerüstet ist, kann sich durch die Herausforderungen, die sein Alter an ihn stellt, überwältigt fühlen. Gegengeschlechtliche sexuelle Beziehungen führen entweder zu einer Stärkung oder einer Schwächung der Geschlechtsidentität. Eine Elternschaft im Teenageralter kann den natürlichen Prozess der Selbstentdeckung unterbrechen, indem sie den Jugendlichen vor der Zeit Verpflichtungen aufzwingt.

Wie reagiert die Persönlichkeit, wenn ihr Herzzentrum von der Quelle der Liebe abgeschnitten ist? Viele reagieren, indem sie sich, manchmal zwanghaft, in eine Serie von Beziehungen stürzen und romantischen Gefühlen als Ersatz für Liebe nachlaufen. Jeder weiß, wie sich der extreme Fall von „Herzlosigkeit" anfühlt, wenn die Persönlichkeit sich auf destruktive Weise nur mit sich selbst beschäftigt und anderen gegenüber vollkommen gleichgültig ist. Im wirklichen Leben nimmt die Abtrennung für gewöhnlich eine mehr verschleierte Form an, die weniger leicht zu durchschauen ist. Eine solche alltägliche Blockade wird durch die nachfolgende Bibelgeschichte veranschaulicht:

Es begab sich aber, da sie weiterzogen, kam er in ein Dorf. Da war eine Frau mit Namen Martha, die nahm ihn auf in ihr Haus. Und sie hatte eine Schwester, die hieß Maria; sie setzte sich zu Jesu Füßen und hörte seiner Rede zu. Martha aber machte sich viel zu schaffen, ihm zu dienen. Und sie trat hinzu und sprach: Herr, fragst du nicht danach, dass mich meine Schwester lässt allein dienen? Sage ihr doch, dass sie mir helfen soll! Der Herr aber antwortete und sprach zu ihr: Martha, Martha, du hast viel Sorge und Mühe. Eins aber ist not. Maria hat das gute Teil erwählt; das soll nicht von ihr genommen werden. (Lukas 10, 38-42)

Maria saß aufmerksam zu Jesu Füßen, versunken in seine Worte und voller Freude über seine Gegenwart. Martha, die mit zahlreichen Tätigkeiten des Haushalts beschäftigt war, ärgerte sich, dass Maria ihr nicht half. Martha gleicht vielen von uns, die pflichtbewusst und freudlos aus einem Gefühl der Verpflichtung heraus arbeiten und dann grollen, wenn andere nicht die gleiche Notwendigkeit verspüren, ihre eigenen Interessen zu opfern. Wenn wir auf der Ebene des Herzens vom Christus-Selbst abgeschnitten sind, so wie auch Martha sich von Jesus absonderte, dann erzeugen wir das negative Kernelemental: „Ich leide." Von diesem „unsauberen Geist" leiten sich die folgenden verwandten Elementale ab:

„Ich muss immer einen Preis für die Liebe bezahlen."
„Ich erlange nie das zurück, was ich verloren habe."
„Es fehlt immer etwas in meinem Leben."
„Ich muss die Last der Welt auf meinen Schultern tragen."
„Ich fühle mich schuldig, weil ich nicht alles schaffe, was ich leisten sollte."
„Liebe scheint immer Leiden mit sich zu bringen."
„Es ist meine Pflicht, das Schlechte zu akzeptieren."
„Ich liebe mehr als irgendjemand sonst."

Das von der Liebe abgeschnittene Herz leidet wirklich. Es empfindet eine tiefe Traurigkeit und Sehnsucht, weil es von der größten und erhabensten Erfahrung des Lebens abgeschnitten ist. Es fühlt sich durch eine Last der Anforderungen niedergedrückt, dennoch ist es unfähig, sich so weit zu opfern, um diesen vermeintlichen

Verpflichtungen nachzukommen. Schuldgefühle sind die unvermeidliche Folge und rauben der Persönlichkeit ihre Energie, indem sie sie zur Beschäftigung mit vermeintlichen Misserfolgen der Vergangenheit verführen. Wenn Schuldgefühle vorhanden sind, dann ist es nahezu unmöglich, Anbindung an die Liebe und das höhere Selbst zu finden.

Ein Herz, das von der Dunkelheit des Egoismus versklavt ist, verfügt über eine Hauptstrategie, um diesen Schmerz zu überleben und für sich ein bisschen scheinbaren Sinn zu retten. Es muss sein Leiden adeln und seinem Opferverhalten den Glanz „spiritueller Errungenschaft" verleihen. Und so haben sich die Menschen, ganz gewiss aber die religiösen Institutionen, entschlossen, Märtyrertum durch die Jahrtausende zu glorifizieren. Wir empfinden Jesu Tod am Kreuz als das ultimative Märtyrertum und fühlen uns in unserer Selbstaufopferung als „Lämmer Gottes" gerechtfertigt. Tatsächlich aber stellen wir lediglich unsere Unwissenheit über das Wesen der Liebe unter Beweis und über die einfache Lektion, die Jesus uns über die Liebe zu lehren versuchte.

Wenn eine Mutter in ein brennendes Gebäude läuft, um ihr Kind zu retten, und dabei selbst umkommt, nennen wir das Märtyrertum? Natürlich nicht! Wir bezeichnen es als Liebe. Auch wenn für einen unabhängigen Beobachter das eigene Leben ein enormes Opfer zu sein scheint, spürt ein Mensch, der aus der Tiefe wahrhaftiger Liebe heraus gibt, nichts von Opfer, Märtyrertum oder Verfolgung. Die vollständige Identifikation mit Liebe führt zu einer derart grenzenlosen Verbindung mit anderen und zu einer derartigen Tiefe des Seins, dass jeglicher persönli-

cher Verlust auf der physischen Ebene als relativ bedeu-
tungslos empfunden wird. Welche Form die Gabe der
Liebe auch im Einzelnen annehmen mag, sie führt immer
eine Steigerung und niemals eine Verringerung der Liebe
herbei.

Jesus sagte einmal zu seinen Jüngern: „Niemand hat
größere Liebe denn die, dass er sein Leben lässt für
seine Freunde." (Johannes 15, 13) Jesus legte sein Leben ab und stand von den Toten auf, um ein und für alle
Mal zu zeigen, dass unser wahres Leben vom Geist ist,
dass unsere Wirklichkeit als Söhne und Töchter Gottes
durch keinen Angriff bedroht werden kann, der dem physischen Körper widerfährt. Seine Botschaft war eine Botschaft des Friedens, des Trostes und der Bestätigung. Er
offenbarte einen Gott unergründlicher Liebe und nicht
einen Gott des Zorns und Terrors, der erst beschwichtigt
werden muss. Es ist nicht Zorn und Rachsucht, die wir an
Menschen bewundern. Wagen wir es dann, solche Eigenschaften auf Gott zu projizieren? Können wir nicht wenigstens unsere edelsten menschlichen Züge in Jesus
erkennen und sie dankbar als Offenbarung von Gottes
Liebe annehmen? Können wir die Kreuzigung ohne Angst
betrachten?

Auch wenn das offene Herz nicht unter einer Opferhaltung leidet, kann es dennoch traurig gestimmt sein,
wenn es sich im Rahmen seiner menschlichen Fähigkeit
mitfühlend mit dem Leiden anderer verbindet. Dennoch
reagiert es dabei immer natürlich, spontan und angemessen, um das Leiden, dem es begegnet, zu lindern. In den
„Seligpreisungen" spricht Jesus das Paradox vom spirituell angebundenen Herzen an, das auch leidet: „Selig sind,

die da Leid tragen, denn sie sollen getröstet werden."
(Matthäus 5, 4) Damit bezog er sich auf eine emotional
mitfühlende Einstellung, mit der ein offenes Herz auf
Leiden reagiert. Liebe ist niemals gefühllos. Jesus sagt
weiter: „Selig sind, die reinen Herzens sind, denn sie
werden Gott schauen." (Matthäus 5, 8) Das trifft zu, denn
die reinen Herzens sind, lieben die gesamte Schöpfung
als Teil ihrer selbst.

Das Herzchakra ist tatsächlich das höchste Chakra,
denn es ist die Kommandozentrale für die fleischge-
wordene Mission der Seele, sich selbst als Liebe zu erkennen.

Das fünfte (Hals-)Chakra (Selbstausdruck)

Das fünfte Chakra befindet sich im Bereich des
Halses und wird als Kommunikationszentrum der Persön-
lichkeit betrachtet. Es symbolisiert die Fähigkeit, die eige-
ne Wahrheit und die eigenen Bedürfnisse zu erkennen
und anderen zu vermitteln. Diese Kommunikation erfolgt
über Worte, die vokale Qualität der Sprache und über die
Körpersprache. Das fünfte Chakra nimmt Einfluss auf
Mund, Stimmbänder, Luftröhre, Speiseröhre, Schild- und
Nebenschilddrüse ebenso wie auf die entsprechenden
Wirbel und die dazugehörige Muskulatur.

Wenn das fünfte Chakra offen und gesund ist, dann
bringt die Persönlichkeit ihre Wahrheit frei, kreativ und
wirkungsvoll zum Ausdruck. Indem sie dies tut, werden
als natürliches Nebenprodukt auch die Bedürfnisse der
Persönlichkeit befriedigt. Die ausgedrückte Wahrheit kann

ihrem Wesen nach physischer, emotionaler, intellektueller oder spiritueller Art sein und ihren Ursprung in einer der Domänen aller sieben Chakren haben. Aus einer spirituellen Perspektive hat der physische Körper keinen höheren Zweck als den Mitmenschen die eigenen inneren Realitäten zu vermitteln. Im tibetischen Buddhismus wird das fünfte Chakra auch als das Zentrum betrachtet, welches die Kontrolle über den Traumprozess innehat. Es wird willentlich aktiviert, um bewusstseinserweiternde luzide Träume herbeizuführen.

Wie das vierte Chakra entwickelt sich auch das fünfte vor allem im Alter zwischen zwölf und siebzehn Jahren. Den Herausforderungen der Adoleszenz zur Konsolidierung des Egos begegnen Jugendliche im Wesentlichen dadurch, dass sie die Reaktion anderer auf die von ihnen ausgedrückten Gefühle und Gedanken testen und ihre Erfahrungen austauschen. Eriksons Theorie erklärt die enge Beziehung zwischen dem Herz- und dem Kommunikationszentrum im Erleben der Jugendlichen:

Die Gefahr dieses Stadiums liegt in der Rollenkonfusion. Um sich selbst zusammenzuhalten, überidentifizieren sie sich zeitweise scheinbar bis zum völligen Identitätsverlust mit den Cliquen- oder Massen-Helden. Damit treten sie in die Phase der „Schwärmerei", was keineswegs ganz oder auch nur vorwiegend etwas Sexuelles ist – außer die herrschenden Bräuche verlangen dies. Die Liebe des Jugendlichen ist weitgehend ein Versuch, zu einer klaren Definition seiner Identität zu gelangen, indem er sein diffuses Ego-Bild auf einen anderen Menschen projiziert und es in der Spiegelung allmählich klarer sieht. Darum besteht junge Liebe so weitgehend aus Gesprächen.[26]

Wie beim Herzchakra kann die Abtrennung auch auf der Ebene des Halschakras jederzeit im Verlauf der Entwicklung stattfinden und sich als Unfähigkeit manifestieren, den Schmerz der Trennung durch irgendeines der anderen Chakras zu kommunizieren. In der Adoleszenz kommt es leicht vor, dass die bereits besprochenen Ursachen der Trennung auf der Herzebene eine Blockade des korrespondierenden fünften Chakras bewirken.

Wenn eine solche Abtrennung stattfindet, dann versucht die Persönlichkeit zu überleben, indem sie sich von einem Zustand kosmischer Unwahrheit aus mitteilt. Wahrheit wird als Bedrohung empfunden und die Wahrheit ihrer Abtrennung ist Schmerz. Daher darf die derzeitige Persönlichkeit ihre Wahrheit nicht ausdrücken, da sonst der ihr zugrunde liegende Schmerz die Unwahrheit von ihrer Abspaltung von ihrem Christus-Selbst offenbart. Um ihr illusorisches Selbstbild aufrechtzuerhalten, muss sie jede Situation zu ihren Gunsten durch Täuschung manipulieren. Dadurch entsteht der kernelementale Wunschgedanke: „Ich muss lügen, damit ich bekomme, was ich will." Die Lügen der Abtrennung können ihren Ursprung in jedem der Chakren haben und in negativen Elementalen wie den folgenden zum Ausdruck kommen:

„Wenn ich meine wahren Gefühle und Bedürfnisse mitteile, dann werde ich verspottet."

„Wenn ich herausfinde, was die Leute zum Laufen bringt, dann kann ich sie zu allem überreden."

„Ich muss still sein, sonst mache ich mich zum Narren."

„Ich muss den Leuten sagen, was sie hören wollen, oder sie weisen mich zurück."

„Ich verdiene es nicht, meine Stimme zu erheben."

„Ich muss unablässig reden, um meinen Wert unter Beweis zu stellen."

„Wenn ich mich freundlich genug gebe, dann bekomme ich von den Leuten alles, was ich will."

„Ich muss liebevoll sein, um Sex zu bekommen; ich muss Sex geben, um Liebe zu erhalten."

„Wenn ich erzähle, wie ungerecht ich behandelt worden bin, dann erhalte ich Mitgefühl und Aufmerksamkeit von den Leuten."

„Wenn ich mich herrisch genug gebe, dann kann ich den Leuten so viel Angst machen, dass sie mir geben, was ich will."

Jesus stieß bei seiner seelsorgerischen Arbeit auf viel Falschheit und ein Großteil rührte von den religiösen Führern her, die den Einfluss Jesu auf das Volk fürchteten. Gewöhnlich bedienten sie sich der Taktik, Jesus öffentlich mit einer Fassade der Aufrichtigkeit entgegenzutreten und ihm dann Fragen zu stellen, die ihn dazu verleiten sollten, sich mit seinen Antworten zu belasten. Immer begegnete Jesus der Lüge mit einer Wahrheit, die als nützliche Lehre diente, aber niemanden verletzte. Das Folgende ist ein bemerkenswertes Beispiel für ein solches Aufeinandertreffen:

Und sie sandten zu ihm etliche von den Pharisäern und des Herodes Leuten, dass sie ihn fingen in seinen

Worten. Und sie kamen und sprachen zu ihm: Meister, wir wissen, dass du wahrhaftig bist und fragst nach niemand; denn du achtest nicht das Ansehen der Menschen, sondern du lehrst den Weg Gottes recht. Ist's recht, dass man dem Kaiser Steuer zahle, oder nicht? Sollen wir sie geben oder nicht geben? Er aber merkte ihre Heuchelei und sprach zu ihnen: Was versucht ihr mich? Bringt mir einen Groschen, dass ich ihn sehe! Und sie brachten einen. Da sprach er: Wes ist das Bild und die Aufschrift? Sie sprachen: Des Kaisers. Da sprach Jesus zu ihnen: So gebt dem Kaiser, was des Kaisers ist, und Gott, was Gottes ist! Und sie verwunderten sich über ihn. (Markus 12, 13-17)

Hätte Jesus geantwortet, dass es rechtmäßig ist, dem Kaiser Tribut zu zahlen, so hätte er das jüdische Volk erzürnt und befremdet, da es die Herrschaft des römischen Kaisers hasste. Hätte er jedoch gesagt, dass die Steuern nicht rechtmäßig sind, so hätte er Schwierigkeiten mit den römischen Autoritäten bekommen und wäre vermutlich sofort eingesperrt worden. Indem er mit einer einfachen Wahrheit über die Angemessenheit sowohl weltlicher als auch göttlicher Herrschaft antwortete, umging er nicht nur die ihm gestellte Falle, sondern nutzte auch die Gelegenheit zur Lehre.

Die Pharisäer waren eine fromme Elite, die außerdem auch als weltliche Führer der Juden Palästinas dienten. Ihr Leben war einzig und allein der Lehre und Bewahrung der Thora gewidmet. Auf der Basis ihrer Gesetze schufen sie ein komplexes und repressives Netz aus Regeln, die nahezu jedes nur denkbare soziale Szenario abdeckte. Sie hielten erbarmungslos an der alten Vorstellung fest, dass der Grad von Gottes Wohlwollen vom Grad ihrer Gesetzestreue abhing.[27] Obwohl viele von ihnen aufrichtig und wohlmeinend waren und viel wohltätige Arbeit leisteten,[28] konnten sie dennoch die Lehre Jesu von Gott als einem gnädigen Schöpfervater, der Männer und Frauen bedingungslos als seine Kinder liebt, nicht begreifen.

Der Traditionalismus der Pharisäer hatte seinen Ursprung in der frühesten Ära des Judaismus, als Jahwe (der hebräische Name für Gott) als strenger, nationalistischer Richtergott betrachtet wurde, der vom Berg Horeb herabdonnerte, als er die Zehn Gebote gab. Es ist jedoch wichtig, sich klar zu machen, dass Jesus mit seiner Gottesvorstellung in einigen späteren Propheten und ihren Schriften, insbesondere in Jesaja, Vorläufer hatte. Es war kein kleiner, rachsüchtiger, nationalistischer Gott, der durch den Propheten Jesaja die folgenden Worte sprach:

Denn so spricht der Hohe und Erhabene, der ewig wohnt, dessen Name heilig ist: Ich wohne in der Höhe und im Heiligtum und bei denen, die zerschlagenen und demütigen Geistes sind, auf dass ich erquicke den Geist der Gedemütigten und das Herz der Zerschlagenen. (Jesaja 57, 15)

So spricht der Herr: der Himmel ist mein Thron und die Erde der Schemel meiner Füße! (Jesaja 66, 1)

Bring her meine Söhne von ferne und meine Töchter vom Ende der Erde, alle, die mit meinem Namen genannt sind, die ich zu meiner Ehre geschaffen und zubereitet und gemacht habe... das Volk das ich mir bereitet habe, soll meinen Ruhm verkündigen... Ich tilge deine Übertretungen um meinetwillen und gedenke deiner Sünden nicht. (Jesaja 43, 6-7, 21, 25)

Wenn wir so wunderbare und erhebende Worte wie diese über Gottes Wesen vom Größten der hebräischen Propheten lesen, dann erscheint das folgende Zitat von Jesus äußerst verständlich: „Ihr sollt nicht wähnen, dass ich gekommen bin, das Gesetz oder die Propheten aufzulösen; ich bin nicht gekommen aufzulösen, sondern zu erfüllen." (Matthäus 5, 17)

Das Leben Jesu war die Offenbarung der erhabensten Gottesvorstellung, die es jemals auf diesem Planeten gegeben hat, und eine Demonstration des universellen Gesetzes der Liebe und der lebendigen Wahrheit. Jesus zitierte häufig aus den hebräischen Schriften und suchte immer, seine eigenen Lehren mit denen der alten zu untermauern. Während er die alten religiösen Traditionen seines Volkes respektierte, weigerte er sich jedoch, bei der Darstellung Gottes als liebevollem, gnädigem und vergebendem Schöpfervater irgendwelche Kompromisse einzugehen. Er konnte nicht kritiklos an einem Gesetz festhalten, das seiner eigenen Erfahrung von Gottes Wesen widersprach. Die fortgesetzte Spannung zwischen Jesus und seinen religiösen Feinden hatte ihren Ursprung im Aufeinanderprallen ihrer radikal unterschiedlichen Gottesvorstellungen.

Heute kann in der Religion ein ähnliches Aufeinanderprallen beobachtet werden, das aus den unterschiedlichen Vorstellungen vom Wesen Gottes resultiert. Ein

Großteil dieser Kontroverse beruht noch immer auf den religiösen Schriften.

Können wir nicht erkennen, dass jedes geschriebene Wort nur ein Symbol für das gesprochene Wort ist, das der Wahrheit, die es auszudrücken versucht, nur grob nahekommen kann? Ist nicht die Zeit gekommen, um dem Beispiel Jesu zu folgen und die Wahrheit zu leben und mitzuteilen, die natürlich aus dem Geist unserer eigenen Seelen fließt? Jesus hat gesagt: „... man wird auch nicht sagen: Siehe hier! Oder: Da! Denn siehe, das Reich Gottes ist inwendig in euch." (Lukas 17, 21) Nur wenn die Heilige Schrift mit einem vom Geist erleuchteten Verstand gelesen wird, der dazu beiträgt, die darin verborgene Wahrheit zu erfassen, dient diese Schrift einem heiligen Zweck. Das Ersetzen lebendiger spiritueller Wahrheit durch die Schrift ist Götzendienst.

Wahrheit ist Wahrheit und Lügen sind Lügen; Liebe ist Liebe und Angst ist Angst. Es spielt keine Rolle, welche Gestalten diese Energien annehmen oder ob es sich bei ihnen um alte, traditionelle und „respektable" oder um neue, periphere und „radikale" handelt. Wenn wir durch ein offenes und gesundes fünftes Chakra mit der Quelle verbunden sind, dann teilen wir unsere Wahrheit frei, furchtlos und folgerichtig mit. Selbst unseren Schmerz und unsere menschliche Verletzlichkeit können wir ohne Angst zum Ausdruck bringen, weil wir wissen, dass der Frieden und die Macht unserer letztendlichen Wirklichkeit niemals bedroht werden können.

Wie Jesus einmal gesagt hat: „... und (ihr) werdet die Wahrheit erkennen, und die Wahrheit wird euch frei machen." (Johannes 8, 32)

Das sechste (Stirn-)Chakra (Selbstwahrnehmung)

Das sechste Chakra ist zwischen und etwas über den Augenbrauen lokalisiert. Es wird manchmal auch das „Dritte Auge" genannt, weil es der Sitz der spirituellen Vision und des sittlichen Gespürs ist. Es stellt für die unteren Chakren eine bewusste Führung dar, ähnlich wie dies die Augen für den physischen Körper tun. Wenn es offen und gesund ist, dann ermöglicht es direkte, intuitive und bewusste Erkenntnisse über das eigene Leben, die weit zuverlässiger sind als jede intellektuelle Analyse. Eine sensorische Erweiterung wie Hellsehen oder Hellhören kann sich manifestieren, wenn das Stirnchakra in den Bereichen funktioniert, die sich zwischen Geist und Materie befinden. Das sechste Chakra hat Auswirkungen auf Augen, Ohren, Nase, Neben-, Stirn- und Kieferhöhlen, Hirnanhangdrüse und allgemein auf die endokrinen Drüsen wie auch auf einige Aspekte des zentralen Nervensystems.

Im folgenden Abschnitt sprach Jesus ohne Zweifel das offene „Dritte Auge" an: „Das Auge ist des Leibes Leuchte. Wenn dein Auge lauter ist, so wird dein ganzer Leib licht sein." (Matthäus 6, 22) Visionäres Sehen wird erreicht, wenn man das Einssein der gesamten Schöpfung direkt wahrnimmt. Es ist das Bewusstsein von der Gegenwart des Geistes, die allen physischen, emotionalen und mentalen Manifestationen zugrunde liegt. Das Sehen mit dem „Dritten Auge" ist gleichbedeutend mit der universellen Vergebung. Unter der Führung solch seherischer Klarheit und Folgerichtigkeit ist es eine natürliche Folge, dass der „ganze Leib licht" ist. Eine dualistische

Wahrnehmung von „Ich" und „Du" existiert auf der Ebene des Stirnchakras dennoch, auch wenn das Bewusstsein in einen mystischen Zustand gehoben wird, der die Wahrnehmung insgesamt transzendiert und nur Einheit kennt. Dies ist der Zustand des Einsseins. Es ist angemessen, dass der Zustand des Einsseins vor allem in östlichen Kreisen oft als „Erleuchtung" bezeichnet wird.

In der Hindu-Tradition wurde schon seit jeher das Einheitsbewusstsein der Lehren Jesu als die größte Ausdehnung des Bewusstseins und die höchste Form der Erleuchtung geehrt. In den Veden, die etwa im 6. Jahrhundert v. Chr. zum Abschluss kamen, sind die Haupttexte der Hindus enthalten. Die Upanishaden stehen am Ende der vedischen Literatur und enthalten die Grundlagen der Hindu-Philosophie. Die nachfolgende Passage aus den Upanishaden fasst die Vorstellung und Basis der idealen hinduistischen Vorstellung von Erleuchtung zusammen:

Es ist gewiss, dass der Mann, der in sich selbst alle Kreaturen und sich selbst in allen Kreaturen sehen kann, kein Leiden kennt.

Wie kann ein Weiser, der um die Einheit des Lebens weiß und alle Geschöpfe in sich sieht, irregeleitet oder leidvoll sein?

Das ist vollkommen. Jenes ist vollkommen. Vollkommenheit kommt aus der Vollkommenheit. Entnehme der Vollkommenheit Vollkommenes und was übrig bleibt ist vollkommen. Möge Frieden und Frieden und Frieden allerorts sein![29]

Shankara (686-718 n. Chr.), der große indische Yogi und Philosoph, begründete die Advaita-Vedanta-Schule des Hinduismus. Shankaras fundamentales Prinzip besagt, dass Gott die einzige Wirklichkeit ist. Zitate wie das Nachfolgende haben im Lauf der Jahrhunderte tiefgreifenden Einfluss auf das Denken der Hindus und ihre Bestrebungen genommen:

> Dieses Universum ist nichts als Brahman (Gott). Erblicke Brahman überall, unter allen Umständen, mit dem Auge des Geistes und einem ruhigen Herzen. Wie vermag das physische Auge etwas anderes als physische Objekte zu erkennen? Wie kann der Verstand des Erleuchteten an irgendetwas anderes denken als an die Wirklichkeit?
>
> Er, der gelernt hat, die eine Wirklichkeit überall zu sehen, der ist mein Meister – ob er nun Brahmane oder Unberührbarer ist.[30]

Das erleuchtete Sehen, von dem Jesus und Shankara sprechen, ist in Wahrheit das Sehen von Engeln, die im Reich des Geistes ausharren und sogar verwirrte inkarnierte Menschen als Mitgeister der Herrlichkeit erkennen.

Die Domäne des sechsten Chakras ist die Entwicklung in der späteren Jugend und zu Beginn der Erwachsenenzeit, das Alter von etwa siebzehn bis einundzwanzig Jahren. Nachdem der junge Erwachsene jahrelang die stürmische See der Adoleszenz befahren hat, um eine solide Identität des Egos zu entwickeln, ist er nun bereit, sein stabilisiertes, reifes „Ich" in gemeinsamer und bewusster Absicht mit anderen zusammenzutun. Er erlangt die Unabhängigkeit von seiner Ursprungsfamilie und ist bereit, Verpflichtungen in vertrauten Beziehungen, in seinem beruflichen Umfeld und im Hinblick auf seine soziale und religiöse Angliederung zu übernehmen. Eine höhere Ausbildung kann ihm helfen, sich selbst objektiv zu beurteilen und seinen Vorstellungen vom Leben eine Struktur zu geben. Er öffnet sich für die Bedürfnisse und Absichten der Menschheit und erforscht in der Beziehungsaufnahme zur Gesellschaft seine persönlichen Werte. Er lernt, sich immer ehrlicher und effektiver mitzuteilen. Er lernt, sein Ego den Bedürfnissen der Gruppe unterzuordnen, wenn ein gemeinsames Ziel, wie etwa eine militärische Auseinandersetzung, dies verlangt.[31]

Die Blockade des sechsten Chakras bewirkt eine verzerrte Selbstwahrnehmung, deren Folge der Verlust des spirituellen Einblicks und des kritischen Urteilsvermögens ist. Diese Blockade kann aus Ereignissen und Entscheidungen während des ganzen Lebens resultieren. In den frühen Erwachsenenjahren geht der Abtrennung in der Regel das Versagen voraus, Vertrautheit mit der Erwachsenenwelt zu entwickeln und Verpflichtungen für ein gemeinsames Ziel zu übernehmen. Ihre Symptome in diesem Alter sind oft Isolation, die Beschäftigung mit sich selbst und Selbstkritik. Immer wenn der Blick auf das Christus-Selbst verstellt ist, verliert die Persönlichkeit ihre Fähigkeit, ihre letztendliche Wirklichkeit unter den vielen oberflächlichen Fehlern zu erkennen. Da sie keine gesunde Basis für ein kritisches Urteilsvermögen hat, versucht sie dies mit der Schaffung, ja tatsächlich mit der Fehlschaffung einer eigenen Welt aus gut und böse, richtig und falsch, schwarz und weiß, „sollte und sollte nicht" zu kompensieren. Die Persönlichkeit wird möglicherweise von einem zwanghaften Trieb versklavt, Vollkommenheit gemäß einer eigenen Definition zu erreichen. Da die Persönlichkeit dieses Ideal unweigerlich verfehlt, wird sie zur Beute von Schuldgefühlen und meint, bestraft werden zu müssen. Da sie sich selbst in einem derart negativen Zusammenhang sieht, kann sie anderen, die diese Standards vielleicht überhaupt nicht akzeptieren, nur noch kritischer gegenüberstehen. Für das Selbst, das auf der Ebene des sechsten Chakras abgetrennt ist, wird das Leben zu einer Übung in Urteilssprüchen, da es nur Unvollkommenheit sieht. Aus diesem Kernelemental entstehen Elementale wie die folgenden:

„Ich habe Unrecht; du hast Unrecht.“
„Ich kann nichts richtig machen.“
„Es ist alles meine Schuld; es ist alles deine Schuld.“
„Ich kann ihnen nicht vergeben.“
„Ich bin fehlerhaft.“
„Sie sind nicht gut genug.“
„Fehler sollten bestraft werden.“
„Das Schlimmste wird geschehen.“
„Ich bin ein übler Sünder und ich verdiene die Hölle.“
„Die Gesellschaft ist es nicht wert, dass ich an ihr teilnehme.“
„Ich habe nichts, was ich zur Welt beitragen könnte.“
„Beziehungen sind eine Falle.“

In der „Bergpredigt“ spricht Jesus ausdrücklich die Verbindung zwischen blockiertem spirituellem Sehen und der persönlichen Verurteilung anderer an:

Richtet nicht, auf dass ihr nicht gerichtet werdet. Denn mit welcherlei Gericht ihr richtet, werdet ihr gerichtet werden; und mit welcherlei Maß ihr messt, wird euch gemessen werden. Was siehst du aber den Splitter in deines Bruders Auge und wirst nicht gewahr des Balkens in deinem Auge? Oder wie darfst du sagen zu deinem Bruder: Halt, ich will dir den Splitter aus deinem Auge ziehen? Und siehe, ein Balken ist in deinem Auge. Du Heuchler, zieh zuerst den Balken aus deinem Auge; danach sieh zu, wie du den Splitter aus deines Bruders Auge ziehst. (Matthäus 7, 1-5)

„Der Balken in deinem Auge" ist die Blockade spirituellen Sehens, die beseitigt werden muss, bevor es möglich ist, die Wirklichkeit des anderen Menschen wahrzunehmen. Sonst erkennen wir nur Unvollkommenheit, beschäftigen uns sogar mit so kleinen Fehlern wie dem „Splitter in deines Bruders Auge". Die spirituell einfühlsame Persönlichkeit ist immer barmherzig. Verurteilung und Bestrafung ist von Rechts wegen nur eine kollektive Pflicht der Gesellschaft.

Die nachfolgende Bibelgeschichte stellt ein Beispiel dar für die Blockade des sechsten Chakras – wieder einmal bei religiösen Führern – und Jesus begegnet dem Problem folgendermaßen:

Jesus aber ging an den Ölberg. Und frühmorgens kam er wieder in den Tempel, und alles Volk kam zu ihm; und er setzte sich und lehrte sie. Aber die Schriftgelehrten und Pharisäer brachten eine Frau zu ihm, im Ehebruch ergriffen, und stellten sie in die Mitte und sprachen zu ihm: Meister, diese Frau ist ergriffen auf frischer Tat im Ehebruch. Mose aber hat uns im Gesetz geboten, solche zu steinigen. Was sagst du? Das sprachen sie aber, ihn zu versuchen, auf dass sie eine Sache wider ihn hätten.

Aber Jesus bückte sich nieder und schrieb mit dem Finger auf die Erde. Als sie nun fortfuhren, ihn zu fragen, richtete er sich auf und sprach zu ihnen: Wer unter euch ohne Sünde ist, der werfe den ersten Stein auf sie. Und bückte sich wieder nieder und schrieb auf die Erde. Da sie aber das hörten, gingen sie hinaus, einer nach dem anderen, von den Ältesten an; und Jesus ward allein gelassen und die Frau in der Mitte stehend. Jesus aber richtete sich auf und sprach zu ihr: Weib, wo sind sie, deine Verkläger? Hat dich niemand verdammt? Sie aber sprach: Herr, niemand. Jesus aber sprach: So verdamme ich dich auch nicht; gehe hin und sündige hinfort nicht mehr. (Johannes 8, 1-11)

Die Schriftgelehrten und Pharisäer, die sich nur die angebliche Sünde der Frau bewusst gemacht hatten, verurteilten sie zu Verdammnis und Tod. Jesus, der ihr wahres inneres Wesen kannte, konnte sie nur als Schwester im Geist sehen. Indem er sich weigerte, sie zu verdammen und ihr dadurch das Leben rettete, offenbarte er ein weiteres Mal das gnädige und liebende Wesen Gottes.

Die Geschichte der Frau, die auf frischer Tat beim Ehebruch ergriffen wurde, bringt nicht nur das metaphysische Problem spiritueller Blindheit zur Sprache, sondern auch die philosophische Frage im Zusammenhang mit dem Thema Moralität. Viele Menschen würden sich dennoch fragen, was denn falsch daran ist, sich der Gesetze

Mose zu bedienen, um zwischen Falsch und Richtig zu unterscheiden. Wie oft bekommen wir heute zu hören, dass unsere säkulare pluralistische Gesellschaft ihren „Moralkompass" verloren habe. Typischerweise stammt diese Kritik meist von einem religiösen oder sozialkonservativen Menschen, der die Rückkehr zu einem idealisierten Verhaltenskodex wünscht, einem Kodex, der definitive Richtlinien für Richtig und Falsch festschreibt. In christlichen Kreisen wird ein solcher Kodex mit größerer Wahrscheinlichkeit eher aus den Lehren des Paulus abgeleitet als aus den mosaischen Gesetzen.

Während Männer und Frauen seit langem über eine angemessene Rolle religiöser Gesetze und Verhaltensregeln bei der Festschreibung moralischer Standards debattiert haben, empfand Jesus sie offensichtlich als unzulänglich und für das spirituelle Wohlergehen sogar gefährlich. Nachfolgend ein Beispiel für das, was Jesus seine Jünger zu diesem Thema lehrte:

Und sie hatten vergessen, Brot mit sich zu nehmen, und hatten nicht mehr mit sich im Schiff als ein Brot. Und er gebot ihnen und sprach: Schaut zu und hütet euch vor dem Sauerteig der Pharisäer und vor dem Sauerteig des Herodes. Und sie dachten hin und her und sprachen untereinander: Das ist's, dass wir nicht Brot haben. Und Jesus merkte das und sprach zu ihnen: Was bekümmert ihr euch doch, dass ihr nicht Brot habt? Versteht ihr noch nicht und begreift ihr nicht? Habt ihr denn ein verhärtetes Herz in euch? Ihr habt Augen und seht nicht? Habt Ohren und hört nicht? (Markus 8, 14-18)

Jesus rügte seine Jünger, weil sie ihn so wörtlich nahmen und es ihnen nicht gelang, das von ihm verwendete Bild als solches zu erkennen. Der „Sauerteig der Pharisäer", vor dem er warnte, war die Hingabe der Pharisäer an die Form der Religion statt an ihre Substanz, ihre Ergebenheit an die Schrift statt an die lebendige spirituelle Wahrheit, an das Gesetz statt an die Liebe, an das Urteil statt an das Erbarmen, an Gottes Institution statt an Gott selbst. Anstatt auf das Verhalten konzentrierte sich Jesus auf die Einstellung im Herzen, die das Verhalten hervorbringt. Er sagte: „Selig sind, die da hungert und dürstet nach der Gerechtigkeit, denn sie sollen satt werden." (Matthäus 5, 6) Er sagte: „Selig sind die Friedfertigen, denn sie werden Gottes Kinder heißen." (Matthäus 5, 9) Anstelle des Gesetzes hob Jesus Glauben, Liebe und direkte spirituelle Einsichten als die wahren Führer zum höchsten moralischen Erkennen hervor.

Im Tao-Te-King sagt Lao-tse: „Wirf Moral und Gerechtigkeit weg und die Menschen werden das Richtige tun."[32] Man könnte leicht argumentieren, dass die Kulturen sowohl des Ostens wie des Westens in spiritueller Hinsicht zu rückständig sind, um sich direkt dem Weg des Universums (dem Tao) oder dem Vater im Himmel mit der Bitte um moralische Führung zuzuwenden. Vielleicht ist der „Sauerteig der Pharisäer" noch erforderlich, um zu verhindern, dass die Welt in Dekadenz, Hedonismus und Unordnung abrutscht.

Doch der „Sauerteig der Pharisäer" ist nicht mit dem „Sauerteig der spirituellen Meister" identisch. Er ist nicht der Sauerteig des spirituellen Aspiranten, der sich selbst als den Christus erkennen und der Ganzheit erlangen möchte. Bei einem Menschen mit zunehmendem spirituellem Sehvermögen, der sich auf dem Weg zum Einssein befindet, kann man nur dann mit Berechtigung von einem „Moralkompass" sprechen, wenn man sich auf die Führung durch das Christus-Selbst durch ein offenes sechstes Chakra bezieht. Jeder andere Standard, auch die Heilige Schrift selbst, ist unzuverlässig für die Führung von Moment zu Moment, die wir benötigen, um zwischen den Kompliziertheiten des Lebens hindurchzunavigieren. Die höchste Moralität, die Moralität Jesu, entsteht aus den spirituellen Einsichten, die ihren Ursprung im Gotteswort haben, das direkt in der eigenen Seele gesprochen wird. Dieses Wort verursacht die authentische Erfahrung von Barmherzigkeit und Vergebung, weil es die einzige Basis ist, die wir haben, um die Geistessenz anderer und unserer selbst wahrzunehmen.

Der folgende Wortwechsel zwischen dem Apostel Petrus und Jesus zeigt das radikale Wesen wahrer Vergebung, die zu einer Gnade ohne Ende führt:

> Da trat Petrus zu ihm und sprach: Herr, wie oft muss ich denn meinem Bruder, der an mir sündigt, vergeben? Ist's genug siebenmal? Jesus sprach zu ihm: Ich sage dir: nicht siebenmal, sondern siebzigmal siebenmal. (Matthäus 18, 21 - 22)

Für den Egoisten, der Vergebung gar nicht anders als in der Form von Selbstgerechtigkeit und Märtyrertum wahrnehmen kann, ist dieser Rat verrückt. Für einen, der mit dem „Dritten Auge" sieht, ist Vergebung ein natürlicher und freudiger Weg im Leben. Er ist freudig, weil der „ganze Körper lichtdurchflutet" ist.

Die Erleuchteten aller religiösen Traditionen und aller Zeiten werden die Wahrheit dieser Worte Jesu bestätigen: „Selig sind die Barmherzigen; denn sie werden Barmherzigkeit erlangen." (Matthäus 5, 7) Wie könnte es auch anders sein? Sie haben wie Jesus das letzte und einzige Urteil Gottes über seine Kinder vernommen: „Dies ist mein lieber Sohn, an dem ich Wohlgefallen habe." (Matthäus 3, 17)

Das siebte (Kronen-)Chakra (Höherer Zweck)

Es ist nur dann möglich, das siebte Chakra sinnvoll zu besprechen, wenn dies in einem spirituellen Kontext geschieht. Manche metaphysischen Systeme anerkennen die Existenz noch höherer Chakren, doch diese sollen hier nicht weiter berücksichtigt werden. Das Kronenchakra befindet sich über dem Scheitel des Kopfes und vermag höhere zerebrale Funktionen auf einer physischen Ebene zu beeinflussen. Es hätte ebenso gut zuerst statt zuletzt beschrieben werden können, denn es stellt den Eingangspunkt dar, durch den spirituelle Energien in die Persönlichkeit hineinfließen. Folglich ist es in der Regel der erste Punkt, über den ein bewusster Kontakt zwischen dem göttlichen Geist und dem menschlichen Verstand hergestellt wird. Das siebte Chakra ist das Reich jenes ersten Aufglimmens eines Bewusstseins davon, dass es jenseits der physischen, emotionalen und intellektuellen Ebenen eine weitere unsichtbare Wirklichkeit gibt und dass man im Rahmen dieser unsichtbaren Wirklichkeit sogar einen höheren Zweck zu erfüllen hat. Die innere Führung, die einen veranlasst, sich auf die spirituelle Suche zu begeben, ist selbst der Beweis, dass der Gottessohn auf der Bewusstseinsebene des siebten Chakras tatsächlich aus dem Menschensohn hervorbricht.

Das Erwachen zur eigenen göttlichen inneren Gegenwart wurde von Jesus *Heil* genannt. Möglicherweise bezeichnet die Persönlichkeit es nicht als Heil oder gibt ihm überhaupt keinen Namen. Das spielt keine Rolle. Von Bedeutung ist lediglich, dass man nun frei ist von den Fesseln der Materie und der Tyrannei der Zeit. Die Heilung ist natürlich noch nicht erreicht, doch das Heil hat dem Suchenden die Seelenperspektive gegeben, die erforderlich ist, damit wirkliche und bleibende Heilung beginnen kann. Als bewusstes Kind der Ewigkeit ist man nun in einer Position, um mit der Meisterung des Fleisches und der Welt zu beginnen, indem man beides dem höheren Zweck des Universums darbietet. Nun ist es endlich möglich, die Verantwortung zu übernehmen, die Gott dem Menschen im Morgengrauen der Schöpfung gegeben hat: „Seid fruchtbar und mehret euch und füllt die Erde und macht sie euch untertan und herrscht über die Fische im Meer und über die Vögel unter dem Himmel und über das Vieh und über alles Getier, das auf Erden kriecht." (1. Mose 1, 28) Solche Herrschaft kann nur als liebevolle Verwaltung interpretiert werden, bei der der „Meister" vom Geist geführt wird.

Es ist schwierig, die Öffnung des Kronenchakras in konventionellen Entwicklungsbegriffen abzuhandeln. Eine bewusste spirituelle Suche kann schon recht früh im

Leben beginnen oder aber ein Leben lang nicht stattfinden.

Es ist nicht falsch, wenn man sagt, dass das siebte Chakra im frühen Erwachsenenalter beträchtliche Aufmerksamkeit erhält, da dies die Zeit ist, wenn sich das Chakra öffnet. Die Domänen des sechsten und siebten Chakras sind eng miteinander verwandt, und auf der Bewusstseinsebene lässt sich zwischen beiden leicht eine Verbindung herstellen, wenn die betreffende Person es wünscht. Die Aufmerksamkeit für moralische Werte, enge Beziehungen und gesellschaftliche Absichten ist auf natürliche Weise mit dem sprituellen höheren Zweck verbunden.

Die Abtrennung auf der Ebene des siebten Chakras ereignet sich meist kampflos, wenn sich die Persönlichkeit von Materialismus und egoistischen Belangen jeder Art einfangen lässt. Negative Erfahrungen, die man in der Jugend mit der Religion macht, können einen von jedem spirituellen Streben abhalten.

Das Johannesevangelium beginnt mit einer großartigen kosmologischen Beschreibung des Problems, das sich dem Menschen bei der Blockade des siebten Chakras und bevor er zum Heil gelangt, stellt:

Im Anfang war das Wort, und das Wort war bei Gott, und Gott war das Wort. Dasselbe war im Anfang bei Gott. Alle Dinge sind durch dasselbe gemacht, und ohne dasselbe ist nichts gemacht, was gemacht ist. In ihm war das Leben, und das Leben war das Licht der Menschen, und das Licht scheint in der Finsternis und die Finsternis hat's nicht begriffen. (Johannes 1, 1-5)

Wenn das siebte Chakra geschlossen ist, dann übersehen wir das Christus-Selbst, das in der Dunkelheit unseres spirituellen Schlummers erstrahlt. „Das wahrhaftige Licht, welches alle Menschen erleuchtet, die in diese Welt kommen" (Johannes 1, 9), bleibt unserem Bewusstsein verborgen. Spirituell „verloren" können wir keinen Sinn im Leben erblicken außer den veränderlichen und vergänglichen Absichten der Welt wie etwa materiellen Gewinn, sozialen Status und physisches Vergnügen. Wir ziehen dann den Schluss, dass das Leben keinen höheren Zweck hat. Aus diesem negativen Elemental leiten wir viele weitere wie die folgenden ab:

„Ich bin mir nicht sicher, was ich wirklich will."
„Mein Leben ist von größerer Bedeutung als das anderer."
„Mein oberster Traum ist der Traum meines Vaterlandes."
„Ich möchte einfach nur eine gute Zeit haben und Schmerz vermeiden."
„Mein vorrangiges Ziel ist es, hart zu arbeiten und es gut zu haben."
„Am wichtigsten ist mir ein angenehmer Lebensstil mit allen modernen Annehmlichkeiten."
„Ich fühle mich erfüllt, wenn die Leute mich bewundern."
„Meine körperliche Gesundheit ist mir am allerwichtigsten."

In der nächsten Geschichte über die Pharisäer, die häufig in christlichen Kirchen wiedergegeben wird, spricht

Jesus das Problem eines blockierten siebten Chakras und die wichtigste Punkte des Heils an:

Es war aber ein Mensch unter den Pharisäern mit Namen Nikodemus, ein Oberster unter den Juden. Der kam zu Jesus bei Nacht und sprach zu ihm: Meister, wir wissen, dass du ein Lehrer bist, von Gott gekommen; denn niemand kann die Zeichen tun, die du tust, es sei denn Gott mit ihm. Jesus antwortete und sprach zu ihm: Wahrlich, wahrlich, ich sage dir: Es sei denn, dass jemand von neuem geboren wird, so kann er das Reich Gottes nicht sehen. Nikodemus spricht zu ihm: Wie kann ein Mensch geboren werden, wenn er alt ist? Kann er auch wiederum in seiner Mutter Leib gehen und geboren werden? Jesus antwortete: Wahrlich, wahrlich, ich sage dir: Es sei denn, dass jemand geboren werde aus Wasser und Geist, so kann er nicht in das Reich Gottes kommen. Was vom Fleisch geboren wird, das ist Fleisch; und was vom Geist geboren wird, das ist Geist. Lass dich's nicht wundern, dass ich dir gesagt habe: Ihr müsst von Neuem geboren werden. Der Wind bläst, wo er will, und du hörst sein Sausen wohl; aber du weißt nicht, woher er kommt und wohin er fährt. So ist ein jeglicher, der aus dem Geist geboren ist. (Johannes 3, 1-8)

Wir können folgern, dass Nikodemus nach den Standards seiner Zeit und seiner Umgebung „alles" hatte. Er gehörte zur religiösen und sozialen Elite des alten Palästina und befand sich in materieller Hinsicht ohne Zweifel in einer sehr guten Position. Es gibt keinen Grund anzunehmen, dass er unter irgendwelchen mentalen, emotionalen oder physischen Störungen von Bedeutung litt.

Doch sein aufgewühltes Herz veranlasste ihn, das Risiko einzugehen, Jesus mitten in der Nacht aufzusuchen. Man kann sich leicht die Überraschung dieses reifen, rechtschaffenen Mannes vorstellen, als Jesus ihm sagte, er müsse „wiedergeboren" werden. Jesus bediente sich des Bildes der Wiedergeburt, um die radikale Veränderung der Weltsicht hervorzuheben, die folgt, wenn man „vom Geist geboren" und wenn die Dunkelheit von Licht durchdrungen wird.

Jesus erhellte offenbar gerne das Wesen spirituellen Heils mit dem Bild von der Lebenseinstellung kleiner Kinder. Die nachfolgende Geschichte ist jedem christlichen Schulkind vertraut:

Und sie brachten Kinder zu ihm, dass er sie anrührte. Die Jünger aber fuhren die an, die sie trugen. Da es aber Jesus sah, ward er unwillig und sprach zu ihnen: Lasst die Kinder zu mir kommen und wehrt ihnen nicht; denn solcher ist das Reich Gottes. Wahrlich, ich sage euch: Wer das Reich Gottes nicht empfängt wie ein Kind, der wird nicht hineinkommen. Und er herzte sie und legte die Hände auf sie und segnete sie. (Markus 10, 13-16)

Das normale kleine Kind in einer normalen Familie geht auf seine Eltern mit einer Einstellung vollständiger Abhängigkeit und tiefem, reinem und unschuldigem Vertrauen zu. Es gibt eine natürliche Zuneigung zwischen Eltern und Kind, die nicht verdient oder über die verhandelt werden muss. Das Kind empfängt die elterliche Liebe und Gnade frei und vertrauensvoll. Selbst in einem von

Missbrauch geprägten und unglücklichen Zuhause würde kein Kind die biologische Tatsache der Eltern-Sohn- oder Eltern-Tochter-Beziehung in Frage stellen! Das ist die Einstellung, von der Jesus möchte, dass wir sie auch zum Vater im Himmel haben. So sagte er einmal:

Welcher ist unter euch Menschen, so ihn sein Sohn bittet ums Brot, der ihm einen Stein biete? Oder, so er ihn bittet um einen Fisch, der ihm eine Schlange biete? So nun ihr, die ihr doch arg seid, könnt dennoch euren Kindern gute Gaben geben, wieviel mehr wird euer Vater im Himmel Gutes geben denen, die ihn bitten. (Matthäus 7, 9-11)

Während der Mensch in vorangegangenen Zeiten Opfer dargebracht hatte, um einen Gott des Zorns zu besänftigen, lehrte Jesus, dass das Heil ein Geschenk ist, das durch Vertrauen empfangen wird – das gleiche Vertrauen, wie es auch ein unschuldiges Kind in seine lieben-den Eltern setzt. Das Geschenk des Heils ist nichts an-deres als die Errettung von der Unwissenheit – der Unwissenheit, dass wir für immer die geliebten Söhne und Töchter Gottes sind. Wir empfangen diese Bestätigung in dem Augenblick, wo wir um sie bitten. Der Apostel Paulus brachte Jesu Lehre über das Heil in der folgenden Pas-sage wunderbar zum Ausdruck:

„Denn aus Gnade seid ihr gerettet worden durch den Glauben, und das nicht aus euch: Gottes Gabe ist es, nicht aus den Werken, auf dass sich nicht jemand rühme." (Epheser 2, 8-9)

Der Glaube an ein vollkommen subjektives inneres Erleben ist ein schwerer Sprung für die Gesellschaft, die heutzutage die Wissenschaft vergöttert und den menschlichen Verstand nahezu als Gott verehrt. Während die Wissenschaft vielleicht das einzige legitime Mittel ist, um das materielle Universum zu verstehen, stößt sie doch in ihrer Erforschung des Menschen an dieses beschämende Paradox: Die absolute und letztendliche objektive Wirklichkeit unserer Existenz, der uns innewohnende Geist oder das Christus-Selbst, können mit Gewissheit nur subjektiv erfasst werden. Jeder gebildete Atheist kann den Beweis von Gottes Nichtexistenz durch logische Argumente ebenso leicht erbringen, wie ein Theologe die Existenz Gottes allein durch die Vernunft zu beweisen vermag. Der Glaube oder Nichtglaube an Gott als mentale Übung ist bedeutungslos. Direktes Wissen um Gott durch die Übung intelligenten Glaubens ist das Heil. Ein solcher Glauben ist kindlich, aber nicht kindisch. Er ist unschuldig, demütig, aufgeschlossen und frei von vorgefassten Meinungen und Vorurteilen. Heil durch Glauben ist die Grundlage jeder Heilung und die letztendliche Hoffnung menschlichen Fortschritts.

Die spirituelle Reise des Menschen beginnt und endet mit dem siebten Chakra. Sie beginnt mit dem Heil, wenn wir es, wie Nikodemus, zulassen, dass das Kronenchakra sich der Möglichkeit des ewigen Lebens öffnet. Gott eilt herbei, um uns zu versichern, dass dies zutrifft. Mit fortgesetzter Öffnung und Erweiterung dieses Chakras wird unser Lebenszweck von dem von Gott für uns bestimmten Zweck ununterscheidbar. Unsere Wahrnehmung wird durch Vergebung transformiert. Unsere eigene Freude ist Gottes Freude.

In diesem oder einem zukünftigen Leben ist die Vergebung vollständig und die Geschichte kommt mit der Herrlichkeit des Einsseins zu ihrem Ende. Man könnte sagen, dass Einssein oder Erleuchtung der Anfang wirklicher kosmischer Staatsbürgerschaft ist, weil der Erleuchtete eine vereinigte überbewusste Verbindung mit dem Kosmos und seinem Zweck hat. Sie ist die Kulmination der langen Suche nach der Antwort auf die Frage „Wer bin ich?" Jenseits der Dualität und dennoch individuell arbeiten wir partnerschaftlich mit Gott zusammen daran, Schönheit und Wunder für immer zu schaffen. Nur die Ewigkeit wird genügen, um „das wahre Licht" voll zum Ausdruck zu bringen, „das jeden Menschen, der auf die Welt kommt, erleuchtet".

IV.

DIE UNIVERSELLE REISE
DER TRANSFORMATION

Das Gleichnis vom verlorenen Sohn

Jesus sprach:

Ein Mensch hatte zwei Söhne. Und der jüngere unter ihnen sprach zu dem Vater: Gib mir, Vater, das Teil der Güter, das mir gehört. Und er teilte ihnen das Gut. Und nicht lange danach sammelte der jüngere Sohn alles zusammen und zog ferne über Land; und daselbst brachte er sein Gut um mit Prassen. Als er nun all das Seine verzehrt hatte, ging eine große Teuerung durch dasselbe ganze Land, und er fing an zu darben und hängte sich an einen Bürger desselben Landes; der schickte ihn auf seinen Acker, die Säue zu hüten. Und er begehrte, seinen Bauch zu füllen mit Trebern, die die Säue aßen; und niemand gab sie ihm. Da ging er in sich und sprach: Wie viel Tagelöhner hat mein Vater, die Brot die Fülle haben, und ich verderbe vor Hunger! Ich will mich aufmachen und zu meinem Vater gehen und ihm sagen: Vater, ich habe gesündigt gegen den Himmel und vor dir. Ich bin hinfort nicht mehr wert, dass ich dein Sohn heiße; mache mich zu einem deiner

Tagelöhner! Und er machte sich auf und kam zu seinem Vater. Da er aber noch fern von dannen war, sah ihn sein Vater und es jammerte ihn, er lief und fiel ihm um seinen Hals und küsste ihn. Der Sohn aber sprach zu ihm: Vater, ich habe gesündigt gegen den Himmel und vor dir; ich bin hinfort nicht mehr wert, dass ich dein Sohn heiße. Aber der Vater sprach zu seinen Knechten: Bringt schnell das beste Kleid hervor und tut es ihm an und gebt ihm einen Fingerreif an seine Hand und Schuhe an seine Füße und bringt das Kalb, das wir gemästet haben, und schlachtet's; lasst uns essen und fröhlich sein! Denn dieser mein Sohn war tot und ist wieder lebendig geworden; er war verloren und ist gefunden worden. Und sie fingen an, fröhlich zu sein. (Lukas 15, 11-24)

Der Wert des Gleichnisses als Lehrstoff liegt in der Tatsache begründet, dass Jesus fähig war, seinen Zuhörern die Saat der Wahrheit einzupflanzen, während er ihnen zugleich den Spielraum zugestand, seine Geschichten gemäß ihrer eigenen intellektuellen Fähigkeiten und ihrer spirituellen Einsichten zu interpretieren. Gleichnisse gaben ihm außerdem die Möglichkeit, eine zu frühe Konfrontation mit den religiösen Autoritäten, die ihn beobachteten, zu umgehen. Diese suchten unablässig nach Möglichkeiten, ihm Schwierigkeiten zu bereiten und ihn zu zwingen, seine Mission aufzugeben. Daher: „Und ohne Gleichnis redete er nicht zu ihnen; aber wenn sie allein waren, legte er seinen Jüngern alles aus." (Markus 4, 34)

Das Gleichnis vom verlorenen Sohn ist eine der am häufigsten wiedergegebenen Geschichten Jesu, weil sie so viel über das vergebende und gnädige Wesen Gottes offenbart. Außerdem kann sie als Allegorie der universellen Reise der Transformation von den Tiefen der Abtrennung zu den Höhen des Einsseins über all die verschiedenen Stufen des Bewusstseins angesehen werden. Der Prozess der Abtrennung und die Rückkehr zur Liebe wird Schritt für Schritt am Beispiel des Gleichnisses dargestellt: „Ein Mensch hatte zwei Söhne. Und der jüngere unter ihnen sprach zu dem Vater: Gib mir, Vater, das Teil der Güter, das mir gehört. Und er teilte ihnen das Gut."

Die ersten Zeilen illustrieren den Zustand der Gnade, die im Bewusstsein von der Gegenwart Gottes liegt. In diesem gleichen Zustand befanden sich Adam und Eva vor dem „Fall", und er wurde in der Abbildung auf Seite 40 durch den Stern im Kreis symbolisiert. Gott teilt alles großzügig mit uns, sogar „sein Gut", jenes Fragment seines eigenen Selbst, das wir das „Christus-Selbst", das „Geist-Ego-Selbst" nennen oder „das wahrhaftige Licht, welches alle Menschen erleuchtet, die in diese Welt kommen" (Johannes 1, 9). Was wir mit unserem Geschenk anfangen, ist unsere eigene Entscheidung, denn „(Gott) lässt seine Sonne aufgehen über die Bösen und über die Guten und lässt regnen über Gerechte und Ungerechte". (Matthäus 5, 45)

Und nicht lange danach sammelte der jüngere Sohn alles zusammen und zog ferne über Land; und daselbst brachte er sein Gut um mit Prassen.

Hier wird der Eintritt in den illusionären Zustand der Abtrennung des Egos beschrieben, der „Fall", der den Verlust des Bewusstseins von der Gegenwart Gottes bezeichnet. In der Illustration auf Seite 41 haben wir ihn durch die Platzierung des unteren Dreiecks außerhalb des Kreises des Einsseins dargestellt. Dieser Teil der Geschichte zeigt auch, warum für so viele spirituell Suchende das Wort „Ego" fast gleichbedeutend mit dem Wort „Teufel" ist. Das Ziel einiger östlicher Philosophen ist es, das Ego vollkommen auszulöschen und ohne die Last der individuellen Identität mit dem Absoluten zu verschmelzen.

Westliche religiöse Traditionen neigen jedoch dazu, den Wert der Individualität zu erhalten. Es gibt keine Aufzeichnung darüber, dass Jesus je die individuelle Persönlichkeitsidentität auf irgendeine Weise abwertete. Tatsächlich kümmerte er sich so aufmerksam um individuelle Männer, Frauen und Kinder, dass er durch sein Handeln ebenso wie durch seine Worte ihren Wert als Kinder Gottes bestätigte. In einer sehr abstrakten Form ist das Ego dieser geheimnisvolle Aspekt der menschlichen Persönlichkeit, der es ihr gestattet, sich in jedem beliebigen Bewusstseinszustand ihres individuellen Selbst bewusst zu sein. Das Ego ist ein entscheidender Faktor, der den Menschen vom Tier unterscheidet, und ein Geschenk, welches das Kernelement unseres sich fortentwickelnden Seelenwesens darstellt.

In einem frühen Wachstumsstadium ist die Schwierigkeit für unsere Persönlichkeit weniger das Existieren eines Egos als vielmehr das, womit es sich identifiziert und wofür es sich folglich selbst hält. Was das Ego sieht, ist die Schöpfung des zu der Person gehörigen Geistes und damit eine Sammlung von Elementalen. Dieses Netzwerk der Elementale stellt die Basis des eigenen Selbstbilds dar; was wir also sehen, wenn wir uns selbst vom

Ich ausgehend beobachten, ist im wahrsten Sinn des Wortes frei erfunden. Für die meisten von uns ist dieses Selbstbild ein „Teufel", weil wir uns damit zufrieden geben, uns mit ihm gleichzusetzen, und es diesem illusionären Selbst gestatten, uns den Blick auf unser wahres Geist-Selbst zu verstellen. Diese Identifikation mit den eigenen elementaren Schöpfungen wird, wie wir bereits gesehen haben, als Egoismus bezeichnet. Dieser Egoismus wiederum ist der Ursprung der derzeitigen Persönlichkeit und schafft die Erfahrung der Hölle. Das Ego wird gerne mit Egoismus gleichgesetzt und das ist aus Gründen praktischer spiritueller Unterweisung nicht unvernünftig. Diese Zusammenhänge sind es, denen das Ego seinen schlechten Ruf verdankt.

Das Gleichnis vom verlorenen Sohn mahnt uns – und Daskalos lehrt es –, dass wir Elementale im Allgemeinen unterbewusst als Reaktion auf materielles Verlangen erzeugen. Diese Wunschgedanken oder „unsauberen Geister" dienen unseren Wünschen, indem sie die Voraussetzung für die Befriedigung auf Kosten des Glücks schaffen. Dadurch fesseln diese negativen Elementale die derzeitige Persönlichkeit als Sklave an die materielle Ebene und erzeugen die Bedingungen für das Leiden. Das Gleichnis stellt die primäre materielle Versklavung des Suchtbewusstseins dar und zeigt, wie diese Versklavung unsere „Lebenssubstanz" verschwendet – das was Daskalos „ätherische Vitalität" nennt.

Während jede Form von Egoismus in irgendeiner Art von Versklavung durch die materielle Ebene verwurzelt ist, nimmt der Egoismus selbst oft subtilere und intelligentere Formen an als die von einfacher materieller Substanz oder von Vergnügungssucht. Das Ego ist so „ausgefuchst", dass es erfolgreich Situationen zu manipulieren vermag, in denen es rein technisch gesehen gar nichts zu schaffen haben sollte. Tatsächlich zieht das Ego oft gerade die Bereiche vor, in die es *incognito* einziehen kann, denn es kann sich dort am besten selbst erhalten, wo es nicht als der „Teufel" erkannt wird, der es tatsächlich ist. Beste Beispiele für solche Ego-Täuschungen sind in der Religion und in der Psychotherapie anzutreffen. Persönlichkeiten, die sich im Netz des religiösen Egoismus oder der Frömmelei verfangen haben, schätzen sich selbst typischerweise unter moralischen Gesichtspunkten ein, die entweder auf dem aufgeblasenen oder dem reduzierten Aspekt eines gegebenen negativen Elementals basieren. Einerseits genießt es der religiöse Egoismus, sich in Stärke zu kleiden und sich als gut, sehr gut zu sehen. Dies ist die Qualität der Selbstgerechtigkeit, der Jesus so oft unter den Pharisäern und anderen religiösen Führern seiner Zeit begegnete. Da Jesus selbst als spiritueller Lehrer das Objekt von so viel Bewunderung war, war ihm klar, dass er selbst wachsam auf die Fallstricke dieses aufgeblasenen Elementals namens Selbstgerechtigkeit achten musste. Die folgende Geschichte gibt seine Sorge wieder (Lukas 18, 18-19):

> Und es fragte ihn ein Oberster und sprach: Guter Meister, was muss ich tun, dass ich das ewige Leben ererbe? Jesus aber sprach zu ihm: Was heißest du mich gut? Niemand ist gut als Gott allein.

Während es auf den ersten Blick den Anschein haben könnte, dass Jesu den Obersten zurechtwies, wird bei näherer Betrachtung klar, dass die Bemerkung ebenso sehr für Jesus selbst gemeint war, wie um den Obersten von den Fallstricken der Frömmelei fernzuhalten. Danach beantwortete Jesus die Frage des Mannes.

Die Autoren fragten einmal Daskalos, welche Form des Egoismus er als die gefährlichste erachte. Er antwortete ohne zu zögern: „Ein Dämon, der sich als Engel des Lichts ausgibt." Stolz ist der bemerkenswerteste dieser Dämonen und führte nach semitischer Tradition zum Sturz des mächtigen Engels Luzifer. Selbstgerechter Stolz könnte ohne einen „reduzierten" Zwilling, die umgekehrte Form von Stolz namens Schuld, gar nicht existieren. Schuld ist in diesem Zusammenhang nicht das gesunde, vorübergehende Gefühl von Reue, das erforderlich ist, um eine Einstellung oder eine Verhaltensweise zu verändern. Schuld ist das wertmindernde Elemental der Frömmelei, das sagt: „Ich bin ein furchtbarer Sünder und verdiene die Hölle." Jesus war gleicherweise frei vom Einfluss der Schuld wie der Selbstgerechtigkeit. Er wurde fortwährend von den religiösen Führern dafür angegriffen, dass er sich in der Gesellschaft von „Schankleuten und Sündern" aufhielt. Eine seiner engsten Anhängerinnen zum Beispiel war Maria Magdalena, eine ehemalige Prostituierte. Seine Art und Weise, selbst zu offenkundigen „Sündern" als Bruder im Geist in Beziehung zu treten, bewirkte viel, um bei seiner Heilarbeit Schuld aufzulösen.

Schuld veranlasst den Menschen, in den Fehlern und Vorstellungen der Vergangenheit zu verharren, und macht wirkungsvolle Veränderung *im Jetzt* ganz und gar unmöglich. Während sich der religiöse Egoismus aufbläst und wieder zusammenfällt wie ein Kugelfisch, bleibt er gegenüber der Großartigkeit und wirklichen Heiligkeit des Christus-Selbst im Innern gleichgültig. Religion muss dazu beitragen, die hartnäckigen Zwillingselementale Selbstgerechtigkeit und Schuld abzubauen, wenn sie eine ernsthafte Veränderung der Persönlichkeit bewirken will.

Der Egoismus infiltriert die Psychotherapie auf ähnliche Weise wie die Religion. Ziel des Egoismus ist es immer, die Existenz des falschen, abgetrennten Selbst und seiner unerfüllten Wünsche für gültig zu erklären, auch wenn dies nur mit Leid und Elend auf Kosten der Persönlichkeit geht. Im Rahmen der Psychotherapie geschieht dies, indem ein Selbstbild durch ein anderes ersetzt, ein Elemental aufgeblasen und ein anderes reduziert wird. Dies bedarf scheinbar Kraft und das Ego gratuliert sich selbst, weil es „gut" ist, und ringt im nächsten Augenblick die Hände, weil das reduzierte Elemental es „schlecht" macht. Die ganze Zeit über ist das Ego ganz und gar zufrieden mit sich, weil es die Elementale durch all die ihnen zuteil gewordene Aufmerksamkeit vital und sich selbst am Leben erhalten hat. Das versklavte Ego kann sich über Jahre hinweg in der Psychotherapie „aufblasen", sich der Faszination endloser Selbstanalysen hingeben und zufrieden darüber sein, dass es jede aufrichtige Veränderung verhindert hat, wenn es das ist, was die Persönlichkeit will. Die derzeitige Persönlichkeit kann sich tatsächlich äußerst schlau verhalten, um sich an ihren Illusionen fest- und von der Heilung fernzuhalten!

Die Psychotherapie steht vor einer weitverbreiteten und schwierigen Herausforderung durch die Schliche des

Egoismus, wenn sie es mit den emotionalen Konsequenzen früher Kindheitstraumata zu tun bekommt. Im Rahmen der Therapie wird versucht, diese traumatischen Erinnerungen zum Zweck der Heilung ins Bewusstsein zu heben. Wenn die Therapie streng auf das Ego ausgerichtet ist, kann es leicht geschehen, dass ungewollt ein Gefühl von ungerechter Behandlung und von Machtlosigkeit aufrechterhalten wird, das auf die unreife Weltsicht des verletzten „inneren Kindes" zurückzuführen ist. Dem angesehenen Jungschen Psychologen James Hillman zufolge ist genau das der Fehler, der häufig die Arbeit mit dem inneren Kind sabotiert:[33] Hillman tritt für die Vorstellung ein, dass jedes Kind in seinem Innern ein „Eichkorn" trägt, in dem der Same einer Seelenmission enthalten ist, die durch die besonderen Umstände des Kindes gefördert wird und ihrerseits das Leben des Kindes tief beeinflusst. Aus dieser Perspektive können Trauma und Schwierigkeit eine weit tiefere Bedeutung haben, als sich die auf dem Ich beruhende Psychologie oder Entwicklungspsychologie bewusst ist. Hillman führt Beispiele an für Berühmtheit in der Erwachsenenzeit, der Schwierigkeiten oder Traumata in der Kindheit vorausgingen, wie etwa aus der Lebensgeschichte von Winston Churchill ersichtlich wird. Als Kind hatte Churchill große Schwierigkeiten mit der Sprache – Lesen, Schreiben, Sprechen, Rechtschreibung. Hillman stellt die Theorie auf, dass diese Kindheitsschwierigkeiten aus dem Wissen seiner Seele resultierten, dass er eines Tages die westliche Welt durch seine kommunikativen Fähigkeiten würde retten müssen und dass dies für ein Kind einfach ein zu großer Brocken war, um damit schon in jungen Jahren fertigzuwerden.[34]

Hillman geht so weit zu versichern: „In unserer Pathologie liegt unser Heil."[35] Genau dieses Thema wird auf verschiedenerlei Art im vorliegenden Buch zum Ausdruck gebracht. Jede Form von Psychopathologie wirft einen bestimmten Schatten der Abtrennung auf bestimmte Bereiche der Psyche.

Diese Schatten, die als Leiden erlebt werden, geben der Seele ihre einzigartige Mission für ihre Inkarnation mit auf den Weg, nämlich Liebe und Licht dorthin zu bringen, wo Angst und Dunkelheit herrschen. Die Seele findet unter der unergründlichen Führung des Geist-Ego-Selbst einen Weg, um den Herausforderungen zu begegnen, die sie benötigt, um ihre besondere Mission der Größe zu erfüllen. Viele der Herausforderungen an unsere Seele haben ihren Ursprung in den physischen, emotionalen, mentalen und sozialen Traumata der Kindheit. Hillman sagt: „Wunden und Narben sind der Stoff, aus denen Charakter gemacht ist. Das Wort Charakter bedeutet ursprünglich ‚gezeichnet oder mit scharfen Linien versehen' wie bei Initiationsnarben."[36] Durch die Begegnung mit Elend und Trauma hat die Seele Gelegenheit, Stärke und Unverwüstlichkeit zu erlangen.

Als Erwachsene fahren wir weit besser, wenn wir die Herausforderungen, denen sich unsere Seele stellen muss, willig akzeptieren, als uns ständig selbst zu bemitleiden. Damit soll jedoch kein Schaden gerechtfertigt werden, der einem Kind oder einem Erwachsenen zugefügt wird. Wie Paulus sagte: „Irrt euch nicht! Gott lässt sich nicht spotten. Denn was der Mensch sät, das wird er ernten!" (Galater 6, 7) Der göttliche Geist jedoch vermag sich unserer besten Bemühungen und sogar unseres schlimmsten Versagens aufgrund von Unwissenheit und Abtrennung anzunehmen und zum Guten zu wenden. Es gibt keine größere Freude für die Seele, als an einem solchen göttlichen Abenteuer teilzunehmen. Der verlorene Sohn ist nun im Begriff, die Konsequenzen seiner unwissenden Entscheidung für die Abtrennung zu spüren und seinen Rückweg zur Liebe anzutreten:

Als er nun all das Seine verzehrt hatte, ging eine große Teuerung durch dasselbe ganze Land, und er fing an zu darben.

Der verlorene Sohn hatte sein „Gut", das ihm sein Suchtbewusstsein so reichlich verschafft hatte, verprasst. Er war von der Quelle aller Lebenskraft abgeschnitten und verfügte über keine Möglichkeit, das Vergeudete zu ersetzen. In diesem „Land der Teuerung", womit der Zustand des Abgeschnittenseins beschrieben wird, fing er nun an zu darben. Er ist in der Domäne des ersten Chakras abgeschnitten, das Angelegenheiten wie Selbsterhaltung, physisches Überleben und Sicherheit regelt. Sein Leben wird bestimmt von jenem unterbewussten Elemental, das sagt: „Ich bin es nicht wert zu existieren." Er wird sich außerhalb seiner selbst in diesem öden Land nach Hilfe umblicken und sich, wie wir es bereits besprochen haben, einen von neun „Kontrollplänen" ausdenken, um die Abtrennung auf der Ebene des ersten Chakras zu überleben.

Und ging hin und hängte sich an einen Bürger desselben Landes; der schickte ihn auf seinen Acker, die Säue zu hüten.

Im Land der Abtrennung und des Mangels betritt der verlorene Sohn nun die zweite Chakradomäne des Unterbewussten, jene der persönlichen Beziehungen. Er sucht nach einer Bestätigung für sich selbst als persönliche Entität, doch tut er es wieder außerhalb seiner Selbst und aus einem Gefühl des Mangels heraus. Er und die Bewohner dieses Landes tun sich in einem gemeinsamen Zustand der Angst und aus einem Gefühl der Verletzbarkeit zusammen. Keiner vertraut dem anderen wirklich, aber sie benutzen einander, um beieinander den Zustand des Egoismus aufrechtzuerhalten. Sie tun dies, indem sie sich einer der neun Möglichkeiten bedienen, die für die Abtrennung auf der zweiten Chakraebene besprochen wurden. Das Kernelemental „Ich bin durch andere verletzbar" und die ihm angeschlossenen übrigen Elementale sind die „Säue", die der verlorene Sohn füttert und die seine Kollegen aufrechterhalten. In einer Beziehung, die von unterbewussten Kräften gesteuert wird, fühlen sich beide Partner unzufrieden und verkauft, weil keiner des anderen Leere zu füllen vermag.

Und er begehrte, seinen Bauch zu füllen mit Trebern, die die Säue aßen; und niemand gab sie ihm.

Der verlorene Sohn spürt nun die vollkommene Hilflosigkeit in der Welt, die eine Folge seiner Abtrennung auf der Ebene des dritten Chakras ist. Sein Leben ist ein Kampf. Er hat in der Welt nichts von Wert erreicht und genießt keine Anerkennung und keinen Respekt. Inzwischen fressen sich die unterbewussten „Säue", die seine machtlose Beziehung zur Welt aufrechterhalten, an seiner Lebenskraft fett. Sie leisten nichts anderes als den Erhalt ihrer eigenen Existenz. Es gelingt ihnen, den verlorenen Sohn in der Überzeugung zu bestärken, dass er, so wenig wie er ist, ohne sie in der Welt gar nichts sei. Ihnen ist klar, dass sie ihre eigene Macht verlieren würden, wenn seine Persönlichkeit einen echten Kraftzuwachs erführe. In einem verzweifelten Versuch, soziale Bestätigung zu erlangen, klammert sich der verlorene Sohn an einem der neun Kontrollpläne der Abtrennung auf der Ebene des dritten Chakras fest, doch „niemand gab ihm" Anerkennung oder Respekt. Sein Kontrollplan ist ein Misserfolg. Die ganze Zeit über fährt er fort, seine „inneren Säue" unterwürfig zu füttern.

Die derzeitige Persönlichkeit des verlorenen Sohnes hat ihr Zuhause unter dem Schleier negativer Elementale in den Domänen der ersten drei Chakren eingerichtet, die das Unterbewusste darstellen. Die höheren Kräfte seines Geistes tun nichts anderes, als den Säuen zu dienen, die nun das Unterbewusste beherrschen. Diese „unsauberen Geister", die erschaffen wurden, um dem materiellen Verlangen der Persönlichkeit zu dienen, betrügen den verlorenen Sohn nun, indem sie ihn mit Händen und Füßen an die materielle Welt binden und nageln. Er blutet und leidet wie bei einer Kreuzigung, ist jedoch unfähig, das Licht seines eigenen Christus-Selbst zu sehen, das seine Seele bereitwillig aus dieser dunklen Nacht erretten würde. Dieser Zustand der Kreuzigung, der der Errettung und Heilung vorausgeht, wurde in der Abbildung auf Seite 42 dargestellt als das hinter einem Schleier aus negativen Elementalen verborgene Kreuz, das sich außerhalb des Kreises des Einsseins befindet.

Da ging er in sich und sprach: Wie viele Tagelöhner hat mein Vater, die Brot die Fülle haben, und ich verderbe vor Hunger! Ich will mich aufmachen und zu meinem Vater gehen und zu ihm sagen: Vater, ich habe gesündigt gegen den Himmel und vor dir. Ich bin hinfort nicht mehr wert, dass ich dein Sohn heiße; mache mich zu einem deiner Tagelöhner!

Schließlich leidet der verlorene Sohn genug, um die ursprüngliche Wunde der Abtrennung zu erkennen. Er gesteht sich ein, dass ihn die unterbewussten Elementale des Suchtbewusstseins, das er nährt, fast hätten verhungern lassen. Er hat sich entschieden, lieber seinem Vater als Tagelöhner zu dienen, als diese „Säue" weiter zu füttern; er wird das Heilsgeschenk des Vaters akzeptieren und die Verantwortung für sein Schicksal übernehmen. Der verlorene Sohn ist nun in der Domäne des vierten Chakras angelangt, der ersten Ebene des bewussten Wahrnehmens, und der Weg ist frei für Heilung und Transformation. Die „unsauberen Geister" des Unterbewussten, die sein Herz leiden lassen, verlieren ihre Kontrolle über sein Bewusstsein. Mit der Zeit werden diese „Säue" durch die bewusste Vernachlässigung, die er ihnen angedeihen lässt, in einen machtlosen Schlafzustand hinüberwechseln. Er wird sie auf dem Weg nach Haus durch Tugenden ersetzen.

Es scheint praktisch für jeden von uns erforderlich zu sein, wie der verlorene Sohn durch unsere eigenen einzigartigen Erfahrungen herauszufinden, dass die Illusion des Egoismus einfach nicht funktioniert. Obwohl es theoretisch möglich scheint, ist es doch außerordentlich selten, dass ein Mensch ohne den Stimulus einer gewissen

Menge an Schmerz und Leid zu „sich selbst findet". Die Zeit, die für diesen Prozess erforderlich ist, und die Intensität des mit ihm verbundenen Leidens unterscheiden sich stark von einer Seele zur nächsten. Die buddhistische Philosophie basiert auf der Prämisse, dass Leiden ein universaler Faktor menschlicher Erfahrung ist. Diese Erkenntnis ist die erste der „Vier Edlen Wahrheiten" des Buddhismus.

Doch dieses Leiden muss, unabhängig davon welche äußeren Umstände das eigene Leben bestimmen, nicht für immer weitergehen. Irgendwann erlangen wir die Fähigkeit, darüber zu entscheiden, wie wir leben wollen. Wie Daskalos es ausdrückt: Wir können bewusst in Liebe, Licht und Freude leben oder weiterhin unterbewusst in der Dunkelheit, vorangetrieben von den „Peitschenschlägen des Schicksals". Wer das Heil akzeptiert, der erzeugt in seinem Herzen eine umgehende Bewusstseinserweiterung und eine Sehnsucht danach, zur Quelle des Lebens zurückzukehren. Die erwachende Persönlichkeit findet geeignete Wege, um sich die Elementale der Abtrennung, die sie in den unteren Zentren geschaffen hat, bewusst anzusehen. Dann desidentifziert sie sich mit ihnen durch einen Prozess, in dem zum Ausdruck kommt: „Ich habe dich geschaffen, aber ich bin nicht du. Ich brauche dich nicht mehr." Statt dessen bildet sie positive Elementale aus, um die negativen zu ersetzen. Wie immer wir den Prozess angehen, der Schlüssel ist die Intention, „sich aufzumachen und zum Vater zu kommen".

Und er machte sich auf und kam zu seinem Vater. Da er aber noch fern von dannen war, sah ihn sein Vater, und es jammerte ihn, er lief und fiel ihm um seinen Hals und küsste ihn. Der Sohn aber sprach zu ihm: Vater, ich habe gesündigt gegen den Himmel und vor dir; ich bin hinfort nicht mehr wert, dass ich dein Sohn heiße.

Der verlorene Sohn ist nun zur Domäne des fünften Chakras aufgestiegen, dem Bereich des Bewusstseins, aus dem hingebungsvolle Liebe anderen entgegenströmt und aus dem die Persönlichkeit ihre Wahrheit furchtlos zum Ausdruck bringt. Man könnte diese Domäne auch als jene der bewussten Beziehung betrachten, in der Kommunikation frei und ehrlich aus einer bewussten Herzensverbindung fließt. Der Vater legt eine weite Strecke zurück, um dem Sohn entgegenzugehen, ihn zu umarmen und seine Freude auszudrücken, die „Freude im Himmel über *einen* Sünder, der Buße tut", die größer ist als die Freude „über neunundneunzig Gerechte, die der Buße nicht bedürfen". (Lukas 15, 7) Der Sohn, der sich solchen Mitgefühls nicht wert fühlt, bringt die Reue darüber zum Ausdruck, dass er so töricht und undankbar war. Er bittet aufrichtig um Vergebung.

Diese paar Zeilen des Gleichnisses zeigen die entscheidenden Bestandteile einer Psychotherapie und überhaupt jeder erfolgreichen Beziehung. Auch sehr stark auf das Ego ausgerichtete Therapiesysteme werden erfolgreich sein, wenn der Klient dem Therapeuten aufrichtig am Herzen liegt und der Klient wirklich motiviert ist, seine Wahrheit zum Ausdruck zu bringen und seine Vorstellung darüber, wer er ist, zu verändern. Wirkungsvolle Psychotherapie oder Buße hebt „unsaubere Geister" und die „Sünden", die sie provoziert haben, in das Bewusstsein und führt sie der mitfühlenden Annahme des Therapeuten zu. Jeder dieser „Dämonen" wird, wenn man ihn genau untersucht, eine engelhafte Tugend offenbaren, die nur auf die Gelegenheit wartet, in Erscheinung zu treten und in der Persönlichkeit zum Ausdruck zu kommen. In der Umarmung des Vaters wird ein rebellischer, untreuer und undankbarer Sohn in einen vollkommen ergebenen Sohn umgewandelt, der von liebevoller Dankbarkeit erfüllt ist.

Aber der Vater sprach zu seinen Knechten: Bringt schnell das beste Kleid hervor und tut es ihm an und gebt ihm einen Fingerreif an seine Hand und Schuhe an seine Füße und bringt das Kalb, das wir gemästet haben, und schlachtet's, lasst uns essen und fröhlich sein! Denn dieser mein Sohn war tot und ist wieder lebendig geworden; er war verloren und ist gefunden worden.

Mit fortgesetzter Hingabe an Liebe und Wahrheit und ihre Steigerung durch Dienen erweitert sich das Bewusstsein zu jenem Zustand, den Daskalos als „Selbstbewusstsein" bezeichnet. Damit ist die Wahrnehmung des Selbst als Geist-Ego-Selbst oder als Christus-Selbst gemeint. Mit der Wahrnehmung des Selbst als Geist kommt die Erkenntnis, dass auch andere Geist sind; dies findet in jenem sechsten Chakra statt, im Bereich der Ausweitung, der auch Vergebung heißt und von dem Jesus und Shankara so leidenschaftlich sprachen. Hier ist die Domäne endgültiger Ergebung in die Wahrheit, in die der verlorene Sohn nun gelangt. Selbstbewusstsein hält noch immer an einer dualistischen Du-Ich-Auffassung fest, bezeichnet jedoch ein frühes Stadium wirklicher Persönlichkeitstransformation.

Wie kann es der Persönlichkeit gelingen, die sich bisher nur durch ihre Ego-Funktion in einem Netzwerk der Elementale gesehen hat, sich selbst als das zu erkennen, was sich ganz und gar jenseits des Verstandes und seiner Schöpfungen befindet? Daskalos zufolge können wir das höhere Geist-Selbst nur durch einen Prozess der Spiegelung erkennen. Wie bereits im zweiten Kapitel festgestellt, dient der höhere Geist (higher mind) oder „Christus-Geist" („mind of Christ") als Spiegel, um das Christus-Selbst in unser Bewusstsein zu reflektieren. Wie deutlich wir das Christus-Selbst als unser wahres Selbst erkennen, hängt von der Qualität des „mentalen Spiegels" ab. Die Qualität wird durch einen fortgesetzten Prozess der Reinigung gesteigert, das heißt durch die Schaffung tugendhafter Gedankenformen in jeder Chakradomäne als Ersatz für die „unsauberen Geister", die die Reinheit des Geistes auf dieser Ebene mindern. Je größer die Reinheit des Geistes in jeder Domäne ist, desto leichter und natürlicher ist es für das Christus-Licht, in unserem Bewusstsein zu reflektieren, und desto weniger wahrscheinlich ist es, dass wir uns auf dieser Ebene mit Elementalen identifizieren. Das ist das eigentliche Ziel der Tugend, insoweit es um die Seele geht. Eine Tugend ist keine Tugend, wenn das Ego sie direkt anblickt und sich mit ihr identifiziert. In einem solchen Fall handelt es sich um ein Elemental als „Stärke" der Persönlichkeit oder um ein aufgeblasenes negatives Elemental.

Die große Herausforderung der Vergebung liegt in der Notwendigkeit, dass sie letztendlich auf ausnahmslos jeden und auf jede denkbare Situation hin ausgedehnt werden muss. Wenn Vergebung nicht radikal und allumfassend ist, dann finden wir uns in dem unmöglichen Dilemma wieder, Personen herausgreifen zu müssen, in denen der göttliche Geist *nicht* gegenwärtig ist. Das ist der Grund, warum Jesus seinen Jüngern so beispiellose Anweisungen wie die folgenden gibt:

Ihr habt gehört, dass gesagt ist: „Du sollst deinen Nächsten lieben und deinen Feind hassen." Ich aber sage euch: Liebt eure Feinde, segnet, die euch fluchen, tut wohl denen, die euch hassen, bittet für die, so euch beleidigen und verfolgen, auf dass ihr Kinder seid eures Vaters im Himmel. (Matthäus 5, 43-35)

Der verlorene Sohn hat die Vergebung erreicht, die er sucht. Der Vater blickt unter die Oberfläche der menschlichen Mängel seines Sohnes und auf die Wirklichkeit seines wahren Wesens. Er ehrt seinen Sohn, wie er es bei einem göttlichen Wesen tun würde, indem er den Geist des wunderschönen indischen Grußes „Namaste!" („An das Göttliche in dir!") ausgießt. Der verlorene Sohn befindet sich auf dem sicheren Weg zur Erleuchtung.

Und sie fingen an, fröhlich zu sein.

Mit uneingeschränkter Ergebenheit an Liebe und Wahrheit und der Errungenschaft konsequenter Vergebung gegenüber allen Lebewesen gelangt die Persönlichkeit schließlich in den Zustand, den Daskalos als Selbst-Überbewusstsein bezeichnet. Das ist das Reich geeinten Bewusstseins oder Einsseins, in dem die Persönlichkeit von sich weiß, dass sie sich in einem Zustand des Einsseins, der Einstimmung auf die Einheit mit allem, was ist, befindet und dennoch eine individuelle Identität beibehält. Anfangs wird dieser Zustand der Erleuchtung vielleicht nur in flüchtigen Augenblicken erreicht. Wenn Erleuchtung zu einem stabilen Zustand wird, dann bleiben auch weiterhin immer höhere Ebenen geeinten Bewusstseins und des Wahrheitsverständnisses übrig, die erreicht werden müssen. Diese rätselhaften Bereiche göttlichen Potentials befinden sich in der Domäne des siebten Chakras und darüber. Daskalos spricht von dieser letzten Gott erkennenden Erfahrung als von der Theose.[37]

Das ist der Bereich, in den der verlorene Sohn nun vorgedrungen ist, ein mystischer Zustand des Einsseins und der Heiterkeit im Licht Christi. Einssein bezeichnet den Anfang wirklicher universaler Staatsbürgerschaft und einer ewigen „kosmischen Karriere" des Mitschöpfertums mit Gott. Dies ist die krönende Errungenschaft der Seele. Bedingungslose Liebe herrscht unangefochten in der Persönlichkeit und nichts bleibt unvergeben. Die Ewigkeit selbst vermag das grenzenlose Potential des Christus-Selbst nicht zu erschöpfen.

Die symbolische Reise der Transformation

Die Bewusstseinsebenen können anhand der nachfolgenden Illustration von der derzeitigen Persönlichkeit, die noch immer „gekreuzigt" ist und auf die Heilung der Trennung ihres Bewusstseins von Gott wartet, folgendermaßen dargestellt werden:

128

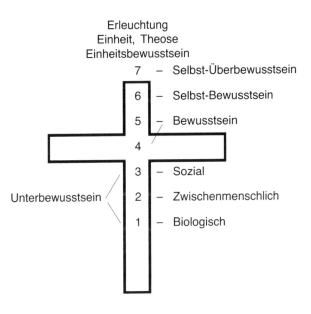

Erleuchtung
Einheit, Theose
Einheitsbewusstsein
7 – Selbst-Überbewusstsein
6 – Selbst-Bewusstsein
5 – Bewusstsein
4
3 – Sozial
Unterbewusstsein 2 – Zwischenmenschlich
1 – Biologisch

Der „Fall" Adams und Evas wurde im dritten Kapitel allegorisch als unser eigener Fall aus dem Bewusstsein präsentiert und symbolisch als Ego-Abtrennung darge- stellt, gefolgt von der Kreuzigung der Persönlichkeit. Wie bereits angemerkt, können diese Symbole auf die gleiche Weise zum Einsatz kommen, um die Abreise des verlo- renen Sohns in das Land „der großen Teuerung" und sein Leiden dort zu veranschaulichen. Nun da der verlorene Sohn zum Vater zurückgekehrt ist, wird auch die Heilung der Abtrennung und die Reise der Transformation, wie sie für uns alle gilt, symbolisch dargestellt werden.

Der Heilungsprozess beginnt in dem Augenblick, wo wir „zu uns kommen" und die Gegenwart des Christus- Selbst durch den Glauben in das Bewusstsein einladen.

129

Das ist die Rettung: der Eintritt in einen Zustand bewusster Selbstbestimmung durch einen Willensakt. Indem wir uns „aufmachen und zum Vater kommen", treffen wir unsere eigenen intelligenten Entscheidungen, inspiriert vom Christus-Selbst statt unterbewusst, unter der Vorherrschaft negativer Elementale aus den unteren Chakradomänen. Indem wir unsere Identifikation mit diesen „unsauberen Geistern" lösen, fangen sie an, schwächer zu werden und ihren Griff um unseren Geist zu lockern. An ihrer Stelle erschaffen wir in jeder Chakradomäne Tugenden, die den Verstand reinigen:

Negative Elementale der Abtrennung
Entsprechende Tugenden der Heilung

1. Wurzelchakra: „Ich bin es nicht wert zu existieren."
– „Als Kind Gottes bin ich von unendlichem Wert."
2. Sakralchakra: „Ich bin durch andere verletzbar." –
„Ich vertraue allen anderen Kindern Gottes."
3. Solarplexuschakra: „Ich bin hilflos." – „Ich vermag alles durch den, der mich mächtig macht, Christus."
(Philipper 4, 13)
4. Herzchakra: „Ich leide." – „Als inkarnierte Liebe liebe ich meinen Nächsten und die gesamte Schöpfung wie mein Selbst."
5. Halschakra: „Ich muss lügen, damit ich bekomme, was ich will." – „Ich bringe meine Wahrheit frei und ohne Angst zum Ausdruck."

6. Stirnchakra: „Ich sehe in mir nur Unvollkommenheit." – „Ich sehe die Vollkommenheit des Geistes in allen Lebewesen."
7. Kronenchakra: „Ich erfülle keinen höheren Zweck im Leben." – „Ich bin ein ewiger Mitschöpfer Gottes."

Der Verstand (mind) gewinnt in zunehmendem Maß an Klarheit und Reinheit, dient als Spiegel, um das eigene Geist-Selbst und das anderer in unser Bewusstsein zu spiegeln. Vergebung entfaltet sich auf natürliche Weise, je mehr wir uns mit dem Geist und je weniger wir uns mit unseren elementalen Schöpfungen des Verstandes identifizieren. Das Bewusstsein weitet sich aus.

Dieser Prozess der Heilung und Transformation wird nachfolgend symbolisiert durch das Kreuz (die derzeitige Persönlichkeit), das sich im Stern (die Seele – das neu vereinigte göttliche und menschliche Wesen) befindet, und beide sind vom Kreis des Einseins umschlossen (die grenzenlosen Möglichkeiten sich unendlich ausweitenden Ganzheitsbewusstseins oder der Erleuchtung):

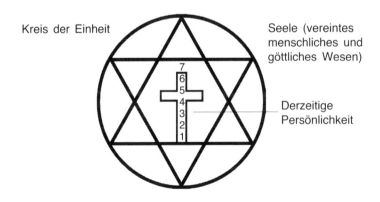

Kreis der Einheit

Seele (vereintes menschliches und göttliches Wesen)

Derzeitige Persönlichkeit

Sind einmal alle Dinge vergeben worden und hat die Persönlichkeit den Durchbruch in den Bereich der Versöhnung erlebt, dann bestehen die mentalen Bedingungen, die das Leiden der derzeitigen Personalität schufen, nicht mehr weiter. Dann kann das Kreuz zurückkehren „zum Staub aus dem es kam". (Genesis 3, 19: „... und zum Staub wirst du wieder werden".) Die bleibende Persönlichkeit, eins mit der eigenen Seele, ersteht aus dem Staub der derzeitigen Persönlichkeit und erkennt sich als im Licht des Christus eins mit der ganzen Schöpfung. Die Seele ist bewusst eingekehrt in den Garten Eden, den sie in Wirklichkeit niemals verlassen hat, doch jetzt mit dem Erfahrungswissen von sich selbst als Verkörperung der Liebe, wie nachstehend symbolisiert:

Erleuchtete
permanente
Persönlichkeit

Zorbas Tanz verstehen

Ich tanze den Schmerz,
bis er mir in ätzenden Tropfen
wie olivfarbenes Salzwasser auf dem Gesicht steht.

Ich tanze die kristallenen Tränen,
die so lange meine Schultern steif wie Stein machten.

Ich tanze die Leiden der Liebe,
die sich in Hass, und des Hasses,
der sich in Gleichgültigkeit verwandelte.

Ich tanze die Angst vor der Einsamkeit
und die Furcht vor dem Verlassensein.

Ich tanze den Zorn, bis er frei wütet
und mir in Strömen meine Arme herabrinnt.

Ich tanze die Enttäuschung unerfüllter Erwartungen
und allzu lange verschobener Träume.

Ich tanze alle meine Dämonen
in den Staub unter meinen Füßen
und fege sie hinweg im Wirbelkreis des Tanzes.

Erst dann kann ich das tanzen,
was da singt in Herz und Blut
im Raum zwischen den Räumen,
die zwischen den Wörtern liegen.

Wo Wörter alle Bedeutung verlieren,
da tanze ich und Freude IST.

Donna Overall

133

V.

DIE LIEBE BEWUSST ERWECKEN

Neun Wegweiser heimwärts

Der Entschluss zur Umkehr

Die scheinbare Trennung vom Geist kann so viele verschiedene illusionäre Formen annehmen wie es Menschen gibt, doch in der Regel findet sie gemäß den allgemeinen, bereits dargelegten Linien statt. Zu welchem Zeitpunkt und unter welchen Umständen das Licht im Bewusstsein auch abnimmt und der „innere Judas" die Kontrolle über die Persönlichkeit übernimmt: Die Erfahrung der Liebe verringert sich und Leiden folgt. Dieser „Fall" des Bewusstseins aus der Gnade und der Egoismus, der die Unwissenheit erhält, sind unterbewusste Prozesse. Die Umkehr muss jedoch bewusst stattfinden. Wie im Gleichnis vom verlorenen Sohn erfolgt die Entscheidung für das Heil in der Regel unter dem Druck und der Desillusionierung bestimmter Ausmaße von Leiden – das Leiden, das unweigerlich aus der Unwissenheit entsteht. Die Gnade des inneren Christus-Lichts wartet nur auf unsere Entscheidung, es auf dem Weg des Glaubens wieder in unser Bewusstsein aufzunehmen.

Das Rettungsbewusstsein des inneren Lichts führt zu einer tiefgreifenden Veränderung der Vorstellung dessen, „wer ich bin" und „was ich in meinem Leben schaffen will". Das griechische Wort *metanoia* bedeutet im Wesentlichen „Sinnesänderung" und wird in der deutschen Übersetzung als „Reue, Umkehr" wiedergegeben. Das Konzept der Reue ist in modernen Zeiten wegen seines religiösen Untertons in Misskredit geraten. Aufrichtige Reue bedeutet jedoch nicht, dass man sich selbst als „schlecht" sieht und sich entscheidet, „gut" zu werden. Vielmehr geht es darum, alle Vorstellungen von „gut" und „schlecht" vollständig über Bord zu werfen und die eigene wirkliche Heiligkeit als Sohn oder Tochter Gottes zu akzeptieren. In diesem Zusammenhang hat Reue wenig mit dem üblichen Verständnis dieses Worts zu tun, sondern bedeutet grundlegender die Ausrichtung des ganzen eigenen Seins auf Gott. Reue trifft im Herzen auf Gnade und die Reise der Heilung und Transformation ist angetreten.

Wie wir bereits gesehen haben, ist Heil und Heilung letzten Endes die Konsequenz einer mit freiem Willen getroffenen Wahl. Die beiden kennzeichnendsten Merkmale des Menschen sind Ego-Selbst-Bewusstsein und freier Wille. Keine Macht und keine Persönlichkeit im Himmel oder auf Erden kann in unser gottgegebenes Recht eingreifen, uns selbst so zu sehen, wie wir es wünschen. Der menschliche Wille ist von so mächtiger und grundlegender Wirklichkeit, dass man nur mit genug Entschlossenheit sagen müsste: „Ich will die Liebe in meinem Herzen erwecken", und es würde sofort geschehen. Buddhas Erleuchtung unter dem Bodhi-Baum ereignete sich als Folge einer solchen höchsten und endgültigen Intention. Doch selbst Buddha erreichte diesen Augenblick der absoluten Bereitschaft erst, nachdem er sich jahrelang auf Wegen, die vergeblich schienen, abgemüht hatte.[38]

Den Weg finden

Die Bereitschaft für diesen letzten Schritt zum Einssein oder zur „Buddhaschaft" wird gefördert durch die Bewusstmachung der blinden Flecken in der eigenen Persönlichkeit, dann durch aktives Handeln mit dem Ziel der Vergebung bzw. durch gezieltes Ausleuchten dieser verborgenen Ecken. Die Persönlichkeit findet es jedoch angenehmer, sie einfach unter den Tisch fallen zu lassen. Ohne die bewusste Konzentration auf den „inneren Judas" erreicht der spirituell Suchende vielleicht nur, dass das Bewusstsein von Licht sich dort verstärkt, wo es bereits vorhanden ist. Auf diese Weise kann er es vermeiden, die derzeitige Persönlichkeit wirklich herauszufordern, und benutzt Spiritualität als Flucht vor echter Heilung. Das Ausleuchten der eigenen Schatten ist immer beunruhigend und wird begleitet von einem gewissen Maß an Aufregung und Verwirrung. Das „Verlernen", das Bestandteil eines Hinwachsens zum Licht sein muss, sollte daher so bewusst wie möglich unternommen werden.

Dass Energie dem Gedanken folgt, ist eine metaphysische Gesetzmäßigkeit; je mehr Aufmerksamkeit also auf das Kernelemental gerichtet wird, desto stärker wird es energetisch aufgeladen. Der einzig wirklich sichere Weg zur Freiheit von der Kontrolle durch diesen Schatten besteht darin, ihn aktiv durch eine entsprechende Tugend zu ersetzen. Wie Paulus es ausdrückte: „Lass dich nicht vom Bösen überwinden, sondern überwinde das Böse mit Gutem." (Römer 12, 21)

Tugend entsteht in Übereinstimmung mit spirituellen Prinzipien und es gibt ein oder mehrere spirituelle Prinzipien, die zur Erschaffung jeder beliebigen Tugend anleiten. Die gleichen Prinzipien bestimmen über die Richtung, welche die Persönlichkeit einschlägt, deren Mission es ist, diese Tugend zu erschaffen. Die Tugend wird als körperlich spürbarer Sinneseindruck der Wahrheit empfunden und als spontaner, nicht vorsätzlicher Akt der Herzensgüte ausgedrückt. Solcher Ausdruck ist die direkte Widerspiegelung des Geist-Ego-Selbst im alltäglichen Leben. Er ist der höchste und natürlichste Ausdruck ethischen Verhaltens, denn er entsteht nicht so sehr aus einem Gefühl der Verpflichtung, sondern aus der Intention zu lieben. Der tugendsame Ausdruck ist nicht der Versuch des Selbst sich zu beweisen; das ist die Domäne des abgetrennten Egos.

Das größte spirituelle Sehnen der Menschheit liegt in dem Bedürfnis, sich auf die höchsten spirituellen Prinzipien auszurichten, die unser Leben und die gesamte Schöpfung bestimmen. Das Gebet, welches Jesus seinen Jüngern beibrachte und das wir unter dem Namen „Vaterunser" kennen, bringt dieses Sehnen zum Ausdruck:

Unser Vater im Himmel! Dein Name werde geheiligt. Dein Reich komme. Dein Wille geschehe auf Erden wie im Himmel. Unser täglich Brot gib uns heute. Und vergib uns unsere Schuld, wie wir vergeben unseren Schuldigern. Und führe uns nicht in Versuchung, sondern erlöse uns von dem Übel. Denn dein ist das Reich und die Kraft und die Herrlichkeit in Ewigkeit. Amen (Matthäus 6, 9-13)

Bennett hat eine Beziehung zwischen dem „Vaterunser" und den neun Punkten des Enneagramms aufgezeigt.[39] Neun ganz bestimmte Anweisungen, von denen jede einem Enneagrammpunkt zugeordnet werden kann, können im Vaterunser festgestellt werden; sie helfen jedem Persönlichkeitstyp, die spirituellen Prinzipien zu erkennen, die seine Existenz bestimmen. Diese Anweisung kann die Persönlichkeit darin anleiten, aus der Wunde ihres Hauptschattens ihre Kerntugend zu erschaffen. „In unserer Pathologie liegt unser Heil."

Der Aufstieg von unterbewusster Versklavung zur Freiheit des Einsseins, wie sie im Gleichnis vom „verlorenen Sohn" wiedergegeben wird, ist das vertikale Element der Transformation, das durch den aufrechten Balken des Kreuzes symbolisiert wird. In jeder Chakradomäne wird die Persönlichkeit auf einen bestimmten Bereich des Lernens und der Meisterschaft ausgerichtet. Zugleich findet bei jedem Chakra auch eine horizontale Entwicklung auf der Basis der Dualität von männlicher und weiblicher Lebenserfahrung statt. Im Taoismus umfasst das Yang-Prinzip die männlichen Energien und das Yin-Prinzip die weiblichen. Dieser Erfahrungshorizont wird durch den

Querbalken des Kreuzes versinnbildlicht, wobei die rechte Hälfte die männliche oder die Yang-Richtung und die linke Hälfte die weibliche oder Yin-Richtung darstellt. Die Aktivitäten der linken Gehirnhälfte, die äußeren Wirklichkeiten, abstrakter Verstand, Intellekt, Objektivität, Aktivität, Pflicht, Arbeit, Wissenschaft und vergleichbare Bereiche werden der Yang- oder männlichen Domäne zugeordnet. Der Yin- oder weiblichen Seite gehören die Aktivitäten der rechten Gehirnhälfte, die inneren Wirklichkeiten, Intuition, Emotion, Subjektivität, Empfänglichkeit, Kunst, Spiel, Sinnlichkeit und Musik an.

Das Mandala der Heilung

Das Symbol der Heilung kann an jede der neun Instruktionen des „Vaterunsers" angepasst werden, um für jeden Typ den idealen Fluss der Heilströmung darzustellen. Auf diese Weise kann das Symbol als ein Mandala für die Persönlichkeit fungieren. Ein Mandala ist eine symbolische visuelle Darstellung oder Repräsentation des Flusses spiritueller Energien. Typischerweise ist es rund, im Innern mit ausgeglichenen geometrischen Mustern gefüllt und wird verwendet, um die Kontemplation über bestimmte gegebene Themen zu erleichtern. Traditionell wird die Verwendung von Mandalas insbesondere mit dem tibetischen Buddhismus in Verbindung gebracht.
Das Mandala der Heilung, wie es im Zusammenhang mit diesem Buch Verwendung findet, weist über dem Kreuz die Anweisung aus dem „Vaterunser" auf und die Lektion in Form der spirituellen Prinzipien, die mit der

Anweisung verbunden sind. Der Schatten wird am Fuß des Kreuzes aufgeführt und die zu entwickelnden idealen Yin- und Yang-Qualitäten an den beiden Enden des Querbalkens. Es ist in hohem Maß die besondere Qualität der Yin-/Yang-Ausdehnung, die dem Transformationsprozess seine Richtung gibt. Die Kerntugend oder „Seelenaufgabe der Selbstverwirklichung" wird auf der Höhe des Herzchakras ausgewiesen, auf der die Balken einander überschneiden. Rein visuell ist es leicht nachvollziehbar, warum Liebe im Herzen von so zentraler Bedeutung für den Transformationsprozess ist und warum die Wiedervereinigung der Persönlichkeit mit der Quelle am wirkungsvollsten und zuverlässigsten auf dieser Ebene geschieht. Das Herz ist der Punkt, an dem der Aufstieg der Persönlichkeit durch Reue und das Herabsteigen des göttlichen Geistes in die Persönlichkeit durch Gnade einander begegnen. Es ist auch der Punkt „göttlicher Vereinigung" zwischen den archetypischen männlichen und weiblichen Aspekten der Persönlichkeit. Das Herz ist die „Kommandozentrale" der Seele, weil sich hier der Menschensohn mit dem Gottessohn und das YANG mit dem YIN vereinigt.

Die Persönlichkeit, die auf der Ebene des Herzens zur Wiedervereinigung gefunden hat und sich von dort wieder ausweitet, kann fortfahren sich im Bewusstsein zum Einssein aufwärts zu entwickeln und sich weiter auszuweiten, ohne irgendwelche ihrer Gewinne einzubüßen. Ein zu früher vertikaler Aufstieg ohne die begleitende emotionale, physische, zwischenmenschliche und soziale Entwicklung kann zwar einen wohltuenden und inspirierten Geisteszustand hervorrufen, dieser ist jedoch vom menschlichen Wesen abgetrennt und instabil. Wie Ikarus aus dem Mythos kann die Persönlichkeit mit ihren wächsernen Flügeln der Sonne zu nahe kommen und zurück auf die Erde stürzen, wenn die Flügel schmelzen. Eine Entwicklung, die auf der Ebene des Herzens ein organisches Ganzes bildet, wird die „Flügel" sterblicher Erfahrung stärken und einen sicheren und zuversichtlichen Aufstieg in das höhere Reich des Gottbewusstseins gestatten. Das erweckte Herz wird keinen Teil der Person bei seiner Reise zurücklassen, weil es mit all ihren Aspekten fest verbunden ist. Es verlangt, dass die Person Körper, Gefühle und Verstand mitbringt selbst in dem Augenblick, wo es auf dem Weg die Hand nach anderen ausstreckt.

Wenn sich die Persönlichkeit den Qualitäten ihrer Seelenessenz nähert, dann bewegt sie sich in der Regel auf ihre Kerntugend zu und integriert diese Tugend auf der Ebene des Herzens. Sie tut dies sowohl im Hinblick auf ihren vertikalen Aufstieg als auch auf ihre horizontale Ausbreitung. Wenn sie zu ihrer Schattenseite regrediert, dann setzt sie sich für gewöhnlich durch ihren Hauptfehler tiefer in der Abtrennung fest, verschiebt ihre Erleuchtung und verlängert ihr Leiden.

Eine zusammenfassende Darstellung der Struktur des Mandalas der Heilung findet sich nachfolgend. Eine spezielle Diskussion der einzelnen Ausprägungen der Persönlichkeiten im Gleichnis vom „verlorenen Sohn" wird im Anschluss folgen. Hierzu wird das Kreuz aus der Gesamtdarstellung des Heilmandalas herausgelöst und dazu verwendet, den Energiefluss zur Heilung für jeden Persönlichkeitsausdruck im Einzelnen darzustellen. Jede

Diskussion oder Besprechung wird eine bestimmte Anweisung aus dem Vaterunser und Gleichnisse oder Beispiele aus dem Leben Jesu enthalten, die zum praktischen Verständnis dieser Anweisung beitragen. Aus den Anweisungen und ihren Beispielen werden die leitenden spirituellen Prinzipien für die Persönlichkeit abgeleitet. Zitate oder Lektionen aus anderen spirituellen Traditionen und eine relevante kurze Diskussion schließen sich an. Außerdem werden die Richtung der Transformation und Regression sowie der Seelentyp und das transformierte Selbst angegeben.

Jede Diskussion wird mit einer praktischen Übung zum Abschluss gebracht, die speziell der Heilung dieses bestimmten Verletzungsmusters dient. All diese Übungen können jederzeit unabhängig von den eigenen Tendenzen der Persönlichkeit als Bestandteil eines Neun-Schritte-Programms durchgeführt werden. Jeder von uns hat in größerem oder kleinerem Ausmaß die Muster der Abtrennng auch aller anderen Persönlichkeitsausprägungen erfahren.

DAS MANDALA DER HEILUNG

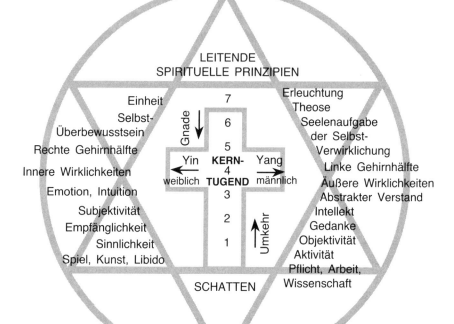

LEITENDE
SPIRITUELLE PRINZIPIEN

Einheit	7	Erleuchtung
Selbst-		Theose
Überbewusstsein	6	Seelenaufgabe
Rechte Gehirnhälfte	5	der Selbst-
	Yin **KERN-** Yang	Verwirklichung
Innere Wirklichkeiten	4	Linke Gehirnhälfte
	weiblich **TUGEND** männlich	Äußere Wirklichkeiten
Emotion, Intuition	3	Abstrakter Verstand
Subjektivität		Intellekt
Empfänglichkeit	2	Gedanke
Sinnlichkeit	1	Objektivität
Spiel, Kunst, Libido		Aktivität
		Pflicht, Arbeit,
	SCHATTEN	Wissenschaft

Gnade ↓

Umkehr ↑

HEILUNG DES SCHATTENS „FAULHEIT"

Persönlichkeitsausdruck des verlorenen Sohns:
Das vernachlässigte Selbst

Anweisung: „Vaterunser"
Beispiele: Der rechte Weinstock;
das verlorene Schaf

Ich bin der Weinstock, ihr seid die Reben. Wer in mir bleibt und ich in ihm, der bringt viel Frucht; denn ohne mich könnt ihr nichts tun. Wer nicht in mir bleibt, der wird weggeworfen wie eine Rebe und verdorrt, und man sammelt sie und wirft sie ins Feuer, um sie zu verbrennen. Wenn ihr in mir bleibt und meine Worte in euch bleiben, könnt ihr bitten, was ihr wollt, und es wird euch widerfahren. Darin wird mein Vater verherrlicht, dass ihr viel Frucht bringt und werdet meine Jünger. (Johannes 15, 5-8)

Was meint ihr? Wenn irgendein Mensch hundert Schafe hätte und eins unter ihnen sich verirrte: lässt er nicht die neunundneunzig auf den Bergen, geht hin und sucht das verirrte? Und wenn sich's begibt, dass er's findet, wahrlich ich sage euch, er freut sich darüber mehr als über die neunundneunzig, die nicht verirrt sind. Also ist's auch nicht der Wille eures Vaters im Himmel, dass eins von diesen Kleinen verloren werde. (Matthäus 18, 12-14)

Lektion: **Das Prinzip der Einheit**

Das Prinzip der unteilbaren Ganzheit ist ein spirituelles Prinzip, das seinen Ursprung direkt in der Tatsache hat, dass unser Vater existiert. Die Wirklichkeit eines Schöpfers bedeutet, dass alle Schöpfung aus ihm kommt und daher für alle Zeiten eins ist. Als Seelen, denen der Geist eben dieses Schöpfervaters gegeben ist, fließt unser Leben selbst von dem Weinstock, dessen Reben wir sind. Die Frucht, die wir alle in Partnerschaft mit Gott tragen sollen, ist eine heilige Frucht; eine Rebe ist nicht mehr oder weniger wichtig als eine andere. Unser Vater wird auch das bescheidenste seiner Kinder suchen, das vom Weg abgekommen ist, denn ein jedes ist wichtig, um das Ganze vollständig zu machen; es ist sogar Sein eigenes Selbst.

Diskussion

Die Seelenaufgabe für das vernachlässigte Selbst ist es, die Dichotomie zwischen dem Verschmelzen in das Eine und dem eigenen einzigartigen Ausdruck innerhalb der göttlichen Einheit aufzulösen. Sie verlangt, im Bewusstsein mit dem Weinstock verbunden zu bleiben, während man sich zugleich als einzigartige Rebe zu schätzen weiß, die aufgerufen ist, zielgerichtet ihre eigene Frucht zu tragen. Nur Liebe im Herzen kann dieses göttliche Dilemma lösen. Sobald die „verlorene" Persönlichkeit die konzentrierte Liebe des „guten Hirten" spürt, wird sie auf natürliche Weise die Torheit erkennen, die darin liegt, das eigene Selbst zu vernachlässigen. Nur indem sie ihr eigenes Selbst zutiefst anerkennt, kann sie in Liebe für Gott und die übrige Schöpfung verschmelzen.

Dieses Bewusstsein wird durch den Sufi-Schriftsteller Shaykh Bahauddin Ibrahim Ata-ullah Ansari zum Ausdruck gebracht, der sagt:

Wenn der Sufi vom Rost der Lust und von der Natur gereinigt ist, ist sein Herz rein und sein Geist tritt aus allen weltlichen Beziehungen heraus in die Liebe Gottes und seine Angelegenheit steht dem Allmächtigen zur Verfügung. Der Sufi kann auf Befehl Gottes alles tun, was er will.

In diesem Zustand tut der Sufi alles, was er tut, auf Befehl Gottes; was immer er sagt, er sagt es auf Befehl Gottes; und was immer er sieht, er sieht es auf Seinen Befehl. Dieser Zustand wurde als „Ittisaf" (nämlich der Zustand des mit den Attributen Gottes Geschmücktseins) bezeichnet...

Wenn Eisen ins Feuer gelegt wird, nimmt es die Attribute des Feuers an; es wird sogar Feuer genannt; es kommt so weit, dass es die gleichen Eigenschaften wie Feuer hat. Es kann andere Dinge verbrennen.[40]

Shah Isma'il Shahid bemerkt zu der obigen Aussage weiter:

Dieses Stück Eisen ist in Wahrheit nur Eisen, doch aufgrund der großen Zahl der Feuerflammen verbarg sich sein Wesen zusammen mit seinen Eigenschaften und Wirkungen; die gleichen Wirkungen und Eigenschaften fingen an, von ihm auszugehen, die auch aus dem Feuer fließen. Sogar das ist streng gesprochen nicht richtig; es sollte vielmehr gesagt werden, dass diese Wirkungen nun vom Feuer, das das Eisenstück umgibt, allein ausgehen. Doch da das Feuer dieses Eisenstück zu seinem Reittier gemacht und es als seinen Königsthron betrachtet hat, können seine Wirkungen und Eigenschaften zu dem Eisenstück eine Beziehung finden. Folglich weisen die Verse: „Ich tat es nicht aus freien Stücken... So hat es dein Herr gewünscht" auf den gleichen Zustand.

Kurz, wäre dieses Eisenstück mit der Macht der Sprache ausgerüstet, es hätte mit hundert Zungen stimmgewaltig seine Identifikation mit der Essenz des Feuers angekündigt und eine Zeitlang seine Wirklichkeit vergessen, während es zugleich gerufen haben könnte: „Ich bin die Glut der lodernden Flammen; ich allein bin das, wovon die Arbeit der Schmiede, Köche und aller Handwerker und aller Facharbeiter abhängt." Genauso ruft der Gläubige, dessen vollkommenes Selbst von den Wogen göttlicher Anziehungskraft in die unermessliche Tiefe des Ozeans der Einheit getrieben wird, unwillkürlich aus:

„Ich bin Gott (Ana'l Haqq).
In meinem Gewand ist nichts als Gott.
Ehre sei mir, wie erhaben ist meine Majestät.
Ich bin der einzige Handelnde auf der Welt."[41]

Transformation, Expansion und Regression

Ist das „vernachlässigte Selbst" erst einmal umgewandelt in den „Diener des zielgerichteten Seins", dann zeigt es sinnvolles Handeln aus eigener Initiative heraus. Es stellt ein der jeweiligen Lebenssituation angemessenes rechtes Tun unter Beweis. Es ist dann gegenwärtig, bereit und motiviert zur Selbstentwicklung. Es bringt seine Stärken, Talente und Fähigkeiten zum Ausdruck und seine Individualität wächst. Die „männliche" oder Yang-Expansion zielt auf Selbstmotivation und Selbstführung ab, die „weibliche" oder Yin-Expansion auf Selbständigkeit und Selbsterkenntnis.

Das vernachlässigte Selbst regrediert tiefer in seinen Schatten Faulheit oder Selbstvergessenheit, wenn es sich weigert, sich zu transformieren. Es legt dann Verwirrung, Lähmung und Selbstsabotage an den Tag und ist unentschlossen, wenn es um richtiges Handeln geht. Es fürchtet sich vor den Szenarios des schlimmsten Falls, verstärkt Angst und äußere Bedingungen, bis sie überwältigende Proportionen erreichen.

Abgetrenntes Selbst
Das vernachlässigte Selbst
   Transformationsprinzip
   Prinzip der Einheit
      Authentisches Selbst
      Diener des „zielgerichteten Seins"

Übung für das vernachlässigte Selbst:
„Vaterunser"

Hole tief Luft und entspanne dich.
Entsinne dich einer Person, von der du meinst, dass du sie vernachlässigt hast, oder deren Beitrag zu deinem Leben du nicht richtig gewürdigt hast. Fühle dich tief in die Situation und die Umstände ein. Während du die Person betrachtest, sieh ihr tief in die Augen und stelle dir vor, dass du aus deinem Körper heraustrittst und in den Körper dieser Person eintrittst.

Blicke durch die Augen dieser Person zurück auf dich selbst. Finde nun heraus, wie es sich anfühlt, ignoriert und übersehen zu werden.

Nun kehre in deinen eigenen Körper zurück und blicke wieder durch deine eigenen Augen auf die Person, die du vernachlässigt hast. Werde zu deinem liebevollen Selbst, spüre die Christus-Liebe in dir, schicke deine Liebe zu dieser vernachlässigten Person und berühre ihr Herz. Sieh ihre Liebe. Erkenne dein Einssein mit dieser Person.

DIENER DES ZIELBEWUSSTEN HANDELNS
„Vaterunser"

PRINZIP DER EINHEIT

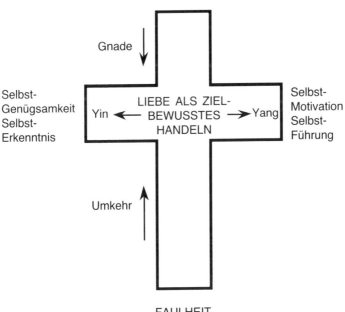

FAULHEIT
Das vernachlässigte Selbst

HEILUNG DES SCHATTENS
„SELBSTGERECHTER ÄRGER"

**Persönlichkeitsausdruck des verlorenen Sohns:
Das kritische Selbst**

Anweisung: „Der Du bist im Himmel"
Beispiel: Gleichnis vom Schatz im Acker

Das Himmelreich ist gleich einem verborgenen Schatz im Acker, welchen ein Mensch fand und verbarg ihn; und in seiner Freude darüber geht er hin und verkauft alles, was er hat, und kauft den Acker. (Matthäus 13, 44)

Lektion: **Das Prinzip der Selbst-Genügsamkeit;
das Prinzip des Wachstums der Liebe**

Daskalos lehrt, dass Absolutes Unendliches Sein, oder Gott, in einem Zustand der absoluten Selbstgenügsamkeit spürbar wird. Alles, was für die Existenz oder den Selbstausdruck erforderlich ist, kann innerhalb des Absoluten Seins gefunden werden. Die letztendliche Macht über alle Schöpfung kommt ebenfalls vom Absoluten Sein. Diese individualisierte Gabe Absoluten Seins, das Geist-Ego-Selbst, ist ewig gegenwärtig in jeder Menschenseele, um uns mit der gleichen göttlichen Autorität zu lenken und sich zugleich um all unsere Bedürfnisse zu kümmern. Das Geist-Ego-Selbst ist der „Schatz im Acker", für den der Mann alles verkauft, was er hat; für den Erlös erwirbt er das Feld selbst. Der Schatz sichert ihm für immer absolute Selbstgenügsamkeit. Jesus hat gesagt: „Man wird auch nicht sagen: Siehe hier! Oder: da! Denn seht, das Reich Gottes ist inwendig in euch." (Lukas 17, 21)

Jesus sagte auch: „Darum sollt ihr vollkommen sein, gleichwie euer Vater im Himmel vollkommen ist." (Matthäus 5, 48) Es ist bemerkenswert, dass er von „vollkommen *sein*" und nicht von „vollkommen *handeln*" sprach.

Vollkommen sein heißt, die Vollkommenheit des „Schatzes im Feld", das Königreich des Himmels im Innern zu beanspruchen und seine Führung zu akzeptieren. Paradoxerweise bedeutet Vollkommenheit in diesem Sinn, unsere menschlichen Beschränkungen anzuerkennen und zu verstehen, dass wir niemals, egal was wir tun und wie sehr wir uns wachsend der Liebe nähern, die letztendliche Vollkommenheit des Christus-Selbst außerhalb der Ewigkeit erreichen können. Die Vollkommenheit unseres göttlichen Wesens schließt die Unvollkommenheit unseres menschlichen Wesens mit ein. Das Erkennen des Schatzes im Feld veranlasst uns auf natürliche Weise, ihn zu ehren, indem wir das Feld, unser menschliches Wesen, kultivieren und so schön wie möglich gestalten. Schritt für Schritt, Leben um Leben wachsen wir der Endgültigkeit der Liebe entgegen, die in der Tiefe des göttlichen und vollkommenen Christus-Selbst bewahrt ist.

Diskussion

Diese spirituellen Prinzipien, welche die göttliche Vollkommenheit in der Schöpfung bestimmen, weisen der Reise des kritischen Selbst auf sehr nützliche Weise die Richtung. Das kritische Selbst scheitert darin, sich an diese Prinzipien zu halten, wenn es Autorität und Vollkommenheitsstandards außerhalb seiner selbst statt in sich selbst sucht. Es versucht Liebe zu erlangen, indem es im Sinn dieser willkürlichen äußeren Standards vollkommen handelt, statt einfach die Liebe zu akzeptieren, die bereits da ist. Jemand, der in diese Falle gerät, verliert die Berührung mit seinem wahren Selbst, was zur Unzufriedenheit mit dem Leben führt, zu Leere, Frustration, Gereiztheit und zwanghaftem Verhalten.

Es ist die Seelenaufgabe des kritischen Selbst, Seelenfrieden zu erreichen, indem es sich der Vollkommenheit des absoluten Seins im Innern zuwendet. Im Wissen dass es sich auf diese innere Vollkommenheit zubewegt, sie aber in der Erfahrung niemals wirklich erreichen wird, kann sich das kritische Selbst entspannen, das Leben genießen und sich daran freuen, einfach zu sein. Unteilbare Ganzheit wird wichtiger als Vollkommenheit. Aus einer solchen Gelassenheit heraus wird eine Qualität des Handelns und der Leistung fließen, die sich die transformierende Persönlichkeit kaum je hätte vorstellen können. Lao-tse durchschaute sehr gut die paradoxe Beziehung zwischen Sein und Tun, zwischen göttlicher Vollkommenheit und menschlicher Unvollkommenheit. Die nachfolgenden Passagen aus dem Tao-Te-King geben einen Einblick:

Wahre Vollkommenheit scheint unvollkommen,
doch ist sie vollkommen sie selbst.
Wahre Fülle scheint leer,
doch ist sie völlig gegenwärtig.

Wahre Geradheit scheint krumm.
Wahre Weisheit scheint närrisch.
Wahre Kunst scheint kunstlos.

Der Meister lässt die Dinge geschehen.
Er formt die Ereignisse wie sie kommen.
Er tritt beiseite
Und lässt das Tao (den Weg) für sich selber sprechen.

Der Meister handelt ohne etwas zu tun
Und lehrt ohne etwas zu sagen.
Dinge entstehen und er lässt es zu;
Dinge verschwinden und er lässt sie los.

Er hat, doch besitzt nicht,
Er handelt, doch erwartet nicht.
Wenn seine Arbeit getan ist, dann vergisst er sie.
Deshalb bleibt sie für immer bestehen.[42]

Transformation, Expansion und Regression

Wenn das kritische Selbst in den mitfühlenden Tröster transformiert ist, erlangt es innere Ruhe und wird dabei spielerischer, optimistischer, erfinderisch, kreativ und produktiv. Es beginnt, die notwendigen Begrenzungen des Lebens zu akzeptieren und das Leben zu genießen. Expansion in die Yang-Richtung bringt die Manifestation von Idealen, mitfühlende Unterstützung und entschlossenes Handeln hervor. Die Yin-Erweiterung resultiert in Spiel, Spontaneität, innerer Harmonie, im Einstellen der Anstrengung und in Kompromissbereitschaft.

Wenn das kritische Selbst sich der Transformation widersetzt, verwickelt es sich noch mehr in seinen Schatten des selbstgerechten Zorns. Es wird von seinen Idealen desillusioniert, wird depressiv, selbstzerstörerisch und entwickelt Wut auf das Leben, wie es ist. Es fühlt sich als Außenseiter und beneidet jene, die Erfüllung zum Ausdruck bringen.

Abgetrenntes Selbst
Das kritische Selbst
Transformationsprinzipien
Prinzip der Selbst-Genügsamkeit
Prinzip der wachsenden Liebe
Authentisches Selbst
Der mitfühlende Tröster

Übung für das kritische Selbst:
„Der du bist im Himmel"

Schließe deine Augen. Atme tief.

Stelle dir vor, dass du dich vollständig in einem großen Spiegel erblickst. Spüre deinen Wunsch, wah-

re Vollkommenheit und Autonomie in deinem Leben zu verwirklichen. Stelle dir vor, dass sich der Spiegel in der Mitte öffnet und dich auf einem Weg in einen wunderschönen Gartentempel des Lichts führt.

Rufe, während du dich in dem Tempel umsiehst, dein Christus-Selbst an, damit es dir erscheinen möge. Gestatte ihm, seine Hand auf dein Herz zu legen. Fühle seine Liebe als deine eigene Liebe. Dein Christus-Selbst sagt zu dir: „Irgendwo in diesem Garten ist der Schatz deines Selbstseins vergraben. Möchtest du ihn finden?"

Erlaube es ihm, dich bei der Hand zu nehmen und dir zu zeigen, wo der Schatz ist. Sobald du ihn gefunden hast, nimm ihn in dein Herz und stelle eine Frage über dein Leben. Empfange die Antwort. Wenn die Antwort nicht sogleich kommt, bitte darum, dass sie dir bald gegeben oder dir ein äußeres Zeichen gezeigt werden möge, das es dir gestattet, deine Einsicht zu entfalten.

DER MITFÜHLENDE TRÖSTER
„Der Du bist im Himmel"

PRINZIP DER SELBST-GENÜGSAMKEIT
PRINZIP DES WACHSTUMS DER LIEBE

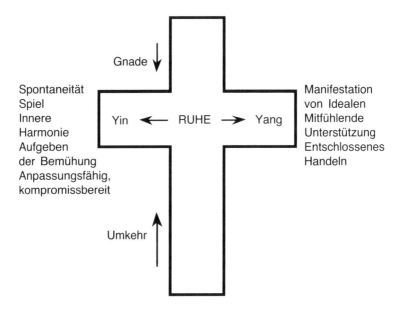

Gnade ↓

Spontaneität
Spiel
Innere   Yin ← RUHE → Yang
Harmonie
Aufgeben
der Bemühung
Anpassungsfähig,
kompromissbereit

Manifestation
von Idealen
Mitfühlende
Unterstützung
Entschlossenes
Handeln

Umkehr ↑

SELBSTGERECHTER ÄRGER
Das kritische Selbst

158

HEILUNG DES SCHATTENS „STOLZ"

Persönlichkeitsausdruck des verlorenen Sohns:
Das aufopfernde Selbst

Anweisung: „Dein Name werde geheiligt."
Beispiele: Die anvertrauten Zentner;
das vornehmste Gebot

Gleichwie ein Mensch, der über Land zog, rief seine Knechte und vertraute ihnen seine Habe an; und einem gab er fünf Zentner Silber, dem andern zwei, dem dritten einen, einem jeden nach seiner Tüchtigkeit, und zog hinweg. Alsbald ging der eine hin, der die fünf Zentner empfangen hatte, und handelte mit denselben und gewann andere fünf. Desgleichen, der die zwei Zentner empfangen hatte, gewann zwei andere. Der aber den einen empfangen hatte, ging und machte eine Grube in die Erde und verbarg seines Herrn Geld. Über eine lange Zeit kam der Herr dieser Knechte und hielt Rechenschaft mit ihnen. Da trat herzu, der die fünf Zentner empfangen hatte, und legte andere fünf Zentner dazu und sprach: Herr, du hast mir fünf Zentner anvertraut; siehe da, ich habe damit andere fünf Zentner gewonnen. Da sprach sein Herr zu ihm: „Ei, du frommer und getreuer Knecht, du bist über wenigem getreu gewesen, ich will dich über viel setzen; gehe ein zu deines Herrn Freude!" Da trat auch herzu, der die zwei Zentner empfangen hatte, und sprach: Herr, du hast mir zwei Zentner anvertraut; siehe da, ich habe mit denselben zwei andere gewonnen. Sein Herr sprach zu ihm: „Ei, du frommer und getreuer Knecht, du bist über wenigem getreu gewesen, ich will dich über viel setzen; gehe ein zu deines Herrn Freude!" – Da trat auch herzu, der einen Zentner empfangen hatte, und sprach: Herr, ich wusste, das du ein harter Mann bist; du schneidest, wo du nicht gesät hast, und sammelst, wo du nicht ausgestreut hast; und ich fürchtete mich, ging hin und verbarg deinen Zentner in der Erde. Siehe, da hast du das Deine. Sein Herr aber antwortete und sprach zu ihm: Du böser und fauler Knecht! Wusstest du, dass ich schneide, wo ich nicht gesät habe, und sammle, wo ich nicht ausgestreut habe, so solltest du mein Geld zu den Wechslern getan haben, und wenn ich gekommen wäre, hätte ich das Meine zu mir genommen mit Zinsen. Darum nehmt von ihm den Zentner und gebt ihn dem, der die zehn Zentner hat. Denn wer da hat, dem wird gegeben werden und der wird die Fülle haben; wer aber nicht hat, dem wird auch, was er hat, genommen werden. (Matthäus 25, 14-29)

Da aber die Pharisäer hörten, dass er den Sadduzäern das Maul gestopft hatte, versammelten sie sich. Und einer unter ihnen, ein Schriftgelehrter, versuchte ihn und fragte: Meister, welches ist das vornehmste Gebot im Gesetz? Jesus aber sprach zu ihm: „Du sollst lieben Gott, deinen Herrn, von ganzem Herzen, von ganzer Seele und von ganzem Gemüt." Dies ist das vornehmste und größte Gebot. Das andere aber ist dem gleich:

„Du sollst deinen Nächsten lieben wie dich selbst." In diesen zwei Geboten hängt das ganze Gesetz und die Propheten. (Matthäus 22, 34-40)

Lektion: **Das Prinzip der Gnade Gottes; das Prinzip der Liebe**

Gnade und Liebe sind dem Herzen Gottes zu nahe, um in Worten sinnvoll ausgedrückt zu werden. Man kann jedoch sicher davon ausgehen, dass das Prinzip der Gnade Gottes und das Prinzip der Liebe genau anders herum funktionieren als die Gesetze der Welt. Das ist der Grund, warum das Gleichnis von den anvertrauten Zentnern, ein Gleichnis über Gnade, nicht zu verstehen ist, wenn man es von einem materiellen Standpunkt aus interpretiert. Die Zentner oder die Gnade werden jedem Knecht „nach seiner Tüchtigkeit" anvertraut – darunter könnte man auch seine Fähigkeit *zu empfangen* verstehen. Die Fähigkeit zu empfangen ist tatsächlich ein Maß für *Dankbarkeit.* Die beiden Knechte, die ihre Zentner verdoppelten, taten dies, indem sie gemäß dem Prinzip der Liebe teilten: Die Liebe im eigenen Herzen wächst in dem Maß, in dem sie großzügig verschenkt wird. Diese beiden Knechte folgten dem „größten Gebot" in ihrer Liebe zu Gott und dem zweiten „Du sollst deinen Nächsten lieben wie dich selbst." Der Knecht, der seinen Zentner vergrub, hat ihn nie richtig erhalten; sonst hätte er andere daran teilhaben lassen und er wäre gemäß dem wahren Gesetz der Liebe gewachsen. Sein Fehler war Undankbarkeit und der Stolz, der mit ihr Hand in Hand geht.

In gewisser Weise definieren Gnade und Liebe einander. Gnade ist das freie, grenzenlose und spontane Teilen von Liebe. Gnade gibt großzügig, weil Liebe von ihrem Wesen her bedingungslos ist – sie erwartet nichts zurück. Liebe breitet sich durch Gnade natürlich aus, denn sie wächst, indem sie sich ausbreitet. Dankbarkeit ist die natürlichste Reaktion auf die Liebe Gottes und sie ist das Mittel, durch das sich das Herz öffnet, um sogar noch mehr Liebe zu empfangen. „Denn wer da hat, dem wird gegeben werden und der wird die Fülle haben."

Demut ist das Wissen, dass wir durch Gnade erhalten werden. Wer wirklich demütig ist, kennt seine Bedürfnisse in jedem Augenblick seines Lebens, während er zugleich für die Gnade dankt, die ihm dadurch gewährt wird, dass seine Bedürfnisse befriedigt werden. Jesus sagte: „Euer Vater weiß, wessen ihr bedürft, ehe denn ihr ihn bittet." (Matthäus 6, 8) Gnade kann jedoch nicht auf die Erfüllung der eigenen Bedürfnisse begrenzt werden. Sie fließt auf natürliche Weise im liebenden Dienst an anderen über und stellt an niemanden irgendwelche Forderungen. Der Fluss der Liebe kehrt von der Welt in noch größerer Fülle zurück und Dankbarkeit ist im Überfluss vorhanden, womit sich der Kreislauf fortsetzt. Die Zeile „Dein Name werde geheiligt" ist das höchste Gebet, weil es ein Gebet der Dankbarkeit und der Demut ist. Gnade erhält uns, Gnade erweckt uns und führt uns zu uns selbst – mühelos.

Diskussion

Gnade und Liebe stellen die größte Herausforderung an die schlauen Methoden des Egoismus dar; folglich stellt sich das Ego dieser Herausforderung gerne durch jenen „Dämon, der sich als Engel des Lichts ausgibt" und der auch Stolz heißt. Indem sich das aufopfernde Selbst selbstlos und edelmütig gibt, hat es einen besonders heimtückischen Weg gefunden, um sich vom Bewusstsein der Gnade Gottes abzuschneiden. Während es mit einer Hand großzügig gibt, führt die andere Hand irgendwelche Manöver durch, um die Liebe zurückzunehmen, von der das aufopfernde Selbst meint, dass es sie nicht hat. Diese Art des Gebens wird manchmal als egozentrische Freigebigkeit bezeichnet, weil mit dem Hintergedanken gegeben wird, dass man etwas zurückbekommen will. Das aufopfernde Selbst verdrängt die Wahrnehmung seiner wirklichen Bedürfnisse, wodurch es der Gnade aus dem Weg geht, die diese Bedürfnisse befriedigen würde. Es versucht mit seinem abgetrennten Selbst die Gnade noch zu übertrumpfen, tut es jedoch unter dem Mäntelchen der Edelmütigkeit. Es ist kein Wunder, dass uns Märtyrertum kollektiv – durch religiösen Egoismus – ebenso wie individuell im alltäglichen Leben so fest im Griff hat.

Für das aufopfernde Selbst in Transformation, dessen gut genährtes Herz eine Kraftquelle der Heiligkeit wird, verliert das Märtyrertum an Attraktivität. Da sich dieses Herz in Harmonie mit den Prinzipien von Gnade und Liebe befindet, produziert es durch Dankbarkeit, Demut, uneingeschränkte Freigebigkeit und Dienst ständig Liebe im Überfluss. Die transformierte Persönlichkeit, jetzt der demütige Diener, begreift die Bedeutung des folgenden Rats Jesu: „Wer der Erste sein will unter euch, der sei euer Knecht." (Matthäus 20, 27)

Der Apostel Johannes sagte: „Lasst uns ihn lieben, denn er hat uns zuerst geliebt." (1. Johannes 4, 19) Die Liebe und Gnade Gottes werden auch in dem nachfolgenden Tribut durch den persischen Mystiker Abu Hamid Al-Ghazali aus dem 11. Jahrhundert gelobt:

Der Mensch liebt Gott, weil eine Affinität zwischen der Seele des Menschen und ihrer Quelle besteht, denn sie hat Anteil am göttlichen Wesen und an seinen Attributen. Durch Wissen und Liebe kann sie das ewige Leben erlangen und selbst gottgleich werden. Solche Liebe, wenn sie zu einer starken und überwältigenden Kraft herangewachsen ist, wird Leidenschaft genannt, eine Liebe also, die fest verankert und grenzenlos ist. Es ist vernünftig, diese Liebe dem Einen zu geben, von dem alle guten Dinge kommen. In Wahrheit gibt es nichts Gutes oder Schönes oder Teures auf dieser Welt, das nicht von seiner Barmherzigkeit herkommt und nicht das Geschenk seiner Gnade ist, ein Fischzug aus dem Meer seiner reichen Fülle. Denn alles, was gut und gerecht und schön ist auf der Welt, was durch den Verstand und das Sehvermögen, das Hörvermögen und die übrigen Sinne wahrgenommen wird, vom Zeitpunkt der Schöpfung der Welt bis sie untergeht, von den Gipfeln der Plejaden bis zum Ende der Welt, ist nichts als ein Körnchen von dem Schatz der Reichtümer und ein Strahl von der Pracht seiner Herrlichkeit. Ist es denn nicht vernünftig den zu lieben, der so beschrieben wird, und ist es nicht verständlich, dass jene, die über mystisches Wissen von seinen Attributen verfügen, ihn mehr und mehr lieben, bis ihre Liebe alle Grenzen überschreitet? Hierfür das Wort „Leidenschaft" zu verwenden ist tatsächlich falsch, denn es vermag die Ausmaße ihrer Liebe für ihn nicht auszudrücken. Ehre sei ihm, der durch das Strahlen seines Lichts dem Blick verborgen bleibt. Wenn er sich nicht mit siebzig Schleiern des Lichts umhüllt hätte, dann würde der Glanz seines Angesichts sicherlich die Augen jener vernichten, die über die Schönheit nachdenken, die allein die seine ist.[43]

Johannes fügt hinzu: „So jemand spricht: ‚Ich liebe Gott', und hasst seinen Bruder, der ist ein Lügner. Denn wer seinen Bruder nicht liebt, den er sieht, wie kann er Gott lieben, den er nicht sieht? Und dies Gebot haben wir von ihm, dass wer Gott liebt, dass der auch seinen Bruder liebe." (1. Johannes 4, 20-21) Liebe und Dienst sind die Ecksteine des Evangeliums Jesu.

Transformation, Expansion und Regression

Wenn sich das aufopfernde Selbst in den demütigen Diener transformiert, akzeptiert es seine wirklichen Bedürfnisse als berechtigt und fühlt sich wert, Liebe zu empfangen. Seine Autonomie, die Kreativität und Einzigartigkeit seines Ausdrucks nimmt zu. Es strebt unablässig danach, seine Schwächen zu opfern.

Wenn das aufopfernde Selbst in die Yang-Richtung expandiert, dann wird es unabhängig, kreativ zur Selbstverwirklichung motiviert und lernt, Liebe authentisch zu geben. Die Yin-Expansion bringt wahres Mitgefühl und aufrichtige Anerkennung der Bedürfnisse anderer mit sich sowie die Fähigkeit, Liebe authentisch zu empfangen.

Wenn das aufopfernde Selbst die Transformation verweigert, bewegt es sich tiefer in seinen Schatten von vornehmer Selbstsucht. Es wird dann wütende Ausbrüche wegen unerfüllter Bedürfnisse haben, sich rachsüchtig und nachtragend gebärden. Es sabotiert gute Gelegenheiten, etwas von anderen zu empfangen. Es fühlt sich dominiert und ringt innerlich mit dem Gegensatzpaar Abhängigkeit/Freiheit. Es neigt dazu, mit psychosomatischen Störungen als indirektem Ausdruck auf Stress und Mangel an Erfüllung zu reagieren. Es entwickelt aggressive Reaktionen auf verborgene Gefühle der Hilflosigkeit und Angst und fordert Aufmerksamkeit und ein Gefühl des Anerkannt-, Geliebt- und Umsorgtwerdens.

Abgetrenntes Selbst
Das aufopfernde Selbst
Transformationsprinzipien
Prinzip der Gnade Gottes
Prinzip der Liebe
Authentisches Selbst
Der demütige Diener

Übung für das aufopfernde Selbst:
„Dein Name werde geheiligt!"

Eine der Übungen, die du machen kannst, um dich auf Demut einzustimmen, besteht darin, hinaus in die Natur, in den Wald zu gehen. Suche einen stillen Ort auf, an dem du nur von Natur und Stille umgeben bist. Dort gibt es nichts, wonach du die Hände ausstrecken oder woran du dich festhalten könntest, keine Worte. Stelle dir selbst in die Stille hinein nur eine Frage: Wer bin ich?

Zweite Übung:
Schließe die Augen und atme tief ein und aus.
Stelle dich dir zuhause in deinem alltäglichen Leben vor, mit deinen alltäglichen Gedanken, Gefühlen, Handlungen, deinen Wünschen und Leidenschaften. Stelle dir am Rand deines Grundstücks einen Abgrund oder eine Schlucht vor. Über diesen Abgrund führt eine stabile Brücke. Gehe bis zur Mitte der Brücke und frage dann: „Wenn ich über diese Brücke in einen vollkommen neuen Lebensabschnitt (also in einen noch unentwickelten Lebensbereich) hinübergehen sollte, was würde ich dann gerne mitnehmen?"

Daraufhin sieh, wie du die Brücke ganz überschreitest. Dort steht dein Schutzengel. Jetzt frage ihn, wobei du ihm in die Augen schaust: „Was muss ich wirklich in meinen neuen Lebenszyklus (in den neuen Anfang) mitnehmen? Was kann ich loslassen?"

DER DEMÜTIGE DIENER
„Geheiligt werde Dein Name!"

PRINZIP DER GNADE GOTTES
PRINZIP DER LIEBE

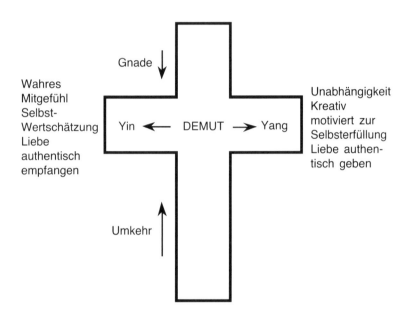

STOLZ
Das aufopfernde Selbst

HEILUNG DES SCHATTENS „UNEHRLICHKEIT"

Persönlichkeitsausdruck des verlorenen Sohns:
Das erfolgsgetriebene Selbst

Anweisung: „Dein Reich komme!"
Beispiel: Das Gleichnis vom Sämann

Siehe, es ging ein Sämann aus zu säen. Und indem er säte, fiel etliches an den Weg; da kamen die Vögel und fraßen's auf. Etliches fiel auf das Felsige, wo es nicht viel Erde hatte, und ging bald auf, weil es keine tiefe Erde hatte. Als aber die Sonne hochstieg, verwelkte es, und weil es keine Wurzeln hatte, ward es dürre. Etliches fiel unter die Dornen; und die Dornen wuchsen auf und erstickten's. Etliches fiel auf ein gutes Land und trug Frucht, etliches hundertfältig, etliches sechzigfältig, etliches dreißigfältig. Wer Ohren hat, der höre! So hört nun dieses Gleichnis vom Sämann: Wenn jemand das Wort von dem Reich hört und nicht versteht, so kommt der Arge und reißt hinweg, was da in sein Herz gesät ist; das ist der, bei dem an den Weg gesät ist. Bei dem aber auf das Felsige gesät ist, das ist, der das Wort hört und es alsbald aufnimmt mit Freuden; aber er hat nicht Wurzeln in sich, sondern er ist wetterwendisch; wenn sich Trübsal und Verfolgung erhebt um des Wortes willen, nimmt er Ärgernis. Bei dem aber unter die Dornen gesät ist, das ist, der das Wort hört, doch die Sorge der Welt und der Betrug des

Reichtums erstickt das Wort, und er bringt keine Frucht. Bei dem aber in das gute Land gesät ist, das ist der, der das Wort hört, es versteht und dann auch Frucht bringt; und der eine trägt hundertfältig, der andere sechzigfältig, der andere dreißigfältig. (Matthäus 13, 3-9, 12)

Lektion: **Das Prinzip von Ursache und Wirkung; das Prinzip des Glaubens**

Das Prinzip von Ursache und Wirkung, in der östlichen Metaphysik unter dem Begriff des Karmagesetzes bekannt, ist das spirituelle Prinzip, welches darlegt, dass jede Aktion eine Reaktion nach sich zieht oder dass „wir ernten, was wir säen". Es wird häufig dahingehend interpretiert, dass wir die Strafe erhalten, die wir verdienen. Auch wenn wir tatsächlich „bekommen, was wir verdienen", ist das Prinzip von Ursache und Wirkung tatsächlich ein unpersönliches spirituelles Prinzip, das in die Struktur der Schöpfung eingebaut ist und in unserem Leben automatisch zur Wirkung kommt. Gemäß östlichem Denken kann Karma sich über mehrere Leben hinweg auswirken. Destruktive Handlungen ziehen „schlechtes Karma" nach sich und stellen eine Rechnung dar, die beglichen werden muss.

Das Prinzip von Ursache und Wirkung kann durch das Prinzip von der Gnade Gottes oder das Prinzip von der Barmherzigkeit Gottes gemäßigt werden. Daskalos zufolge löst Reue oder *metanoia* die Intervention dieser anderen göttlichen Gesetze aus und ermöglicht die Transzendierung des Prinzips von Ursache und Wirkung. Die Beziehungen zwischen den Prinzipien von Ursache und Wirkung und von Gnade und Barmherzigkeit sind geheimnisvoll. Sie treten in unserem Leben gemäß dem transzendenten Einblick Gottes in unser Herz in gegenseitige Beziehung. Wenn guten Leuten schlimme Dinge zustoßen, dann ist es anmaßend, dies allein dem Prinzip von Ursache und Wirkung anzulasten. Was wir von unserer begrenzten menschlichen Perspektive aus „schlimm" oder „schlecht" nennen, kann aus dem umfassenderen Blickwinkel des Christus-Selbst, das unsere Seele auf die großen Errungenschaften und das höchste Abenteuer der Ewigkeit vorbereiten möchte, alles andere als schlecht sein.

Um außerdem den Ausspruch, dass wir ernten, was wir säen, weiter zu veranschaulichen, zeigt das Gleichnis vom Sämann, dass wir gemäß dem ernten, wie und wo wir säen. Jesus gab dieses Prinzip unverblümt wieder, als er sagte: „Ihr sollt das Heilige nicht den Hunden geben und eure Perlen sollt ihr nicht vor die Säue werfen, auf dass sie dieselben nicht zertreten mit ihren Füßen und sich wenden und euch zerreißen." (Matthäus 7, 6) Positives Handeln hat positive Ergebnisse zur Folge, wenn es bewusst, mit Sorgfalt und Gespür erfolgt, damit es der jeweiligen Bemühung und Anstrengung entsprechend das größtmögliche Gute hervorbringt. Das ist eine Herausforderung in der Kunst des Lebens, die jedermann, der sich im geistigen Amt der Liebe engagiert, fasziniert und stimuliert.

Schließlich veranschaulicht das „Gleichnis vom Sämann" auch das, was man das „Prinzip des Glaubens" nennen könnte, welches besagt, dass wir unsere persönliche Wirklichkeit durch unseren Glauben, unser Denken und unsere Einstellung selbst erschaffen. Das tun wir, indem wir ein Netz aus Elementalen hervorbringen analog zu der Art, in der das Meisteruniversum aus der Übersubstanz des Geistes aufgrund der Willensfreude der Absoluten Unendlichen Seinsheit geschaffen wurde. Fantasie und Glauben geben unserer Zukunft Form. Jeder Gedanke, wie etwa der Gedanke an Frieden oder Liebe, verfestigt sich in einer zukünftigen Bedingung. Wir alle werden täglich mit der „Saat" von Wahrheit und Gnade überschüttet. Ob wir diese Saat, während sie Wurzeln bildet, ignorieren, aufgeben, abwürgen oder pflegen und hegen, entscheidet darüber, ob das „Reich" in unsere Herzen einziehen kann. Jesus sagte: „Darum sollt ihr nicht sorgen und sagen: ‚Was werden wir essen? Was werden wir trinken? Womit werden wir uns kleiden?'... Trachtet am ersten nach dem Reich Gottes und nach seiner Gerechtigkeit, so wird euch solches alles zufallen." (Matthäus 6, 31, 33) Die Hingabe und Art, mit der wir wiederum diese innere Saat der Liebe und Wahrheit bei unseren Mitmenschen aussäen, wird darüber entscheiden, wann das „Reich Gottes" in die Welt kommt.

Diskussion

Das „erfolgsgetriebene" Selbst heißt deshalb so, weil es offensichtlicher als irgendein anderer Persönlichkeitstyp versucht, die Wirklichkeit des „Wer bin ich?" durch ein Abbild zu ersetzen. Daher bringt die Transformation des

„erfolgsgetriebenen" Selbst oft eine tiefgreifende und Seelenschmerz verursachende Reueerfahrung oder metanoia mit sich. Heil oder Rettung, wie sie von Religion verstanden wird, impliziert immer eine veränderte Vorstellung von „Wer bin ich?" So kann sich das erfolgsgetriebene Selbst, jetzt der spirituelle Krieger, tief und eifrig der „Seelenrettung" der Menschheit verschreiben. Es ist wegen seines angeborenen Optimismus', seiner Dynamik und seiner Fähigkeit, praktisch in der Welt zurechtzukommen, besonders wirkungsvoll bei der Umsetzung dieser Aufgabe. Es ist begabt darin, seine Botschaft dem Verständnis oder den Vorurteilen von Menschen, denen es im Leben begegnet, anzupassen. Dieser „Sämann" hat die Begabung, fruchtbaren Boden zu finden, auf dem er seine Saat des Heils aussäen kann, und er wird den Boden sogar selbst vorbereiten, wenn dies erforderlich ist. Das Herz des geistigen Kriegers koordiniert zahlreiche und komplexe Aufgaben durch Liebe, während es sich zugleich unbeirrbar auf seine spirituellen Ziele konzentriert.

Eine der wichtigsten Schulen des Buddhismus ist der Mahayana-Buddhismus. Das höchste Ideal des Mahayana-Buddhismus ist im Bodhisattva verkörpert (einer, dessen Essenz, oder *Sattva,* vervollkommnete Weisheit oder *Bodhi* ist). Der Bodhisattva ist ein Wesen, das kurz vor dem Erreichen des Nirvana oder kurz vor der Erleuchtung steht, dann jedoch freiwillig verzichtet und in die Welt zurückkehrt, um anderen zu helfen, das Nirvana ebenfalls zu erreichen und das Leiden zu beenden. Er kann seiner Mission des Mitgefühls durch mehrere Leben hindurch treu bleiben. Entsprechend wird die Göttin der Barmherzigkeit Kwan Yin von den Bodhisattvas überall in Asien am meisten verehrt. Der folgende Abschnitt beschreibt die spirituelle Mission grenzenlosen Mitgefühls, die sich der Bodhisattva auf die Fahne schreibt:

> Ein Bodhisattva beschließt: Ich nehme die Last allen Leidens auf mich... Ich wende mich nicht ab oder laufe fort, ich zittere nicht, fürchte mich nicht... drehe mich nicht um oder verliere den Mut. Und warum?... Ich habe gelobt, alle Geschöpfe zu retten... Ich muss die ganze Welt der Lebewesen vor dem Entsetzen von Geburt und Tod, vor dem Dschungel falscher Ansichten retten... Meine Bemühungen richten sich nicht allein auf meine eigene Erlösung... Ich muss alle Lebewesen aus dem Strom des Samsara erretten... Und ich darf niemanden um den Reichtum meines Verdienstes betrügen. Ich bin entschlossen, an jeder einzelnen Stufe des Leidens zahllose Äonen lang festzuhalten; und so werde ich allen Lebewesen zu Freiheit verhelfen in allen Zuständen des Elends, die in irgendeinem Weltsystem zu finden sind.
> Und warum? Weil es gewiss besser ist, dass ich allein Schmerzen habe, als dass all diese Lebewesen in Zustände des Jammers fallen.[44]

Der Apostel Paulus könnte als Quintessenz des „christlichen Bodhisattva" betrachtet werden. Seine Bekehrung zur Wahrheit oder *metanoia* auf der Straße nach Damaskus verwandelte ihn von einem Verfolger der Gläubigen in einen Abgesandten des Heils. Der schottische Historiker Frend schreibt: „Paulus ist eine der wenigen Personen in der Geschichte, die den Titel ‚religiöses Genie' verdienen."[45] Er beschreibt die Wirksamkeit, mit der sich Paulus den hellenistischen Juden der Diaspora (den jüdischen Gemeinden außerhalb Palästinas) und römischen Anhängern unterschiedlicher Mysterienkulte näherte. Indem er seine Herangehensweise eigens auf die Bedürfnisse des Publikums abstimmte, verbreitete Paulus die Heilsbotschaft, so wie er sie verstand, wirkungsvoll im gesamten Römischen Reich. Sein Evangelium, das durchdrungen von Liebe war, wurde von Liebe angetrieben. Kein schöneres Tribut an die Liebe wurde jemals geschrieben als sein 13. Kapitel im 1. Brief an die Korinther, das mit den Worten abschließt:

„Nun aber bleibt Glaube, Hoffnung, Liebe, diese drei; aber die Liebe ist die größte unter ihnen." (1. Korinther 13, 13)

So tiefgreifend war Paulus' Einfluss, dass die christliche Kirche tatsächlich zur „Kirche des Paulus" wurde – und es bis zum heutigen Tage ist.

Bezugnehmend auf die Missionsreisen des Apostels Paulus, die im Jahr 46 nach Christus auf Zypern begannen und im Jahr 62 nach Christus mit seinem Tod in Rom endeten, sagt Frend: „Das ist ein Protokoll erstaunlicher Aktivität. Die Energie, die für ein solches Programm erforderlich war, das mit seiner Gefangennahme und mit Predigten selbst während seiner Inhaftierung in Rom endete, muss riesengroß gewesen sein."[46] In einem zweiten Brief an die Korinther berichtet Paulus von dem überwältigenden Elend, dem er sich stellen musste:

Von den Juden habe ich fünfmal vierzig Streiche weniger einen empfangen; ich wurde dreimal mit Ruten geschlagen, einmal gesteinigt, dreimal habe ich Schiffbruch erlitten, einen Tag und eine Nacht trieb ich auf dem tiefen Meer; ich bin oft gereist, ich bin in Gefahr gewesen durch die Flüsse, in Gefahr unter den Räubern, in Gefahr unter den Juden, in Gefahr unter den Heiden, in Gefahr in den Städten, in Gefahr in den Wüsten, in Gefahr auf dem Meer, in Gefahr unter den falschen Brüdern; in Mühe und Arbeit, in viel Wachen, in Hunger und Durst, in viel Fasten, in Frost und Blöße; außer dem was sich sonst zuträgt, nämlich dass ich täglich angelaufen werde und Sorge für alle Gemeinden trage. (2. Korinther 11, 24-28)

Der Bodhisattva interessiert sich wenig für sein eigenes Fleisch und Blut, es sei denn als Mittel zur Erlösung von Menschenseelen. So war Paulus nach seiner Transformation vom unehrlichen religiösen Egotisten zum machtvollen spirituellen Krieger geworden.

Transformation, Expansion und Regression

Wenn sich das erfolgsgetriebene Selbst in den geistigen Krieger verwandelt, dann bewegt es sich auf die Haupttugend der Wahrhaftigkeit zu und fängt dabei an, Erbarmen und die Fähigkeit zur Einfühlung in andere zu entwickeln. Seine Verbindung zu einem von wahren Gefühlen und Gedanken gelenkten Innenleben nimmt an Stärke zu und bringt die äußere mit der inneren Ausrichtung ins Gleichgewicht. Es unterstützt und ermutigt andere, überwindet die Angst vor Nähe und persönlicher Begegnung. Es ist engagiert und beharrlich in der Übernahme höherer Werte und Ideale in der Praxis. Der geistige Krieger expandiert in die Yang-Richtung, indem er die Erfolge anderer unterstützt und eine dienende Motivation für göttliche Unternehmungen entwickelt statt des Bedürfnisses, sich selbst unter Beweis zu stellen. In der Yin-Expansion geht es um Optimismus, Einfühlungsvermögen in die Positionen und Bedürfnisse anderer Menschen und um die Herstellung von tiefer Verbundenheit mit dem Sein.

Das erfolgsgetriebene Selbst, das sich der Transformation verweigert, wird noch betrügerischer, entwickelt Abscheu vor sich selbst und verstrickt sich in selbstzerstörerisches Verhalten. Überwältigende Gefühle der Feindseligkeit führen zu Funktions- und Handlungsunfähigkeit. Es kann sein, dass es sich von allen Gefühlen distanziert und sich verschließt, verlottert und inaktiv wird.

Abgetrenntes Selbst
Das erfolgsgetriebene Selbst
Transformationsprinzipien
Prinzip von Ursache und Wirkung
Prinzip des Glaubens
Authentisches Selbst
Der geistige Krieger

Übung für das erfolgsgetriebene Selbst:
„Dein Reich komme!"

Schließe deine Augen, atme tief!
Stelle dir vor, dass du vor einem fruchtbaren, doch unbestellten Acker stehst, der bereit ist, eingesät zu werden. Sieh, wie du ein kostbares Gefäß, angefüllt mit Saat, in Händen hältst. Male dir aus, während du vor diesem Feld stehst, dass dein wütendes Selbst daherkommt und versucht, dir den Samen zu stehlen und selbst auszusäen. Was wird wachsen?

Verändere das Bild, und stelle dir vor, dass dein ängstliches Selbst zu dir kommt, um dir deine Saat zu stehlen und auszusäen. Was wird wachsen?

Nun stelle dir als letztes vor, dass dein trauriges Selbst kommt und dein Saatgefäß stiehlt, um es selbst auszusäen. Was wird wachsen?

Hole nun tief Luft, gestatte deinem Christus-Selbst an deine Seite zu treten, zu deinem liebevollen Selbst zu werden und die Saat auszusäen. Was wird nun auf dem Acker wachsen?

Du kannst diese Übung für alles wiederholen, was Du gerne in den Garten deines Lebens einbringen möchtest. Werde dabei immer zu deinem liebevollen Selbst und gestatte es dem Christus-Licht, dich zu führen!

DER GEISTIGE KRIEGER
„**Dein Reich komme**"

PRINZIP VON URSACHE UND WIRKUNG
PRINZIP DES GLAUBENS

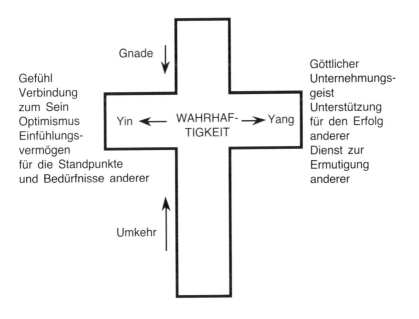

Gnade

Gefühl
Verbindung
zum Sein
Optimismus   Yin ← WAHRHAF-TIGKEIT → Yang
Einfühlungs-
vermögen
für die Standpunkte
und Bedürfnisse anderer

Göttlicher
Unternehmungs-
geist
Unterstützung
für den Erfolg
anderer
Dienst zur
Ermutigung
anderer

Umkehr

UNEHRLICHKEIT
Das erfolgsgetriebene Selbst

HEILUNG DES SCHATTENS „NEID"

Persönlichkeitsausdruck des verlorenen Sohns:
Das melodramatische Selbst

Anweisung: „Dein Wille geschehe auf Erden wie im Himmel!"

Beispiele: Gleichnis von den Kindern auf dem Markt; Gleichnisse vom Senfkorn und von der selbst wachsenden Saat

Mit wem soll ich die Menschen dieses Geschlechts vergleichen, und wem sind sie gleich? Sie sind gleich den Kindern, die auf dem Markte sitzen und einander zurufen und sprechen: „Wir haben euch aufgespielt, und ihr habt nicht getanzt; wir haben Klagelieder gesungen, und ihr habt nicht geweint." – Denn Johannes der Täufer ist gekommen und aß kein Brot und trank keinen Wein. Und ihr sagt: Er ist besessen." Des Menschen Sohn ist gekommen, isst und trinkt. Und ihr sagt: „Siehe, dieser Mensch ist ein Fresser und Weinsäufer, der Zöllner und Sünder Freund!" – Und doch ist die Weisheit gerechtfertigt worden von allen ihren Kindern. (Lukas 7, 31-35)

Ein anderes Gleichnis legte er ihnen vor und sprach: Das Himmelreich ist gleich einem Senfkorn, das ein Mensch nahm und säte es auf seinen Acker. Dies ist das kleinste unter allen Samen; wenn es aber gewachsen ist, so ist es größer als alle Sträucher und wird ein Baum, dass die Vögel unter dem Himmel kommen und wohnen in seinen Zweigen. (Matthäus 13, 31-32)

Das Reich Gottes ist so, wie wenn ein Mensch Samen aufs Land wirft, dann schläft und steht auf Nacht und Tag. Der Same geht auf und wächst, ohne dass er's weiß. Denn die Erde bringt von selbst Frucht, zuerst den Halm, danach die Ähre, danach den vollen Weizen in der Ähre. Wenn sie aber die Frucht gebracht hat, so legt er alsbald die Sichel an; denn die Ernte ist da. (Markus 4, 26-29)

Lektion: **Das Prinzip des Gleichgewichts; das Prinzip der Kontinuität**

Nichts an Jesus beunruhigte die religiösen Führer seinerzeit mehr als seine göttliche *Natürlichkeit.* Wie Kinder, die sich auf dem Marktplatz herumtreiben, pfiffen sie eine Melodie religiöser Erwartung; doch Jesus war nicht bereit, dazu zu tanzen. Sie trauerten mit angemessener Feierlichkeit, doch Jesus feierte statt dessen das Leben. Jesus befriedigte nicht einmal ihre Vorstellung von einem ordentlichen religiösen Laien, von einem Messias ganz zu schweigen. Er versagte sich weder Speise noch Trank noch reglementierte er ihre Aufnahme gemäß irgendwelcher willkürlichen buchstabengetreuen religiösen Standards. Noch schlimmer in ihren Augen war, dass er es wagte, sich in der Gesellschaft von „Zöllnern und Sündern" und aller nur denkbaren sozialen Außenseiter zu entspannen und sich ihrer zu erfreuen. Wenn dieser „gewöhnliche" Lehrer ein Wunder vollbrachte, dann klagten ihn seine Feinde an, es mit der Hilfe von „Beelzebub, dem Obersten der Teufel" getan zu haben. (Matthäus 12, 24) Jesus lebte nach dem Prinzip des Gleichgewichts, welches besagt, dass das vollkommene Gleichgewicht des Geistes im Universum aufrecht erhalten wird, indem man eine kreative Spannung zwischen den Gegensätzen bewahrt. Dem Prinzip des Gleichgewichts zu gehorchen heißt, das Wesen der Beschaffenheit der Schöpfung zu respektieren. Gesunde und kreative Manifestationen auf der irdischen Ebene können nicht erreicht werden, ohne diesem Grundgesetz zu folgen. Der Respekt für das Prinzip des Gleichgewichts impliziert Respekt für das eigene Sein: das zu essen, was der Körper braucht, wenn er hungrig ist; das zu trinken, was er benötigt, wenn er durstig ist; zu arbeiten, wenn er inspiriert ist; zu ruhen oder zu spielen, wenn er müde ist; zu beten und gemeinsam oder allein zu dienen, zu denken, zu fühlen und harmonisch zu handeln, ein Gleichgewicht zwischen Yang und Yin herzustellen. Dem Prinzip des Gleichgewichts muss intuitiv und nicht logisch oder gemäß einer genau festgelegten Formel Folge geleistet werden. Man muss „sich selbst kennen", denn was den einen zu einem gegebenen Zeitpunkt ins vollkommene Gleichgewicht bringen kann, bringt einen anderen möglicherweise aus dem Rhythmus. Mitunter ist ein vorübergehendes Extrem erforderlich, um Stabilität zu erlangen, so wie ein Orkan oder ein Vulkanausbruch die Natur wieder zur Ruhe kommen lässt.

Das Gleichnis vom Senfkorn zeigt, wie der Wille des Vaters im Himmel durch Gehorsam gegenüber dem Prinzip des Gleichgewichts auf die Erde geholt werden kann. Wenn das winzige Senfkorn in guten Boden gelegt wird und mit einem angemessenen Gleichgewicht aus der Luft, dem Wasser und Sonnenlicht versorgt wird, dann wächst es unmerklich zu einem Baum heran, der „größer ist als alle Sträucher" und der Zweige hat, die so ausladend sind, dass Vögel ihre Nester darin bauen können. Auf die gleiche Weise kann sich auch das kleinste Samenkorn der Wahrheit im eigenen Herzen kraftvoll als göttlicher Wille manifestieren, wenn es durch die „vier Elemente" Erde (physischer Körper), Wasser (die Gefühle), Luft (Denken) und Feuer (Liebe) ernährt wird.

Das Gleichnis von der selbst wachsenden Saat verdeutlicht genauso wie das Senfkorn das Prinzip der Kontinuität. In der Physik ist es als der Hauptsatz der Thermodynamik bekannt und legt fest, dass Energie weder erzeugt noch vernichtet, sondern nur gemäß der Eigenschaften des physikalischen Systems, in das es übergeht, von einer Form in eine andere verwandelt werden kann. Zum Beispiel kann die Energie von Feuer in einen Eisblock einfließen, indem es ihn von seiner festen Form in den flüssigen Zustand von Wasser überführt und schließlich als Wasserdampf in ein Gas verwandelt. Wenn eine Gitarren- und eine Harfensaite auf genau die gleiche Weise gezupft werden, dann produziert jedes Instrument einen einzigartigen und reproduzierbaren Klang oder eine Harmonie. Ein Samenkorn, das vom richtigen Gleichgewicht elementarer Kräfte genährt wird, wird Energie umwandeln und gemäß seiner eigenen Natur wachsen und schließlich so weit reifen, dass die Pflanze geerntet werden kann. Samen wird erneut gesät, um die Kontinuität des Zyklus' von Veränderung und Wachstum aufrecht zu erhalten. Durch diese Zyklen manifestiert sich der göttliche Geist kreativ in der Welt.

Das Prinzip der Kontinuität lässt sich auch auf emotionale, mentale und spirituelle Ebenen der Wirklichkeit anwenden. Ein metaphysisches Gesetz besagt, dass Energie dem Gedanken folgt, womit zum Ausdruck gebracht werden soll, dass Energie in die Seinsform oder das System eingeht, auf das wir unsere Aufmerksamkeit richten. Diese Energie hallt in uns als eine bestimmte Erfahrungsqualität wider, allerdings noch ohne bestimmte Manifestation. Wenn eine bestimmte Menge Aufmerksamkeit auf Sex, Karriere, Gefühle oder Philosophie gerichtet wird, produziert sie entsprechende innere Erfahrungen und äußere Ergebnisse. Absolutes Sein ist jedoch in jedem verschiedenartigen Element der Schöpfung enthalten und daraus folgt, dass volle Aufmerksamkeit, die auf irgendetwas gerichtet wird, ihrerseits auch eine spirituelle Erfahrung hervorrufen kann. Diese Erfahrung des Seins oder der wahren Anbindung an die Quelle kann nur dann stattfinden, wenn die Aufmerksamkeit vollständig auf den gegenwärtigen Augenblick gerichtet ist, denn der einzige Riss in der Zeit zur Ewigkeit ist das Jetzt. Nur im gegenwärtigen Augenblick können all die sterblichen und ewigen Aspekte unseres Lebens in das vollkommene Gleichgewicht und in die Harmonie des Geistes gebracht werden. Das war für Jesus Anlass zu sagen: „Darum sorgt nicht für den anderen Morgen, denn der morgige Tag wird für das Seine sorgen. Es ist genug, dass ein jeglicher Tag seine eigene Plage habe." (Matthäus 6, 34)

Von Augenblick zu Augenblick beten wir: „Dein Wille geschehe auf Erden wie im Himmel."

Diskussion

Jeder abgetrennte Persönlichkeitstyp neigt dazu, auf die eine oder andere Weise instabil zu werden und aus dem Gleichgewicht zu geraten. Das melodramatische Selbst tut dies, wie der Name sagt, indem es intensive emotionale Erfahrungen als Ersatz für die Erfahrung des Seins schafft. Durch ein Gefühl des Verlusts oder der Sehnsucht nach einem unerreichbaren oder verlorenen Liebesobjekt verliert das melodramatische Selbst sein Bewusstsein für das, was es *jetzt* hat. All dies Konzentriertsein auf das, was nicht gegenwärtig ist oder nicht jetzt geschieht, kann ein besonders schweres Ungleichgewicht der Persönlichkeit herbeiführen, ein Gefühl, am Abgrund zu schwanken, und den Verlust der Erdung, die erforderlich ist, um kreative innere Triebe äußerlich zu manifestieren.

Die Lösung besteht darin, das Gleichgewicht zurückzugewinnen, indem man die Magie des gegenwärtigen Augenblicks und das außergewöhnliche Wesen des Gewöhnlichen neu entdeckt. Wenn wir das kleinste innere Samenkorn der Wahrheit täglich und auf gleichmäßige und aufmerksame Weise nähren, kann der göttliche Geist monumentale kreative Werke durch uns manifestieren, die wir nicht einmal selbst begreifen. Als multidimensionale Wesen können wir berufen werden, auf jeder Ebene unserer Existenz zu dienen, von der dichtesten physischen bis zur höchsten spirituellen. Die höchstmögliche Freude können wir uns selbst und anderen bereiten, indem wir die bestimmte „Frequenz" herausfinden, auf der wir den Willen Gottes auf die Erde bringen sollen. Auch diese Entdeckung kann nur intuitiv und im gegenwärtigen Augenblick gemacht werden.

Siddhartha Gautama, der historische Buddha, entdeckte durch persönliche Erfahrung die Vergeblichkeit von fleischlicher Maßlosigkeit ebensowie von asketischer Selbstzucht. In der Folge entwickelte er das Prinzip des mittleren Wegs, gab dem Körper das, was er brauchte, um optimal zu funktionieren, aber auch nicht mehr. Die pragmatischen Chinesen, zu denen sich der Buddhismus, aus Indien kommend, schließlich ausbreitete, fühlten sich vom mittleren Weg angezogen. Der aus China stammende Taoismus wiederum übte starken Einfluss auf den Buddhismus aus und brachte eine buddhistische Bewegung mit dem Namen Ch'an hervor. Ch'an breitete sich in Japan aus, wo es sich schließlich als Zen-Buddhismus durchsetzte und im Verlauf der Jahrhunderte maßgeblich auf die japanische Kultur einwirkte.

Zen versucht, Satori oder Erleuchtung in den einfachsten alltäglichen Handlungen durch vollständige Gegenwärtigkeit zu erlangen. Die höchste Form der Meditation im Zen heißt Zazen oder einfach „Sitzen". Der Laienschüler Ho gibt den Geist des Zen folgendermaßen wieder:

Mein tägliches Tun ist nicht anders,
Nur ich bin auf natürliche Weise in Harmonie mit ihm.
Nichts nehmen, nichts verleugnen,

In jedem Umstand kein Hindernis, kein Konflikt...
Wasser ziehen; Feuerholz tragen,
Das ist übernatürliche Macht,
Das ist wunderbares Tun.[47]

Meister Rinzai lobt in seinen Zeilen ebenfalls das Potential des alltäglichen Lebens:

Man muss nur ganz gewöhnlich sein und nichts tun.
Den Darm leeren, Wasser lassen, sich kleiden,
Nahrung essen, sich hinlegen, wenn man müde ist.
Narren lachen mich aus, doch der Weise versteht.[48]

Meister Rinzai ist auch für den Ausspruch bekannt: „Wo immer du bist, du bist der Meister."[49] In welcher Zeit und in welchem Raum man sich auch befindet, sie sind das Zentrum der Wirklichkeit und die potentiellen Umstände der Erleuchtung. Die Frage „Wo ist meine Aufmerksamkeit jetzt?" führt ein „melodramatisches Selbst", das sich in der Umwandlung befindet, in große Ausgeglichenheit. In ihrer Seelenruhe und ihrem Gleichgewicht wird diese transformierte Persönlichkeit, ohne etwas zu tun, auf paradoxe Weise zum visionären Baumeister des neuen Himmels und der neuen Erde, wie es die Prophezeiung ankündigt. (Offenbarung 21, 1)

Transformation, Expansion und Regression

Die Transformation des melodramatischen Selbst zum visionären Baumeister ist auf seine Kerntugend

„Gleichgewicht und Stabilität" ausgerichtet. Dabei entwickelt es Objektivität in Bezug auf sich selbst, vor allem im Hinblick auf seine emotionalen Reaktionen und die von anderen. Es erreicht einen ausgeglichenen Lebensstil, in dem es sich weniger von Extremen angezogen fühlt. Es wählt den selbstlosen Dienst für seine Ideale und ihre Verwirklichung ebenso wie Selbstverwirklichung. Es wird fähig, sich auf sich selbst zu verlassen, unabhängig, beständig und emotional diszipliniert. Die Expansion in die Yang-Richtung bringt die Erfüllung in der Gegenwart mit sich, Befriedigung im Dienst und die Entdeckung der Magie des alltäglichen Lebens durch die Verbindung zum Göttlichen. Die Yin-Expansion führt zu Einfachheit und Vollständigkeit des Seins.

Das melodramatische Selbst regrediert tiefer in seinen Schatten Neid, wenn es sich der Transformation verweigert. Es entwickelt dann Zweifel daran, ob es wünschenswert und liebenswert ist. Es hat Angst davor, verlassen zu werden, und klammert sich an wichtige Menschen in seinem Leben. Es entwickelt Abhängigkeit und fordert Zuwendung. Enttäuschung folgt auf seine hohen Ideale der Liebe.

Abgetrenntes Selbst
Das melodramatische Selbst
      Transformationsprinzip
      Prinzip des Gleichgewichts
      Prinzip der Kontinuität
            Authentisches Selbst
            Der visionäre Baumeister

Übung für das melodramatische Selbst:
„Dein Wille geschehe auf Erden wie im Himmel"

Übung zum Entdecken und Aussäen der inneren Gaben:

Schließe deine Augen, atme tief ein und aus. Stelle dir vor, dass dein Schutzengel dich zu einem wunderschönen Garten führt. Dieser Garten ist wie der Garten Eden – ein Ort der Liebe, Süße und unendlichen Schönheit. Fülle dich mit der Pracht, dem Licht und dem Besonderen dieses Orts. Der Christus erwartet dich in einem Tempel und sagt: „Du hast das, was du wahrhaftig bist, nie zurückgelassen, aber du hast dich mit deinem Bewusstsein davon entfernt." Er führt dich an einen Altar und dort liegen die vielen Gaben ausgebreitet, die du in die Welt bringen sollst.

Diese Gaben befinden sich in goldenen Behältern und stellen deine Talente, Fähigkeiten und Qualitäten als Mensch dar.

Öffne wenigstens drei von ihnen und wähle eine, die du gerne in die Welt bringen würdest. Kehre in deiner Visualisation in dein eigenes Zuhause zurück und pflanze diese Gabe wie ein Samenkorn in deinen inneren Garten. Bitte deinen Schutzengel, dir beim Herausfinden zu helfen, welche Schritte du im Denken, Fühlen und Handeln unternehmen musst, um diese göttliche Gabe und deinen Seelenplan zu manifestieren.

Kehre in den Garten deines Herzens zurück (Garten Eden). Erbitte so viel du möchtest, um deine Kraft

und Liebe und deine Absicht, dieses Projekt auf Erden zu manifestieren, wiederherzustellen.

DER VISIONÄRE BAUMEISTER
„Dein Wille geschehe wie im Himmel so auf Erden!"

PRINZIP DES GLEICHGEWICHTS
PRINZIP DER KONTINUITÄT

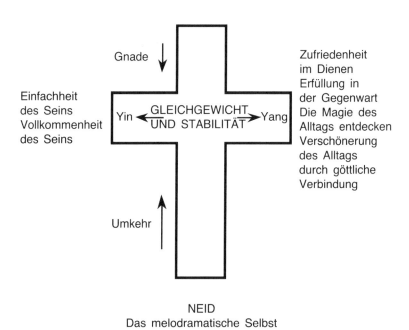

Gnade

Zufriedenheit
im Dienen
Erfüllung in
Einfachheit   der Gegenwart
des Seins   Yin ← GLEICHGEWICHT → Yang   Die Magie des
Vollkommenheit   UND STABILITÄT   Alltags entdecken
des Seins   Verschönerung
                                                 des Alltags
                                                 durch göttliche
                                                 Verbindung

Umkehr

NEID
Das melodramatische Selbst

HEILUNG DES SCHATTENS „GIER"

Persönlichkeitsausdruck des verlorenen Sohns:
Das isolierte Selbst

Anweisung: „Unser täglich Brot gib uns heute."

Beispiele: Speisung der Fünftausend; das Gleichnis vom neuen Tuch auf einem alten Kleid

Da das Jesus hörte, wich er von dannen auf einem Schiff in eine einsame Gegend allein. Und da das Volk das hörte, folgte es ihm nach zu Fuß aus den Städten. Und Jesus stieg aus und sah die große Menge; und es jammerte ihn derselben, und er heilte ihre Kranken. Am Abend aber traten seine Jünger zu ihm und sprachen: „Die Gegend ist öde, und die Nacht fällt herein; lass das Volk von dir, dass sie hin in die Dörfer gehen und sich Speise kaufen." Aber Jesus sprach zu ihnen: Es ist nicht not, dass sie hingehen; gebt ihr ihnen zu essen. Sie sprachen: „Wir haben hier nichts als fünf Brote und zwei Fische." Und er sprach: „Bringt mir sie her." Und er hieß das Volk sich lagern auf das Gras und nahm die fünf Brote und die zwei Fische, sah auf gen Himmel und dankte und brach's und gab die Brote den Jüngern, und die Jünger gaben sie dem Volk. Und sie aßen alle und wurden satt und hoben auf, was übrigblieb von Brocken, zwölf Körbe voll. Die aber gegessen hatten, waren bei fünftausend Mann, ohne die Frauen und Kinder. (Matthäus 14, 13-21)

Niemand flickt ein altes Kleid mit einem Lappen von neuem Tuch; denn der Lappen reißt doch wieder vom Kleid, und der Riss wird ärger. Man füllt auch nicht jungen Wein in alte Schläuche; sonst zerreißen die Schläuche und der Wein wird verschüttet, und die Schläuche kommen um. Sondern man füllt jungen Wein in neue Schläuche, so werden sie beide miteinander erhalten. (Matthäus 9, 16-17)

Lektion: **Das Prinzip der Fülle;
das Prinzip der Nichtanhaftung**

Jesus hat gesagt: „Ich bin gekommen, dass sie das Leben und volle Genüge haben sollen." (Johannes 10, 10) Das Prinzip der Fülle besagt, dass das Universum von Natur aus großzügig ausgestattet ist und dass seine Fülle für jeden zugänglich ist, der gelernt hat, wie man sie mit Dankbarkeit empfängt. Die Fülle des eigenen Lebens entspringt letztendlich dieser endlosen erneuerbaren Quelle der reinsten, absoluten und göttlichen energetischen Ordnung – dem Christus-Selbst im Innern. Die Gegenwart des Christus-Selbst ist die endgültige Versicherung der unerschöpflichen energetischen Versorgung, die für die Aufrechterhaltung ewigen Lebens erforderlich ist. Selbst jetzt ist das Christus-Selbst, das dem Geist vorausgeht, eine Energiequelle, zu der wir Zugang haben, um die ätherische Vitalität zu erneuern, die den physischen Körper energetisch auflädt.

Ätherische Vitalität, die Energie des Ätherkörpers, ist gemäß Daskalos unser „täglich Brot".[50] Ätherische Energie kann von so unterschiedlichen Quellen wie Nahrung, Wasser, Sonnenlicht und meditativer Visualisation bezogen werden. Mentale Techniken gehören zu den wirkungsvollsten, da der ätherische Körper im Wesentlichen „kondensierter Geist" ist, der auf einer bestimmten Frequenz vibriert. Jesus hat die Fülle dieser unsichtbaren Quelle universeller Energie durch die scheinbar wundersame Speisung von fünftausend Menschen unter Beweis gestellt. Auch heutzutage sind einige spirituelle Meister, wie berichtet wird, dazu fähig, physische Substanzen zu materialisieren oder zu dematerialisieren, indem sie bewusst mit ätherischer Energie und gemäß den Prinzipien der Naturgesetze arbeiten.

Auch wenn nur wenige von uns gelernt haben, sich auf derart anspruchsvolle und direkte Weise Zugang zu universellen Energien zu verschaffen, ist es dennoch nicht erforderlich, im Zustand des Mangels zu verharren, der einen so großen Teil unseres Massenbewusstseins durchdringt. Um die Fülle zu empfangen, die Jesus versprochen hat, müssen wir erst lernen, was Empfangen eigentlich bedeutet. Wirklich empfangen heißt etwas aus einem Gefühl der Dankbarkeit in das eigene Sein integrieren, statt sich aus einem Gefühl der süchtigen Bedürftigkeit darauf zu stürzen. Empfangen mit Dankbarkeit vergrößert die Kapazität, um noch mehr zu empfangen, wie Jesus es im Gleichnis von den Zentnern ausgedrückt hat: „Denn wer da hat, dem wird gegeben werden, und er wird die Fülle haben." (Matthäus 25, 29)

Das Prinzip der Fülle ist eng verbunden mit dem Prinzip der Nichtanhaftung, in dem zum Ausdruck kommt, dass man nichts festhalten darf, wenn man das Leben in seiner Ganzheit erfahren will. Jesus verlangte von seinen Jüngern: „Umsonst habt ihr's empfangen, umsonst gebt es auch." (Matthäus 10, 8) Man kann nicht geben, was man nicht hat. Reichlich zu geben und nichts festzuhalten lässt auf ein Gefühl der Fülle schließen. Wenn man Geben und Empfangen richtig versteht, dann sind sie einander wie Spiegelbilder, ebenso wie Fülle und Nichtanhaftung zwei Ausdruckformen des einen grundlegenden Prinzips sind. Um wahrhaftig zu geben, muss man wahrhaftig empfangen, und umgekehrt. Geben und Empfangen setzt einen ununterbrochenen Energiefluss voraus: in die Person hinein und aus ihr hinaus. Eine Blockade in einer der beiden Richtungen verhindert die Erfahrung von Fülle.

Das Gleichnis vom neuen Tuch auf einem alten Kleid zeigt das Problem, das entsteht, wenn das Prinzip des Nichtanhaftens missachtet wird. Wenn man sich an ein altes Kleid hängt und es mit neuem Tuch flickt, dann geht der neue Stoff ein und macht das alte Kleid sogar noch schlechter. Wenn man an alten Weinschläuchen festhält und neuen Wein hineingießt, dann zerreißen die Schläuche und der Wein wie die Schläuche sind verloren. Ein Gefühl von Mangel wird paradoxerweise noch verstärkt, wenn man an einer Sache festhält, die ihren Zweck bereits erfüllt und keinen Nutzen mehr hat, ob es sich dabei um eine Beziehung, einen Arbeitsplatz oder ein Dogma handelt. Es kommt immer ein Augenblick, da es gilt loszulassen und weiterzugehen, sowohl auf der individuellen wie auf der kollektiven Ebene.

Voranschreitendes Wissen in der Gesellschaft macht Veränderungen im Erziehungssystem erforderlich. Der spirituelle Fortschritt einer Gesellschaft muss eine korrespondierende Erweiterung der religiösen Definitionen und Formen nach sich ziehen, um diesem Fortschritt auch weiterhin Rechnung zu tragen und ihn weiter zu stimulieren. Das Fehlen der erforderlichen Anpassungen der Formen und Glaubenssysteme oder der „Weinschläuche" unserer Institutionen schwächt sowohl die Institutionen als auch ihre Missionen. Es ist bedauerlich, wenn die in Traditionen verborgene Wahrheit durch unbedachten Traditionalismus geschwächt und die Wahrheit der Heiligen Schrift durch das Festhalten an rigiden, dogmatischen Interpretationen aus einer anderen Zeit verwässert wird, die keinen vernünftigen Zweck mehr erfüllen.

Diskussion

Das isolierte Selbst erfährt seine Abspaltung in der Illusion von Mangel − Zeit-, Raum-, Energie-, Gütermangel − und klammert sich schützend an das Wenige, was es zu besitzen meint. Es verbarrikadiert und isoliert sich selbst, um seine gefährdeten Ressourcen zu bewahren, lernt, mit einem Minimum auszukommen, und zieht sich in die Sicherheit mentaler Aktivität zurück. Diese Art des Rückzugs kann eine bestimmte Bandbreite der Objektivität und der Perspektive im isolierten Selbst fördern, doch leider zu dem Preis, im Hinblick auf die Beeinflussung der Welt mit seinem Wissen machtlos zu sein und das Leben nicht ganz und gar ausschöpfen zu können. Die Lösung dieses Problems besteht darin, eine neuerliche Verbindung mit den eigenen vernachlässigten physischen und emotionalen Teilen aufzunehmen und dann die Freude zu entdecken, die das Teilen der Fülle des Lebens mit anderen schenkt. Das in der Transformation befindliche isolierte Selbst nimmt sich den folgenden Rat Jesu zu Herzen:

Ihr seid das Licht der Welt. Es kann die Stadt, die auf einem Berge liegt, nicht verborgen sein. Man zündet auch nicht ein Licht an und setzt es unter einen Scheffel, sondern auf einen Leuchter; so leuchtet es allen, die im Hause sind. So soll euer Licht leuchten vor den Leuten, dass sie eure guten Werke sehen und euren Vater im Himmel preisen. (Matthäus 5, 14-16)

Daskalos beschreibt Gottes Wesen als göttliche Weisheit, göttliche Macht und göttliche Liebe. Während der „Zivilisierte" dazu neigt, göttlicher Weisheit nachzustreben, zeigen sich die eingeborenen Völker der Welt eher von der Erfahrung göttlicher Macht angezogen. Das Wort *wakan* in der Sprache der Ogalalla-Sioux Nordamerikas bedeutet „heilig", impliziert jedoch „Macht" und wird manchmal sogar direkt als Macht übersetzt. *Wakan-Tanka* ist der Große Geist.[51] Jene, die im direkten Einflussbereich der elementaren Kräfte der Natur leben, wissen allgemein die Heiligkeit des Lebens in der Natur zu schätzen. Ihre heiligen Traditionen betonen die Harmonie in der Natur, würdigen ihre Gaben und das Empfangen von „täglichem Brot" von ihr in einem Geist der Dankbarkeit und des Respekts. Rituale sind so beschaffen, dass sie ein körperlich spürbares Gefühl des Heiligen beschwören und Macht aufbauen.

Inipi, der Reinigungsritus der Ogalalla-Sioux, ist allgemein als die „Schwitzhüttenzeremonie" bekannt. Schwarzer Elch beschreibt den Sinn dieses bekannten Rituals:

Der Ritus des *onikare* – der Schwitzhütte – benützt alle Mächte des Weltalls: Die Erde und was aus ihr sprießt, Wasser, Feuer und Luft. Das Wasser stellt die Donner-Wesen dar, die schreckenerregend daherkommen, aber Gutes bringen; denn der Dampf, der aus dem Felsen kommt, in denen Feuer ist, jagt Grauen ein, aber er läutert uns und erlaubt uns so, nach dem Willen von *Wakan-Tanka* zu leben. Der Große Geist kann uns sogar eine Vision senden, wenn wir sehr rein werden. Wenn wir das Wasser in der Schwitzhütte benützen, sollen wir an *Wakan-Tanka* denken, der ewig fließt und Seine Macht und Sein Leben allem mitteilt; wir sollten sogar wie Wasser sein, das schwächer ist als alle Dinge und dennoch stärker als selbst der Fels...
Diese Riten des *inipi* sind sehr mächtig und werden vor jeder großen Unternehmung ausgeführt, für die wir uns rein machen wollen oder für die wir Kraft zu gewinnen wünschen; vor vielen Wintern machten unsere Männer – und oft auch die Frauen – das *inipi* sogar täglich und zuweilen mehrmals an einem Tag; ein großer Teil unserer Kraft ist uns daraus zugeflossen.[52]

Die einheimischen Heiler bei den erfinderischen Völkern der Erde sind als Schamanen bekannt. Während sich die Form ihrer Arbeit beträchtlich von einer Region zur nächsten oder von einem Land zum nächsten unterscheidet, ist ihre grundlegende Herangehensweise an das

Heilen überall gleich. Typischerweise heilt der Schamane, indem er, während er sich in einem veränderten, oft ekstatischen Bewusstseinszustand befindet, ätherische „Machtstörungen" beseitigt. Dabei kann der Schamane, während er in diesem Zustand ist, fremde Geschöpfe und Entitäten real sehen; jedoch würde jemand, dessen Bewussteinszustand dem Normalen, „Rationalen", entspricht, diese Kreaturen als Unsinn oder Fantasie abtun. Der Anthropologe Michael Harner bezeichnet diesen veränderten Zustand als „schamanischen Bewusstseinszustand". Eine tiefe emotionale Verbindung zwischen Heiler und Patient, begleitet von einem starken Verpflichtungsgefühl zu heilen, sind weitere Schlüsselkomponenten effektiver schamanischer Heilung.[53]

Wie der folgende Abschnitt zeigt, wollte Jesus anscheinend, dass seine Jünger schamanische Heilkräfte als Teil ihrer spirituellen Mission entwickeln:

Und er rief seine zwölf Jünger zu sich und gab ihnen Vollmacht über die unsauberen Geister, dass sie die austrieben und heilten alle Krankheit und alle Gebrechen... Diese zwölf sandte Jesus, gebot ihnen und sprach:... geht hin zu den verlorenen Schafen aus dem Hause Israel. Geht aber und predigt und sprecht: Das Himmelreich ist nahe herbeigekommen. Macht Kranke gesund, weckt Tote auf, reinigt Aussätzige, treibt böse Geister aus. (Matthäus 10, 1, 5-8)

Die Persönlichkeiten, die sich im Transformationsprozess des isolierten Selbst befinden, werden vielleicht nie Schamanen, noch nehmen sie an Ritualen nordamerikanischer Indianer teil. Doch das Bewusstsein schamanischen Heilens und heilige Traditionen von Ureinwohnern können ihnen wirkungsvoll den Weg weisen, um von ihrem abgelösten Geisteszustand zur Fülle des Lebens zurückzufinden. Ohne irgendetwas verbergen oder festhalten zu müssen, haben an nichts gebundene Magier die Macht, das Licht ihres Wissens und ihrer Erfahrungen mit der Welt zu teilen, damit andere ihre guten Werke sehen und den Vater im Himmel lobpreisen.

Transformation, Expansion und Regression

Wenn das isolierte Selbst in den Magier umgewandelt wird, bewegt es sich in Richtung auf seine Kerntugend der Nichtanhaftung. Es entwickelt Selbstvertrauen und wird fähig, ohne Furcht zu handeln und starke Führungskapazitäten zu entwickeln. Es ist fähig, das Leben wahrzunehmen, ohne sich aus der jeweiligen Erfahrung zurückzuziehen. Die Yang-Expansion bringt bewussten Selbstausdruck mit sich, Führerschaft, einfallsreiches Handeln und die Fähigkeit, das Leben zu feiern und mit anderen zu teilen. Die Yin-Expansion hat eine starke Anbindung an die Gefühle, die Wahrnehmung der Fülle, das Suchen nach Nähe und die Erfahrung von Wahrheit als körperliche Empfindung zur Folge.

Das isolierte Selbst regrediert tiefer in seinen Schatten, wenn es sich der Transformation verweigert. Es wird impulsiv und zerstreut, macht wiederholt Fehler und kann leicht von seinen Zielen abgelenkt werden.

Abgetrenntes Selbst
Das isolierte Selbst
Transformationsprinzipien
Prinzip der Fülle
Prinzip der Nichtanhaftung
Authentisches Selbst
Der Magier

Übung für das isolierte Selbst:
„Unser täglich Brot gib uns heute"

Schließe deine Augen. Atme tief ein und aus. Stelle dir vor, dass du in einen wunderschönen Garten gelangst. Dort befindet sich ein herrlicher Tempel in der Form eines weißen Kuppelbaus. Wenn du ihn betrittst, fühle dich von Frieden und Ruhe umgeben. In der Mitte des kreisrunden Raums befindet sich ein goldgelbes Feuer auf einem Altar.

Blicke hinunter auf deine Energiehände und erschaffe eine feurige, goldene, sonnengleiche Kugel zwischen deinen Händen, in deren Mitte sich ein wunderschöner Kelch abzeichnet. Blicke in den Kelch und bitte darum, dass die Energie aus Licht und Liebe hundertfach zu dir zurückkehren möge, wenn du den Kelch in der goldenen Kugel nun in die goldgelben Flammen gibst. Nachdem du den Kelch zurückerhalten hast, wiederhole den Vorgang noch mehrmals und empfange und sieh wieder die Fülle der bedingungslosen Liebe des Christus für dich.

Anmerkung: Daskalos hat einmal gesagt, dass ein Elemental oft nur die Größe eines Stecknadelkopfs hat und dass es, wenn es auf positive Weise (d.h. als positiver Gedankenwunsch) in die Mitte des spirituellen Auges gehalten wird, Dynamik und Macht entfaltet, um sich zu manifestieren. Doch sofern es sich nicht hingegeben hat, kann es die Gaben Gottes nicht erlangen. Wünscht man sich etwas, an das man sich selbst klammert, so beraubt man es seiner Chance, gepflanzt zu werden und zu wachsen.

DER MAGIER

„Gib uns heute unser tägliches Brot"

PRINZIP DER FÜLLE
PRINZIP DER NICHTANHAFTUNG

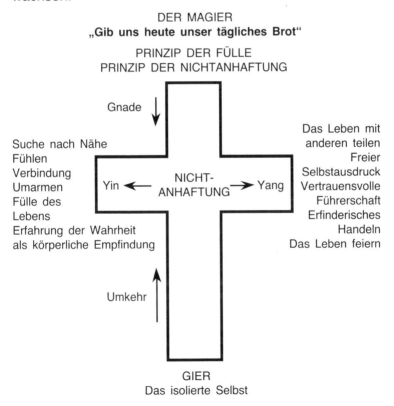

Gnade

Suche nach Nähe
Fühlen
Verbindung
Umarmen
Fülle des
Lebens
Erfahrung der Wahrheit
als körperliche Empfindung

Yin ← NICHT-ANHAFTUNG → Yang

Das Leben mit
anderen teilen
Freier
Selbstausdruck
Vertrauensvolle
Führerschaft
Erfinderisches
Handeln
Das Leben feiern

Umkehr

GIER
Das isolierte Selbst

HEILUNG DES SCHATTENS „ANGST"

Persönlichkeitsausdruck des verlorenen Sohns:
Das zweifelnde Selbst

Anweisung: „Vergib uns unsere Schuld, wie wir vergeben unsern Schuldigern."

Beispiel: Jesu Salbung durch die Sünderin

Es bat ihn aber der Pharisäer einer, dass er mit ihm
äße. Und er ging hinein in des Pharisäers Haus und
setzte sich zu Tisch. Und siehe, eine Frau war in der
Stadt, die war eine Sünderin. Da sie vernahm, dass er
zu Tisch saß in des Pharisäers Haus, brachte sie ein
Glas mit Salbe, trat hinten zu seinen Füßen, weinte und
fing an, seine Füße zu netzen mit ihren Tränen und mit
den Haaren ihres Hauptes zu trocknen; sie küsste seine
Füße und salbte sie. Da aber das der Pharisäer sah,
der ihn geladen hatte, sprach er bei sich selbst und
sagte: Wenn dieser ein Prophet wäre, so wüsste er, wer
und welch eine Frau das ist, die ihn anrührt; denn sie
ist eine Sünderin. Jesus antwortete und sprach zu ihm:
Simon, ich habe dir etwas zu sagen. Er aber sprach:
Meister sag an.

Es hatte ein Gläubiger zwei Schuldner. Einer war
fünfhundert Silbergroschen schuldig, der andere fünf-
zig. Da sie aber nichts hatten zu bezahlen, schenkte
er's beiden. Sage an, welcher unter denen wird ihn am
meisten lieben? Simon antwortete und sprach: Ich

denke, dem er am meisten geschenkt hat. Er aber sprach zu ihm: Du hast recht geurteilt. Und er wandte sich zu der Frau und sprach zu Simon: Siehst du dies Weib? Ich bin gekommen in dein Haus; du hast mir keine Wasser gegeben für meine Füße; diese aber hat meine Füße mit Tränen genetzt und mit den Haaren ihres Hauptes getrocknet. Du hast mir keinen Kuss gegeben; diese aber, nachdem ich hereingekommen bin, hat nicht abgelassen, meine Füße zu küssen. Du hast mein Haupt nicht mit Öl gesalbt; sie aber hat meine Füße mit Salbe eingerieben. Deshalb sage ich dir; ihr sind viele Sünden vergeben, darum hat sie mir viel Liebe erzeigt; wem aber wenig vergeben wird, der liebt wenig. Und er sprach zu ihr: Dir sind deine Sünden vergeben... Dein Glauben hat dir geholfen; gehe hin in Frieden! (Lukas 7, 36-48, 50)

Lektion: **Das Prinzip der Barmherzigkeit Gottes**

In den ältesten jüdischen Traditionen wurde Jahwe vor allem als strenger Gott der Gerechtigkeit gesehen, der eine strikte Befolgung der Gesetze, die das jüdische Leben regulierten, verlangte. Jesus machte sich in Übereinstimmung mit der Lehre späterer Propheten, wie etwa Jesaja, daran einen Gott zu offenbaren, dessen vorrangige Attribute Liebe und Barmherzigkeit sind. Die vorangegangene bewegende Geschichte ist ein gutes Beispiel für diese göttliche Qualität des Erbarmens, die Jesus sichtbar machte. Gleichermaßen ist die höchste Urteilskraft in uns allen als Individuen ein Ausdruck der Barmherzigkeit und nicht der Verurteilung.

Göttliche Barmherzigkeit könnte als angewandte Liebe verstanden werden, als jene Einstellung, die hinter göttlicher Vergebung steht. Oft wird sie als der Zeitabstand zwischen der Überschreitung eines göttlichen Prinzips und den Folgen dieser Überschreitung erfahren. Dieser Zeitabstand gibt einem die Gelegenheit, durch Reue oder *metanoia* die „karmische Schuld" in den Augen Gottes ganz und gar zu löschen. Wirkliche Reue entsteht aus Liebe und nicht aus der Angst vor Strafe. Die Tiefe der Versicherung, dass einem durch Gottes unendliche Barmherzigkeit vergeben wurde, verhält sich proportional zu dem Ausmaß, mit dem man selbst seinen „Schuldigern" vergeben hat. Diese Fähigkeit, göttliche Vergebung zu akzeptieren sowie anderen zu vergeben, ist ein authentisches Maß für die Liebe im eigenen Herzen.

Diskussion

Angst ist letztendlich die Quelle aller Unfähigkeit zu vergeben. Das zweifelnde Selbst ist davon überzeugt, dass die Bedrohung durch Vernichtung überall lauert. Diese perverse Angst ist ein direktes Hindernis der Vergebung, weil sie die Fähigkeit blockiert, das Licht Christi in anderen zu sehen und mit ihm zu verschmelzen. Das ist der Grund, warum Vergebung für das zweifelnde Selbst eine so große Herausforderung darstellt. Tapferkeit, die Kerntugend des in der Transformation begriffenen zweifelnden Selbst ist ein Maß der Übereinstimmung und des Grads der eigenen Vergebung, der eigenen

Fähigkeit, andere im Rahmen unteilbarer Ganzheit statt abgetrennt wahrzunehmen. Der Apostel Johannes sagte: „Die vollkommene Liebe treibt die Furcht aus." (1. Johannes 4, 18) Guru Nanak hatte eine transzendente Erfahrung göttlicher und vollkommener Liebe, die alle in der Religion begründete Angst auf eine grundlegende Weise aus seinem Herzen vertrieb. Nanak wurde 1469 in der Punjab-Region im Nordwesten Indiens in eine hinduistische Familie hineingeboren. Zum damaligen Zeitpunkt hatten moslemische Invasoren die Kontrolle über den Punjab, und die Feindschaft zwischen den Hindus und Moslems war groß. Um das Jahr 1500 verschwand Nanak auf mysteriöse Weise während eines Bades im Fluss. Als er nach drei Tagen wieder auftauchte, sagte er: „Da Gott weder Hindu noch Moslem ist, wessen Pfad soll ich also folgen? Ich werde Gottes Pfad folgen. Gott ist weder Hindu noch Moslem, und der Pfad, dem ich folge, ist der Gottes."[54] Er erklärte, dass er während seiner dreitägigen Abwesenheit an Gottes Hof geführt worden war, wo man ihm einen Becher Nektar gegeben und ihm gesagt hatte:

Dies ist der Becher der Verehrung des Namens Gottes. Trinke daraus. Ich bin bei dir. Ich segne dich und erhebe dich. Wer immer deiner gedenkt, wird sich meines Wohlwollens erfreuen. Geh, erfreue dich meines Namens und lehre andere, dies ebenfalls zu tun. Möge dies deine Berufung sein.[55]

Die Sikhs (wörtlich: Schüler) sind Anhänger von Guru Nanaks göttlicher Offenbarung. Der Sikhismus entwickelte sich als theologische Synthese aus Hinduismus und Islam. Ihre Gemeinschaft nahm unter der Führung von zehn aufeinanderfolgenden Gurus Form an und war im Lauf der Geschichte immer wieder heftigen Angriffen ausgesetzt. Der zehnte Guru, Gobind Singh, begründete den Khalsa oder den reinen Orden für jene, die bereit waren, ihr Leben dem Glauben zu widmen. Alle kleideten sich aus symbolischen Gründen und zum Zweck des Schutzes auf eine bestimmte Weise. Lange Haare schützten den Kopf und stimmten mit der Vorstellung der Yogis überein, dass ungeschnittene Haare die Vitalität erhalten. Ein Kamm symbolisierte Sauberkeit und Ordnung. Ein eiserner Armreif diente als kleiner Schutzschild, während er zugleich seinen Träger symbolisch an Gott „kettete" und ihn daran erinnerte, dass seine Hände immer im Dienst Gottes tätig sein sollten. Unterhosen bedeuteten, dass man immer zum Handeln gekleidet und bereit war. Der Dolch, ursprünglich für die Selbstverteidigung erforderlich, stand für Wildheit, die für den Kampf um die Wahrheit heraufbeschworen wird. Zugleich übertrug Gobind Singh seinen Namen Singh, der wörtlich Löwe bedeutet, auf alle Mitglieder des Ordens.[56]

Das hervorragende Merkmal des Sikhismus, der Mut des Löwen, hatte seinen Ursprung in der vollkommenen Versöhnlichkeit von Guru Nanaks heiliger Vision. Der außergewöhnliche Synkretismus oder die religiöse Synthese von Hinduismus und Islam, zwei bitteren Rivalen, war der theologische Ausdruck dieser Vision. Noch immer verteidigen die zahlenmäßig stark unterlegenen Nachkommen dieses loyalen, mit dem Herzen eines Löwen ausgestatteten Guru Nanak die edle Wahrheit: „Gott ist weder Hindu noch Moslem, und der Pfad, dem ich folge, ist der Pfad Gottes."

Transformation, Expansion und Regression

Wenn das zweifelnde Selbst in den Verteidiger der Wahrheit transformiert ist, bewegt es sich auf die Kerntugend der Tapferheit zu, wird anpassungsfähig, intuitiv und entwickelt Selbstvertrauen; es gleitet mit Glauben und Vertrauen durch unbekannte Lebenssituationen. Es akzeptiert und unterstützt andere, inbesondere Schwächere. Die Yang-Expansion bringt die Fähigkeit mit sich, anderen zu vertrauen, ihre Andersartigkeit zu bejahen und sie zu ermutigen und zu stärken, sie selbst zu sein und die Dinge in die Hand zu nehmen. Die Yin-Expansion zielt auf Toleranz, Optimismus, Selbstvertrauen, Verzicht auf Rechtfertigung und Vertrauen zu sich selbst ab.

Wenn das zweifelnde Selbst die Transformation verweigert, wird es noch ängstlicher, entwickelt Unterlegenheitsgefühle und ist der Angst und Besorgnis ausgeliefert, während ihm die eigenen authentischen Gefühle entgehen. Es übt Vergeltung und bestraft andere, von denen es meint, verletzt worden zu sein.

Abgetrenntes Selbst
Das zweifelnde Selbst
Transformationsprinzip
Prinzip der Barmherzigkeit Gottes
Authentisches Selbst
Verteidiger der Wahrheit

Übung für das zweifelnde Selbst:
„Und vergib uns unsere Schuld,
wie auch wir vergeben unseren Schuldigern."

Schließe die Augen und atme tief. Reise in deiner Fantasie in einen wunderschönen Garten. Dort, im Zentrum des Gartens, steht ein Lichttempel. Sobald du den Tempel betrittst, wirst du von deinem Schutzengel begrüßt, der dich auffordert, Platz zu nehmen. Ein Filmvorführgerät zeigt Szenen aus deinem Leben mit Menschen und Situationen, in denen dir vermeintlich Unrecht geschehen ist und die du den betreffenden Personen nicht vergeben hast. Dann wird dir ein anderer Film gezeigt, in dem du der Aggressor warst, andere verletzt und ihnen die Schuld gegeben hast.

Stelle dir vor, dass – wenn der Film vorüber ist – die Menschen, die dir Unrecht zugefügt haben und denen du nicht vergeben hast, auf der Bühne stehen. Das Christus-Selbst tritt an deine Seite und bietet dir einen Stein an, den du werfen kannst. Es sagt zu dir: „Hat irgendeiner unter euch nicht gesündigt? Wähle die Macht der Vergebung und nimm Abstand von deinem Hass und deiner Angst."

Dann siehst du dich selbst auf der Bühne stehen, während jene, denen du etwas angetan hast, im Zuschauerraum sitzen. Werde zu deinem liebenden Selbst, lass deine Beschuldigungen los und empfange das Licht der Vergebung.

VERTEIDIGER DER WAHRHEIT
„Und vergib uns unsere Schuld,
wie auch wir vergeben unseren Schuldigern."

PRINZIP DER BARMHERZIGKEIT GOTTES

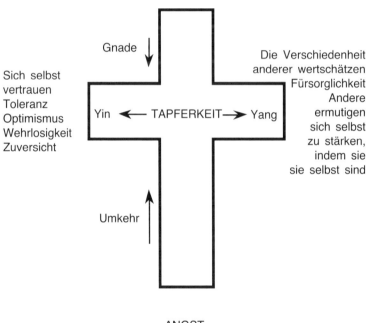

Gnade

Sich selbst
vertrauen
Toleranz
Optimismus
Wehrlosigkeit
Zuversicht

Yin ← TAPFERKEIT → Yang

Die Verschiedenheit
anderer wertschätzen
Fürsorglichkeit
Andere
ermutigen
sich selbst
zu stärken,
indem sie
sie selbst sind

Umkehr

ANGST
Das zweifelnde Selbst

HEILUNG DES SCHATTENS „MASSLOSIGKEIT"

Persönlichkeitsausdruck des verlorenen Sohns:
Das vergnügungsuchende Selbst

Anweisung: „Und führe uns nicht in Versuchung, sondern erlöse uns von dem Übel."

Beispiele: Gleichnis vom verlorenen Sohn (siehe Kap. 4); Gleichnis vom barmherzigen Samariter

Es war ein Mensch, der ging von Jerusalem hinab nach Jericho und fiel unter die Räuber; die zogen ihn aus und schlugen ihn und gingen davon und ließen ihn halbtot liegen. Es begab sich aber von ungefähr, dass ein Priester dieselbe Straße hinabzog; und da er ihn sah, ging er vorüber. Desgleichen auch ein Levit; da er kam zu der Stätte und sah ihn, ging er vorüber. Ein Samariter aber, der auf der Reise war, kam dahin; und da er ihn sah, jammerte es ihn; er ging zu ihm, goß Öl und Wein auf seine Wunden und verband sie ihm und hob ihn auf sein Tier und führte ihn in eine Herberge und pflegte ihn. Des andern Tages nahm er zwei Silbergroschen und gab sie dem Wirt und sprach zu ihm: Pflege ihn, und was es dich mehr kostet, will ich dir bezahlen, wenn ich wiederkomme. (Lukas 10, 30-5)

Lektion: **Das Prinzip der Einsatzbereitschaft und des richtigen Handelns**

Das Gleichnis vom verlorenen Sohn wurde bereits im vorangegangenen Kapitel besprochen, da es von allgemeiner Gültigkeit ist. Doch dient es zugleich auch als Beispiel für obige Anweisung aus dem Vaterunser. Der verlorene Sohn, der sich vom Verlangen nach physischen Vergnügungen in Versuchung geführt und gefangen fühlte, stellte fest, dass diese ihm nur Leiden und Desillusionierung einbrachten. Wie so viele von uns entdeckte er den Wert von Besonnenheit in Reaktion auf den Schmerz, den seine Maßlosigkeit in ihm zutage gefördert hatte. Seine nüchterne Sicht der Wirklicheit („da ging er in sich") zeigt sich anhand seiner Entscheidung, zu seinem Vater zurückzukehren und als niedriger Knecht für ihn zu arbeiten. Diese schwierige Entscheidung richtete ihn fest auf das Prinzip der Verpflichtung und des richtigen Handelns aus. Dieses Prinzip besagt, dass unsere eigene ständige Wahl und richtiges Handeln entscheidend sind für unseren spirituellen Fortschritt oder die „Erlösung von dem Übel". Gott erlöst uns nicht durch Zauberei von dem Übel, das wir selbst geschaffen haben. Der göttliche Geist wird uns jedoch unbeirrbar den richtigen Weg zurück zu wahrem Glück zeigen, wenn wir bereit sind, die erforderliche heilige Arbeit zu tun – Tag um Tag, Woche um Woche, Jahr um Jahr.

Das Gleichnis vom barmherzigen Samariter erzählt die Geschichte eines Mannes, der nach dem Prinzip des Mitgefühls und des richtigen Handelns lebt. Der Priester und der Levit, die vor ihm des Weges kamen, waren nicht bereit, dem Mitmenschen in Not zu helfen. Vielleicht waren sie zu sehr mit den Erfordernissen des Gesetzes beschäftigt, hatten zuviel „Wichtigeres" zu tun oder ließen sich von dem Menschen, der verletzt am Wegesrand lag, einfach nicht berühren. Der Samariter hingegen fühlte sich seinem Dienst der Liebe uneingeschränkt verpflichtet und brachte seine Arbeit zu Ende. Sein Handeln ging weit über jede soziale oder sogar religiöse Verpflichtungen hinaus. Auch hier zeigt sich, dass höchstes moralisches Verhalten folgt, wenn man spontan und hingebungsvoll den Impulsen der Liebe folgt.

Diskussion

Das vergnügungssüchtige Selbst, das sich immerzu Sorgen macht, dass ihm etwas entgehen könnte, verschwendet seine Energie da und dort in seiner sinnlosen Suche nach Befriedigung und Selbstbestätigung. Es fällt diesem Persönlichkeitstyp schwer, eine dauerhafte Verpflichtung im Hinblick auf Wahrheit einzugehen, weil er aufgrund seiner Abtrennung das Wesen der Wahrheit nicht begreift. Möglicherweise ist er davon überzeugt, dass Wahrheit den Verzicht auf Vergnügen verlangt oder langweilig ist. Wenn der Schmerz zielloser Vergnügungssucht das vergnügungsuchende Selbst schließlich dazu veranlasst, sich der Wirklichkeit zu stellen und nach besseren Möglichkeiten zu suchen, macht es interessante Entdeckungen: Die Wahrheit ist unendlich faszinierend; sie ist einzigartig, radikal und widersteht oft konventioneller Weisheit. Heilige Arbeit ist eine Quelle fortgesetzter

Freude sowohl für einen selbst wie für andere. Nüchternheit bringt nicht Langeweile mit sich, sondern vielmehr das Vergnügen, ganz und gar lebendig zu sein. Verantwortung und Verpflichtung führen nicht zu einer Art Einkerkerung, sondern zur höchsten Form von Freiheit. Erst wenn man das Verlangen nach physischen Vergnügungen loslässt, wird wahrhaftige Freude in jeder Dimension des Lebens, auch auf der physischen, überhaupt erst möglich.

Buddhas Dharma oder Weg der Wahrheit konzentriert sich vor allem darauf, dazu beizutragen, dass die universelle Erfahrung des Leidens endet. Der Buddha spricht vertraut mit dem vergnügungssüchtigen Selbst, dessen direkter Weg zurück zur Liebe Leiden mit sich bringt als Folge des Versuchs, dem Leid zu entfliehen. In den nachfolgenden Aussagen betont Buddha die Notwendigkeit von Initiative und engagiertem Handeln, um die „Erlösung von dem Übel" und die Vereinigung mit Gott zu erreichen:

Wenn dieser Fluss... voll des Wassers wäre... und ein Mann, der auf der anderen Seite etwas zu erledigen hat,... auf dieser Seite stünde, und das andere Ufer anriefe und spräche: „Komm herüber, o anderes Ufer! komm zu dieser Seite."
Nun, was meinst du? Würde das andere Ufer... wegen dieses Mannes Anrufen und Beten, Hoffen und Lobpreisen auf diese Seite herüberkommen?
... Auf genau die gleiche Weise... halten es die Brahmanen (Priesterkaste): Während sie die Ausübung jener Praktiken unterlassen, die einen Menschen edel machen, und jene Qualitäten ausüben, welche die

Leute unedel machen, sagen sie: „Indra, wir rufen dich an... Brahma, wir rufen dich an!" (Der Gedanke, dass) sie, weil sie anrufen und beten, hoffen und lobpreisen, nach dem Tod... mit Brahma (Gott) vereinigt würden – wahrlich, so können sich die Dinge in keiner Weise zutragen.[57]

Die vierte der Vier Edlen Wahrheiten des Buddhismus weist den Weg, der zur Aufhebung des Leidens und auf die andere Seite des Flusses führt. Diese vierte Wahrheit ist der „Achtfache Pfad" rechter Erkenntnis, rechten Entschlusses, rechter Rede, rechten Handelns, rechten Lebensunterhalts, rechter Anstrengung, rechter Achtsamkeit und rechter Sammlung.

Die Inder haben Freude an Geschichten über ungewöhnliches Verhalten von Heiligen und Weisen, deren Verpflichtung zu richtigem Handeln um dieses richtigen Handelns willen kompromisslos ist. Ein Beispiel dieses „heiligen Wahnsinns" ist die Geschichte eines Yogi, der, als er in der Meditation saß, einen Skorpion in den Ganges fallen sah. Er fischte ihn heraus, nur um sich dann von ihm stechen lassen zu müssen. Der Skorpion fiel erneut in den Fluss, der Yogi wollte ihn retten und musste sich ein zweites Mal stechen lassen. Diese Abfolge wiederholte sich noch zweimal. Schließlich fragte ein Beobachter den Yogi: „Warum gibst du es nicht auf, diesem Skorpion zu helfen, wenn seine einzige Dankesbezeugung doch darin besteht, dass er dich sticht?" Der Yogi antwortete: „Es liegt in der Natur des Skorpions zu stechen. Und es liegt in der Natur des Yogi, anderen zu helfen, wenn er kann."[58]

Das in der Transformation begriffene vergnügung-suchende Selbst, das die schwierige Verpflichtung einge-gangen ist, dem Weg der Wahrheit und Nüchternheit zu folgen, wird zum Meister des richtigen Handelns und zum Prediger der Freude. Es interessiert sich nicht für Äuße-res und ist nur selten zu selbstgerechtem Verhalten oder leerem Ritualismus zu verleiten. Wenn das Eingehen ei-ner radikalen Verpflichtung das vergnügungssüchtige Selbst zum „göttlichen Narren" macht, dann nimmt es dies in Kauf. Besser als irgendjemand sonst versteht dieser „heimliche Philosoph" die folgenden Worte des Paulus: „Denn die göttliche Torheit ist weiser, als es die Men-schen sind." (1. Korinther 1, 25)

Transformation, Expansion und Regression

Die Transformation des vergnügungsuchenden Selbst in den göttlichen Narren ist auf seine Kerntugend Einsatzbereitschaft ausgerichtet. Es lernt, sich einer Handlungsweise und der Konzentration auf eine einzige Richtung zu widmen. Es vergräbt sich tief in Aktivitäten, statt nur an der Oberfläche zu bleiben. Es findet Sinn darin, mit anderen in Freude zu teilen. Es wird konse-quent in Absicht und Richtung. Die Yang-Expansion führt zur Verpflichtung auf ein stetiges Handeln im Sinne hei-liger Arbeit und zur Erweiterung der eigenen Möglichkei-ten im Rahmen beharrlicher Konzentration. Die Yin-Ex-pansion hat zielgerichtete Aufmerksamkeit, Nüchternheit und die Annahme des eigenen Schattens zur Folge.

Das vergnügungssüchtige Selbst regrediert tiefer in seinen Schatten Maßlosigkeit, wenn es sich auf seine

Schattenseite hin orientiert. Dadurch wird es vorwurfsvoll und kontrollierend. Es versucht, verstreute Energie durch obsessives Denken und zwanghaftes Handeln zu verankern.

Abgetrenntes Selbst
Das vergnügungsuchende Selbst
Transformationsprinzip
Prinzip der Einsatzbereitschaft
und des richtigen Handelns
Authentisches Selbst
Der göttliche Narr

Übung für das vergnügungsuchende Selbst:
„Und führe uns nicht in Versuchung, sondern erlöse uns von dem Übel."

Schließe deine Augen, atme tief ein und aus! Stelle dir vor, dass dein Schutzengel dich zum Marktplatz deiner Wünsche führt. All deine unersättlichen Fantasien und Leidenschaften sind am Straßenrand aufgereiht wie Händler, die ihre Waren verkaufen. Die Straße ist mit goldenen Stufen eingefasst und am anderen Ende des Markts steht eine leuchtende Gestalt mit ausgebreiteten Armen.

Während du auf dieses Licht zugehst, achte darauf, welcher der Vergnügungshändler dich dazu verleitet, stehenzubleiben und deine engagierte Ausrichtung auf dein Ziel und deinen Zweck aus den Augen zu verlieren. Wenn du das Gefühl hast, steckengeblieben oder vom Weg abgekommen zu sein, frage

dich, was von deinem Verlangen dich geködert hat und warum du deinem Verlangen größere Bedeutung zugebilligt hast als deinem wahren Selbst – deinem Geist-Ego-Selbst. Lass es zu, dass dein Schutzengel dir hilft, bis du die strahlende Gestalt am Ende des Wegs erreichst. Wer ist sie? Natürlich dein Geist-Ego-Selbst, der Christus in dir! Verschmelze freudig mit dieser Liebe.

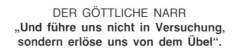

DER GÖTTLICHE NARR
„Und führe uns nicht in Versuchung,
sondern erlöse uns von dem Übel".

PRINZIP DER EINSATZBEREITSCHAFT
UND DES RICHTIGEN HANDELNS

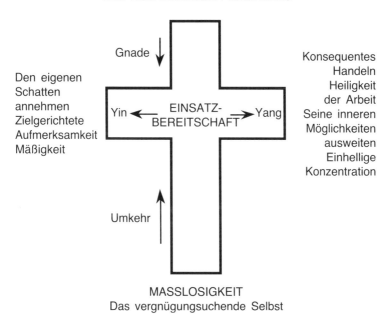

MASSLOSIGKEIT
Das vergnügungsuchende Selbst

217

HEILUNG DES SCHATTENS „LUST"

Persönlichkeitsausdruck des verlorenen Sohns:
Das kontrollierende Selbst

Anweisung: „Denn dein ist das Reich und die Kraft und die Herrlichkeit in Ewigkeit."

Beispiele: Reinigung des Tempels; Gleichnis vom Unkraut

Und sie kamen nach Jerusalem. Und Jesus ging in den Tempel und fing an die Verkäufer und Käufer im Tempel auszutreiben; die Tische der Wechsler und die Stühle der Taubenkrämer stieß er um und ließ nicht zu, dass jemand etwas durch den Tempel trüge. Und er lehrte und sprach zu ihnen: Steht nicht geschrieben: „Mein Haus soll heißen ein Bethaus allen Völkern?" Ihr aber habt eine Räuberhöhle daraus gemacht. Und es kam vor die Hohenpriester und Schriftgelehrten, und sie trachteten, wie sie ihn umbrächten. Denn sie fürchteten sich vor ihm; denn alles Volk war erstaunt über seine Lehre. (Markus 11, 15-18)

Das Himmelreich ist gleich einem Menschen, der guten Samen auf seinen Acker säte. Da aber die Leute schliefen, kam sein Feind und säte Unkraut zwischen den Weizen und ging davon. Als aber die Saat wuchs und Frucht brachte, da fand sich auch das Unkraut. Da traten die Knechte zu dem Hausvater und sprachen:

Herr, hast du nicht guten Samen auf deinen Acker gesät? Woher hat er denn das Unkraut? Er sprach zu ihnen: Das hat ein Feind getan. Da sprachen die Knechte: Willst du denn, dass wir hingehen und es ausjäten? Er sprach: Nein! Auf dass ihr nicht zugleich den Weizen mit ausrauft, wenn ihr das Unkraut ausjätet. Lasst beides miteinander wachsen bis zur Ernte; und um der Ernte Zeit will ich zu den Schnittern sagen: Sammelt zuvor das Unkraut und bindet es in Bündel, dass man es verbrenne; aber den Weizen sammelt mir in meine Scheune...

Da ließ Jesus das Volk von sich und kam heim. Und seine Jünger traten zu ihm und sprachen: Deute uns das Gleichnis vom Unkraut auf dem Acker. Er antwortete und sprach zu ihnen: Des Menschen Sohn ist's, der den guten Samen sät. Der Acker ist die Welt. Der gute Same sind die Kinder des Reichs. Das Unkraut sind die Kinder der Bosheit. Der Feind, der es sät, ist der Teufel. Die Ernte ist das Ende der Welt. Die Schnitter sind die Engel. Gleichwie man nun das Unkraut sammelt und mit Feuer verbrennt, so wird's auch am Ende dieser Welt gehen. Des Menschen Sohn wird seine Engel senden, und sie werden aus seinem Reich alle sammeln, die Ärgernis geben und die da Unrecht tun, und werden sie in den Feuerofen werfen; da wird Heulen und Zähneklappern sein. Dann werden die Gerechten leuchten wie die Sonne in ihres Vaters Reich. Wer Ohren hat, der höre! (Matthäus 13, 24-30 und 36-43)

Lektion: **Das Prinzip der auszugleichenden Gegensätze; das Prinzip der Hingabe**

Das Leben und die Lehren Jesu stellen eine ebenso großartige Lektion in Bezug auf göttliche Macht wie auf göttliche Weisheit und Liebe dar. Jene, die sich auf sentimentale Weise von einem Bild Jesu als dem „Sanftmütigen und Duldsamen" leiten lassen, haben meist den Blick auf die Tatsache verloren, dass Jesus „unter Haien schwamm", die sich während des größten Teils seines öffentlichen Wirkens seinen Tod zum Ziel gesetzt hatten. Bedauerlicherweise entstammten diese „Haie" größtenteils den Reihen der damaligen religiösen Elite, wenn auch die römische Regierung Jesus ebenfalls scharf im Auge behielt, um sicher zu gehen, dass er keine Bedrohung für ihren Machtanspruch darstellte.

Jesus hätte in dieser feindseligen Umgebung nicht so wirkungsvoll agieren können, wenn er nicht über ein waches Gespür für die schwankenden Machteinflüsse in seiner Umgebung und über die Fähigkeit verfügt hätte, sein Handeln rasch und intuitiv und dennoch ehrlich zu verändern, um diesen zu begegnen. Unachtsamkeit gegenüber den Autoritäten, selbst eine einzige unbesonnene Konfrontation hätte seine gesamte seelsorgerische Arbeit ruiniert. Hätte er sich andererseits einschüchtern lassen, dann wären die Sprossen seiner spirituellen Arbeit sofort vom „Feld voller Unkraut" erstickt worden.

Das absolute Vertrauen von Jesus in die Macht des Allmächtigen in ihm machte es für ihn nicht erforderlich, Kontrolle über seine Umgebung auszuüben oder sich zum

Schutz seiner Person mit seinen Gegnern auf einen Kampf einzulassen. Seine göttliche Zuversicht war die Quelle seiner echten Unschuld, die sich manchmal in der Sanftheit eines Lamms manifestierte. Doch unter den erforderlichen Umständen konnte Jesus ebenso leicht und natürlich seine innere Stärke offen zeigen. Die Geschichte von der Reinigung des Tempels ist hierfür vielleicht das beste Beispiel. In einem spontanen Ausbruch des Unwillens gegenüber der gierigen Schacherei im Jerusalemer Tempel am Tag des Passahfestes setzte Jesus die Menschen durch eine offene physische Konfrontation mit seinen Feinden im Zentrum ihrer Welt in Erstaunen. In der gleichen Woche hielt er seine Predigt im Tempel, zu der auch die denkwürdige Anprangerung gehörte: „Weh euch, Schriftgelehrte und Pharisäer, ihr Heuchler!" (Matthäus 23, 13)

Auch wenn Jesus unendlich lang und unversehrt unter seinen Feinden, diesem „Unkraut", hätte lehren und leben können, sein Werk war fast vollendet und es war an der Zeit für ihn, zum Vater zurückzukehren. Er entschied sich, seine Arbeit mit einer überwältigenden Demonstration spiritueller Macht abzuschließen: In der Unschuld göttlicher Zuversicht ließ er es zu, dass sein Körper als „Lamm Gottes" gekreuzigt wurde, und stand dann von den Toten auf, um das ewige und unverletzbare Wesen unseres wahren Lebens als Söhne und Töchter Gottes unter Beweis zu stellen.

Zu diesem Zeitpunkt spiritueller Ernte wurde die Arbeit Jesu und seiner Jünger, der „Weizen", von den Bemühungen seiner Gegner, dem „Unkraut", getrennt. Die „Kinder der Bosheit" (Egoismus) wurden von den „Engeln" (ihren eigenen Seelen) in den „Feuerofen" (das Leiden einer unbewussten Lebensweise) geworfen, um einen weiteren Versuch zu unternehmen, in der Schule des Lebens Bewusstsein zu erlangen. Die Anhänger Jesu, die zur Liebe erwacht waren, leuchteten „wie die Sonne in ihres Vaters Reich", als sie auszogen „in alle Welt und predigten das Evangelium aller Kreatur". (Markus 16, 15) Trotz der Fehler einiger ihrer religiösen Führer, blieb der Judaismus selbst im Römischen Reich auch weiterhin eine mächtige spirituelle Kraft, auch noch nachdem Jerusalem 70 nach Christus an Titus gefallen und der Tempel zerstört worden war.[59]

Auch wir können es nicht zulassen, dass Tugenden und „unsaubere Geister" in unserer Persönlichkeit immer weiter nebeneinander funktionieren. Schlussendlich müssen die „unsauberen Geister" oder muss das „Unkraut" in unserer Psyche von den Feuern des göttlichen Geistes verzehrt werden, während die entsprechenden Tugenden aufsteigen, um zu „leuchten wie die Sonne".

Das Gleichnis vom Unkraut und Jesu eigenes Vorbild stellten eine wichtige und universelle Lektion über das Wesen der Macht dar und wie man sie weise ausübt. Das Prinzip der auszugleichenden Gegensätze besagt, dass nichts in der Schöpfung getrennt von seinem Gegensatz oder dem, „das nicht ist", existiert. „Hoch" hat nur Bedeutung in seiner Beziehung zu „tief", „groß" nur in seiner Beziehung zu „klein", Lachen in Relation zu Weinen und so fort. Zwischen den beiden Polaritäten gibt es außerdem eine mittlere oder neutrale Zone. Die Welt der Form ist eine Welt der Relativität, das heißt der Beziehungen zwischen unterschiedlichen Äußerungen des *einen* göttlichen Geistes. Das Prinzip der auszugleichenden Gegensätze ist in seiner Essenz die Anwendung des Prinzips des unteilbaren Ganzen auf die Welt der Form, ein Ausdruck der Universalität im Universum.

Macht ist ein primäres, universales Prinzip, das in den Welten von Zeit und Raum verschiedene Ausdrucksformen annimmt. Es hat eine aktive oder Yang-Dimension, die Jesus in der Reinigung des Tempels und in seiner Anprangerung der Schriftgelehrten und Pharisäer demonstrierte. Andererseits besitzt es eine nachgebende oder Yin-Dimension, die Jesus zur Erfüllung seiner eigenen Lebensaufgabe ausdrückte, als er seine Verhaftung und seine Kreuzigung zuließ. Zwischen beiden Extremen gibt es eine neutrale Position oder ein „Machtgleichgewicht" zwischen den Polen, aus dem heraus man in dem Bewusstsein handelt, dass man von der Macht, die einen umgibt, beeinflusst wird, ihr aber weder nachgibt, noch ihr aktiv seinerseits Macht entgegensetzt. Die Lehre Jesu in Form von Gleichnissen war ein Beispiel für eine solche neutrale Position, in der er weder dem Druck seiner Feinde nachgab, noch sich ihnen direkt in seinen Lehren entgegenstellte. Macht weise und wirkungsvoll anzuwenden setzt voraus, dass man sich auf seine Quelle im Innern bezieht und dann in allen Dimensionen ihres Ausdrucks und unter der Führung des Geistes „leicht" wird.

Das Prinzip der Hingabe besagt: Je größer die Anstrengung ist, mit der eine Person oder Situation kontrolliert wird, desto weniger effektiv ist sie. Alles, was in der Welt eine wirkliche Veränderung wert ist, kann durch die Führung und Unterstützung des göttlichen Geistes erreicht werden. Unabhängig von der eingebrachten Menge an Zeit und Energie werden die eigenen Bemühungen von einem Gefühl der Leichtigkeit getragen, wenn sie sich in Übereinstimmung mit dem göttlichen Geist befinden. Je größer hingegen das Gefühl von Anstrengung ist, desto wahrscheinlicher ist es, dass die Anstrengung durch die derzeitige Persönlichkeit getrennt vom göttlichen Geist erfolgt. Die abgetrennte Persönlichkeit, die versucht, das zu bekommen, was sie möchte, muss sich hingegen allein auf ihr eigenes Reservoir an physischer und ätherischer Energie stützen. Je dringender sie ihrer Umgebung ein illusionäres Programm der Abtrennung aufzwingen will, desto mehr Widerstand bringt die Umgebung meist auf, um das Gleichgewicht zu halten. Schließlich ist die Persönlichkeit erschöpft. Die Welt hat den Untergang vieler Diktaturen durch diesen Prozess erlebt.

Jesus in seiner Ausrichtung auf das Prinzip der Hingabe veränderte den Lauf der Menschheitsgeschichte innerhalb weniger Jahre. Er führte einen Lebensstil, wie er einfacher nicht denkbar ist, und berief sich einzig und allein auf die Autorität Gottes. Seine Feinde, die sich nicht in Übereinstimmung mit diesem Gesetz befanden, stellten fest, dass ihnen ihr tatsächlicher Einfluss auf das Volk um so schneller entglitt, je mehr sie versuchten, Jesus zu widerstehen und ihre Kontrolle aufrecht zu erhalten. Als es ihnen schließlich gelang, ihre schwindenden Kräfte zu sammeln, um ihn von der römischen Regierung töten zu lassen, da stand er von den Toten auf und ihre Missgeschicke brachen in erbärmlichem Scheitern zusammen. Am Ende hatten sie nichts gerettet und kehrten mit Jammern und Zähneknirschen zu ihren unterbewussten Illusionen zurück.

Diskussion

Das abgetrennte kontrollierende Selbst glaubt, dass es die Welt, die es umgibt, besiegen, beherrschen und aufzehren muss, um seine Gefühle der Verletzbarkeit zu kompensieren. Es ist wütend über seine verlorene Unschuld und sein Bedürfnis, alles dominieren zu müssen, um sich sicher fühlen zu können. Je größer sein Bemühen um Kontrolle ist, desto mehr Widerstand bringt die Umgebung auf. Sein Leben wird zu einem aussichtslosen Kampf. Versagen und Zurückweisung sind schließlich die Folge dieser Verwechslung von Schwäche mit Stärke.

Das in der Transformation befindliche kontrollierende Selbst findet wahre Macht und Schutz in Gott und lernt dann, sich unschuldig und klug seiner höheren Macht zu unterwerfen. Nachdem es losgelassen und sich Gott überlassen hat, lebt es in Leichtigkeit, Einfachheit und Sicherheit und übermittelt die Gnade und den Schutz wohltätiger Führung an seine Umgebung.

Der Prophet Mohammed hatte einiges zu sagen über „das Reich und die Kraft und die Herrlichkeit" Gottes. Er lehrte die absolute Unterwerfung unter Allah (wörtlich: der Gott). Das Wort „Islam" lässt sich tatsächlich am besten mit Unterwerfung (unter Allah) übersetzen. Seinem eigenen Bericht zufolge wurde diesem des Lesens und Schreibens unkundigen Propheten das heilige Buch des Islam, der Koran, vom Erzengel Gabriel diktiert. Über einen Zeitraum von dreiundzwanzig Jahren empfing er in

Saudi-Arabien insgesamt hundertvierzehn Kapitel oder Suren.[60] Der Anfang der ersten Sure, der im Folgenden wiedergegeben ist, ermahnt die Gläubigen, den geraden Weg in Hingabe zu Allah zu gehen:

> Im Namen Allahs, des Allbarmherzigen! Lob und Preis sei Allah, dem Herrn aller Weltenbewohner, dem gnädigen Allerbarmer, der am Tage des Gerichtes herrscht. Dir allein wollen wir dienen, und zu dir allein flehen wir um Beistand. Führe uns den rechten Weg, den Weg derer, welche sich deiner Gnade freuen – und nicht den Pfad jener, über die du zürnst oder die in die Irre gehen![61]

Die folgende Passage aus dem Koran rühmt das Wesen Gottes:

> Alles, was in den Himmeln und auf Erden ist, verherrlicht Gott. Er ist der Allmächtige, der Allwissende. Ihm gehört das Königreich der Himmel und der Erde. Er gibt Leben und er gibt Tod und er besitzt Allmacht über alle Dinge. Er ist der Erste und der Letzte, das Manifestierte und das Verborgene und besitzt Wissen über alle Dinge. Er ist es, der die Himmel und die Erde in sechs Tagen geschaffen und dann den Thron bestiegen hat. Er weiß alles, was die Erde durchdringt und was aus ihr hervorkommt, was vom Himmel herabkommt und was hinaufsteigt. Er ist bei dir, wo immer du bist. Gott kennt dich. Sein ist das Königreich der Himmel und der Erde und zu ihm kehren alle Dinge zurück. Er befiehlt der Nacht, dem Tag zu weichen, und dem Tag, der Nacht zu weichen, und er kennt das Tiefstinnere des Herzens.[62]

Transformation, Expansion und Regression

Wenn sich das kontrollierende Selbst in den wohltätigen Führer wandelt, ist es auf seine Kerntugend, sich dem höheren Willen zu ergeben, ausgerichtet. Es wird vertrauensvoll, mitfühlend, unterstützt andere und ist offen, Liebe unkontrolliert zu geben und zu empfangen. Es fängt an, Weichheit und Einfühlungsvermögen als Stärken zu werten, und wird verletzlich, um Liebe und Freundlichkeit auszudrücken. Die Yang-Expansion resultiert im richtigen Einsatz des Willens, starker Liebe, weiser Machtprojektion und bewusster Führerschaft beim Dienen. Die Yin-Expansion bringt die Fähigkeit, intelligent nachzugeben und Unschuld, Verletzbarkeit, Sanftheit und Weichheit anzunehmen.

Wenn sich das kontrollierende Selbst der Transformation entzieht, regrediert es tiefer in seinen Schatten Wollust. Es wird misstrauisch, isoliert sich und hält Gefühle zurück. Es kontrolliert seinen Bereich auf unnachgiebige Weise. Es empfindet Einsamkeit und offene Feindseligkeit gegenüber jedermann.

Abgetrenntes Selbst
Das kontrollierende Selbst

Transformationsprinzipien
Prinzip der auszugleichenden Gegensätze
Prinzip der Hingabe

Authentisches Selbst
Der wohltätige Führer

Übung für das kontrollierende Selbst:
„Denn Dein ist das Reich und die Kraft und die Herrlichkeit in Ewigkeit."

Schließe deine Augen und atme tief ein und aus! Gestatte es deinem Schutzengel, dich in den spirituellen Garten in deinem Herzen zu führen. Stelle dir vor, wie er dich entlang eines Pfads in ein Heiligtum geleitet. Rufe dort das Christus-Selbst und erlaube ihm, zu dir zu kommen. Spüre seine Liebe, seine Gegenwart und Weisheit. Fühle seine vollkommene Ausgeglichenheit und seine Heilenergie.

Stelle ihm die folgenden Fragen: „Was kontrolliere ich in meinem Leben, das ich loslassen muss, damit ich inneren Frieden finden und mich von Anstrengung und Konflikten befreien kann? Was muss ich aufgeben, um meinen nächsten spirituellen Schritt zu tun und um Liebe auf umfassendere Weise kennenzulernen?"

Wenn du bereit bist, die betreffende Situation, Einstellung oder das Problem in dir loszulassen, biete es deinem Christus-Selbst an und vertraue ihm dabei von ganzem Herzen, dass es dich davon befreien kann. Empfange seine Liebe und Unterstützung als Ersatz für die Last, die du ihm überlassen hast.

Der WOHLTÄTIGE FÜHRER

„Denn dein ist das Reich und die Kraft und die Herrlichkeit"

PRINZIP DER AUSZUGLEICHENDEN GEGENSÄTZE
PRINZIP DER HINGABE

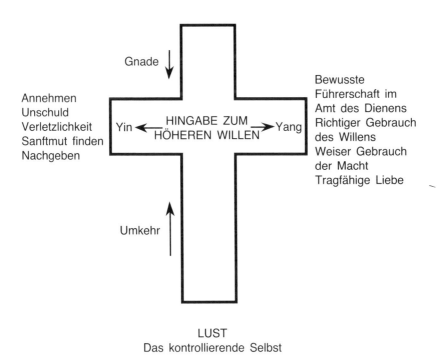

Gnade

Annehmen
Unschuld
Verletzlichkeit
Sanftmut finden
Nachgeben

Yin ← HINGABE ZUM HÖHEREN WILLEN → Yang

Bewusste
Führerschaft im
Amt des Dienens
Richtiger Gebrauch
des Willens
Weiser Gebrauch
der Macht
Tragfähige Liebe

Umkehr

LUST
Das kontrollierende Selbst

229

Die Arbeit mit Elementalen im täglichen Leben

Daskalos fragte Nick Demetry einmal: „Betrachtest du dich als Griechen oder als Amerikaner?" Nick antwortete, dass er sich nicht sicher sei. Daskalos entgegnete seinerseits, dass er sich selbst für einen Menschen halte. Obwohl sich die meisten spirituellen Traditionen auf die Kontemplation über Gott, auf Meditation und die Anhebung des Bewusstseins konzentrieren, haben wir Übungen gewählt, die uns von negativen Elementalen der menschlichen Persönlichkeit lösen und den natürlichen Fluss spiritueller Energien durch jede Ebene des eigenen Seins möglich machen.

Sri Hari Poonjaji, der in der Tradition des Ramana Maharshi steht, sagt: „Erleuchtung ist einfach; wir müssen nur aus dem Weg gehen." Gemäß Poonjaji sind unsere Wünsche und unsere Identifikation mit der Welt die Quelle des Leidens; sie blockieren unsere Selbsterkenntnis. Poonjaji beschreibt ausdrucksvoll den Erleuchtungsprozess mit dem Bild einer Person, die durch einen dichten Wald geht, der langsam verbrennt. So wie die Bäume nacheinander in Brand geraten, so verbrennt auch jeder Wunsch in uns, der uns den Blick auf die Erkenntnis unseres Selbst verstellt. Die Bäume verbrennen weiter, bis nur noch ein einziger übrig ist; er ist das Verlangen nach der Freiheit selbst. Auch diesen Wunsch müssen wir verbrennen.

Spirituelle Wege werden manchmal als Förderung von Weltflucht, Absonderung und dem Wunsch empfunden, sich von den gegenwärtigen Bedingungen zu befreien. Daher haben wir Übungen ausgewählt, die dem Schüler helfen, die Assoziation von jenen Elementalen zu lösen, die den Betreffenden vom spirituellen Licht im Innern abschirmen. Dann kann sich dieses Licht auf natürliche Weise aus der einfachen Intention, ihm entgegenzuwachsen, entfalten.

Zahlreiche Meister haben gelehrt, dass die Herausforderung nicht darin besteht, etwas zu lernen, sondern dass wir die gewohnten Bahnen des Denkens, Fühlens und Handelns unserer Persönlichkeit verlernen müssen, weil sie den natürlichen Fluss des Geistes blockieren. Als Daskalos einmal nach Übungen zur Entwicklung paranormaler Fähigkeiten gefragt wurde, antwortete er: „Sei geduldig, denn indem sich dein Bewusstsein durch die Reinigung deiner Persönlichkeit entwickelt, werden sich diese Fähigkeiten im Dienst der Liebe ganz von allein entfalten." Die „Austreibung der Dämonen" oder die energetische Entladung von Elementalen, die wir geschaffen haben, ist ein durchschlagender Weg, um sich diesem notwendigen Prozess des Verlernens zu nähern. „Trachtet erst nach dem Reich Gottes und nach seiner Gerechtigkeit, so wird euch solches alles zufallen." (Matthäus 6, 33)

Daskalos ermutigte seine Schüler, täglich Introspektionsübungen durchzuführen, um die Spiegel des Geistes und der Gefühle für spirituelles Wachstum und Entwicklung frei zu machen. Auf der Grundlage seiner Inspiration und unserer eigenen Erfahrungen bieten wir ein paar Übungen und Beobachtungen für die Anfänge der Arbeit mit Elementalen an.

Tägliche Introspektionsübung

✳ Halte jeden Abend einen Rückblick auf den Tag und finde problematische Erfahrungen heraus.

✳ Stelle dir die Frage: „Welches spirituelle Prinzip habe ich unbeachtet gelassen?"

✳ Frage: „Welche Wahl hätte ich treffen können, um mich auf die spirituellen Prinzipien auszurichten?"

✳ Entwirf die Erfahrung unter Berücksichtigung des unbeachteten Prinzips neu.

✳ Hole den geliebten Einen in deine Wahrnehmung und werde dein liebendes Selbst.

✳ Spiele die Erfahrung erneut in Übereinstimmung mit den spirituellen Prinzipien durch.

Indem du mit diesen Übungen arbeitest, wirst du mit der Zeit eine fortschreitende Loslösung von Elementalen erfahren. Dies geschieht in den folgenden Stufen:

1. Wenn du dich vollständig mit dem Elemental identifizierst, fühlst du dich darin gerechtfertigt zu kritisieren, Schuldzuweisungen zu machen und dich durch wiederkehrende Muster in deinem Leben als Opfer zu empfinden.

2. Du erkennst die Existenz des Elementals und die Tatsache, dass es sich durch dich zum Ausdruck bringt.

3. Du wirst dir dessen bewusst, wann das Elemental kommt, das heißt du erkennst seine Gegenwart, bevor es sich durch deine Gedanken, Gefühle und dein Verhalten ausdrückt. Dennoch fühlst du dich getrieben und kannst dem Elemental keinen Riegel vorschieben.

4. Du weißt, dass es kommt und wie es sich ins Spiel bringt; du weißt, dass du es tust, doch die Macht deines Beobachters ist größer. Du siehst dir dabei zu, wie du es tust, doch du kannst ihm nicht Einhalt gebieten. Diese Phase kann einige Zeit lang andauern.

5. Wie bei Nummer vier weißt du, dass es kommt, doch du durchläufst die Situation mit einer zusätzlichen Variablen. Du gibst der Situation einen anderen Rahmen. Zum Beispiel stellst du dir vor, du hast eine Auseinandersetzung mit deinem Vorgesetzten – ein wiederkehrendes Problem. Du spürst, wie es kommt, der gewohnte Ablauf beginnt sich abzuspulen, du beobachtest, wie sich in dir das Gefühl, ungerecht behandelt zu werden, ausbreitet, doch in dem Moment, in dem du die Tür zuschlägst, erkennst du, dass es nichts mit deinem Chef zu tun hat. Es liegt an dir! In diesem Augenblick des Erkennens trittst du zurück durch die Tür und antwortest aus deiner Wirklichkeit heraus so, wie du es in deinen abendlichen Übungen durchgespielt hast. Sobald du damit beginnst, manifestierst du ein positives Elemental und unterwirfst deinen Willen diesem statt dem negativen.

6. Wenn du spürst, dass es kommt, erkennst du, dass du die Wahl hast, es in die Tat umzusetzen oder nicht, und dass du über mehr Macht verfügst, um bei deiner eigenen Perspektive zu bleiben anstatt dich auf das negative Elemental und das entsprechende Verhalten einzulassen.

7. Wenn es sich präsentiert, fühlst du dich frei davon und kannst darüber lachen.

In der ostindischen Spiritualität entsprechen die ersten Schritte dem Spiel der Maya, der Illusion, dass dieses Geschehnis tatsächlich außerhalb von einem selbst stattfindet. In der nächsten Stufe, welche die Inder als Laya bezeichnen, werden äußere Wahrnehmungen als Projektionen innerer Zustände erkannt, und mit wachsendem Gewahrsein nimmt auch die Hinbewegung zum Ganzheitsbewusstsein zu. In traditionellen psychologischen Begriffen ausgedrückt, verlangt der Prozess, in dem eine Illusion als solche erkannt wird, zunächst einen Wechsel von Rechtfertigungen und Schuldzuweisungen hin zur Selbstverurteilung. Die Gefahr dieser Stufe, in der bereits ein geringes Maß an Selbstbeobachtung erreicht wurde, liegt in der Möglichkeit, Schuldgefühle und Negativität zu erzeugen und dort steckenzubleiben. Die abschließende Stufe ist die Stufe der Vergebung, in der man das, was man durchläuft, akzeptiert, ohne entweder sich selbst oder anderen die Schuld zu geben. Damit erreicht man Mitgefühl und erkennt, dass das Elemental wirklich transformiert und durch Liebe heimgeführt werden möchte.

Sei gewarnt: Diese Elementale verfügen über Auslösemechanismen, die du bei der Arbeit mit ihnen möglicherweise reaktivierst. Wenn ein Elemental zurückkehrt, um von deiner Energie zu profitieren, dann bleibt es im Allgemeinen in den Außenbereichen deines Energiefelds und wartet darauf, dass sich eine Tür zu einem Chakra mit korrespondierender Frequenz öffnet. Irgendein Schlüsselwort oder ein entsprechendes Verhalten einer anderen Person, die du auf deine eigene Sicherheit, eine Beziehung oder eine soziale Angelegenheit beziehst, öffnet die Tür; deine Verzweiflung darüber, was geschieht, verbraucht genug ätherische Vitalität, um dein Feld zu schwächen. Negative Elementale „jagen" nach solchen Schwächen, um den Einlass zu erzwingen. Analog argumentiert: Der menschliche Körper beherbergt zahlreiche Viren und Bakterien. Ihm kann jedoch nichts geschehen, solange das Immunsystem nicht durch irgendein stressauslösendes Moment geschwächt ist. Erst dann kann eine Krankheit zum Ausbruch kommen. Im Vaterunser sagte Jesus: „Und führe uns nicht in Versuchung, sondern erlöse uns von dem Übel." Es ist wahr; Besorgnis und emotionale Reaktionen verleiten uns, die Tür offenzulassen. Es ist wichtig zu erkennen, dass unsere Elementale von uns selbst geschaffen werden und vorrangig durch das Prinzip von Ursache und Wirkung funktionieren. Denken wir an das Gleichnis vom Sämann und daran, dass wir das ernten werden, was wir gesät haben.

Eine Visualisationsübung
zur Unterstützung der Introspektion

* Nimm eine bequeme Position ein.
* Schließe die Augen und atme tief ein und aus.
* Zentriere deine Aufmerksamkeit im Herzen.
* Stelle dir einen Spiegel vor, der vor dir steht und dich vollständig abbildet.
* Während du dich selbst im Spiegel betrachtest, suchst du in deiner Erinnerung eine Situation, die deinen Schatten veranschaulicht. Wenn es dir unmöglich ist, diesen Grundschatten herauszufinden, dann entdecke das

ursprüngliche Gefühl und die Gedanken, die in einer problematischen Situation aufkamen.

❋ Stelle dir vor, dass dieser elementare Schatten, in welcher auch immer gewählten Form, hinter dem Spiegel steht.

❋ Rufe ihn nach vorn, damit du ihn vollständig sehen und ihm in die Augen blicken kannst.

❋ Frage:
a) Auf welche Art sabotierst du mich und jene, die ich liebe?
b) Weshalb halte ich an dir fest?
c) Was lehrst du mich, indem ich leide?

❋ Sprich:
d) Ich brauche dich nicht länger.
e) Ich will dich nicht mehr als mich selbst betrachten.
f) Ich ziehe es vor, mein liebendes Selbst zu werden.

❋ Hülle den Schatten in Flammen des bernstein-goldenen Lichts ein und lass zu, das er verzehrt wird.

❋ Aus diesen Flammen lass dein geliebtes Selbst in einem Lichtschein dieses Bernsteinleuchtens emporsteigen!

❋ Empfange dieses Bild von dir in deinem Herzen, heiße es willkommen!

Die neun zuvor erteilten Transformationsmeditationen mögen hilfreich sein, die Kernfragen zu entdecken, auf die es ankommt und die ins Auge zu fassen sind.
Die obige Visualisationsübung als Introspektionshilfe kann in solchen Fällen als Heilungshilfe dienen.

Die beiden Introspektionsübungen können andererseits auch dazu beitragen, dass man intensiver mit einem abgetrennten Selbst arbeitet. Darum sollten alle die in diesem Kapitel gegebenen Übungen in natürlicher Verbindung untereinander benützt werden.

VI.

MEDITATIONEN FÜR DAS ERWECKEN DER LIEBE

Hinweise für die Meditationen

Die folgende Serie von neun Meditationen ergibt sich auf natürliche Weise aus den meditativen Übungen im vorausgehenden Kapitel. Sie sollen eine tiefere Heilung der Persönlichkeit durch eine stärkere innere Sammlung der Seele ermöglichen. Nacheinander werden die Chakren von hinderlichen Elementalen gereinigt, wodurch die Liebe sanft und natürlich in allen Chakren erweckt wird.

Diese Heilungs-Meditationen sind in verschiedenen Abwandlungen in Europa und in den Vereinigten Staaten verwendet worden und brachten unseren Seminarteilnehmern tiefe Einsichten und positive Veränderungen.

Wir schlagen vor, diese Meditationen am Morgen nach dem Aufstehen oder vor dem Schlafengehen durchzuführen. Der Text kann über eine CD aufgenommen werden oder ein Partner liest ihn laut vor. Hilfreich ist Entspannungsmusik im Hintergrund. Wir haben herausgefunden, dass die besten Wirkungen dann erreicht werden, wenn man jede Meditation eine längere Zeit praktiziert, etwa eine Woche oder länger, wobei man sie so oft wiederholt, wie es notwendig ist, um das Christus-Licht voll und ganz zu empfangen.

Die Meditationen können natürlich auch in der Gruppe praktiziert werden.

Man braucht sich keine Sorgen zu machen, wenn es einem schwerfällt, dem Meditationsverlauf in allen Teilen zu folgen. Zur Heilung kommt es, solange die Absicht besteht, der Meditation gegenüber einen offenen Geist zu haben. Wenn du die Heilungstempel betreten hast, kann es geschehen, dass es dich dazu hinzieht, einen anderen Weg zu gehen als den, den die Instruktionen vorgeben. Wenn dem so ist, dann akzeptiere diese Erfahrung.

Abschließend wünschen wir eine glückliche und erfüllte Reise nach Haus!

Meditation 1

Tägliche grundlegende Meditation für innere Stabilität und Schutz:

1. Suche dir eine bequeme Sitzposition, schließe die Augen, atme tief und natürlich. Entspanne deinen Körper.
2. Visualisiere einen Ball aus weißem Licht unter deinen Füßen. Während du atmest, visualisiere und fühle, wie das weiße Licht nach oben in deine Füße und weiter in deine Beine, deine Schenkel und deine Hüften steigt. Während du weiter atmest, fühle, wie das weiße Licht

heller und heller wird. Fühle, wie das Licht weiter hochsteigt in deinen Unterleib, deinen Bauch, weiter in deinen Brustkorb und dein Herz. Fühle, wie es sich über deine Schultern bewegt, abwärts zu deinen Armen und in deine Hände und Finger. Spüre und sieh, wie das Licht in deinen Hals steigt, in deinen Kopf und dein Gesicht.

3. Sieh hinab auf deine heilenden Hände aus Licht und auf den Boden vor dir. Erschaffe dort eine kreisrunde Scheibe aus weißem Licht, die ein Mehrfaches deiner Körpergröße misst, und auf dieser Scheibe errichte einen Dom aus weißem Licht. Das ist dein Heilungstempel zum Ausgleichen und Stabilisieren deiner Energien und deiner drei Körper.

4. Gehe nun in diesen Tempel hinein bis zur Mitte. Sieh an dir hinab und du wirst erkennen, dass du im Mittelpunkt eines gleichseitigen Kreuzes stehst.

5. Nun siehst du auf deiner rechten Seite eine Flamme aus rotem Licht, die sich zu deiner rechten Körperseite hin ausdehnt. Diese Flamme repräsentiert das Feuer-Element, die Wärme, den Stoffwechsel und die Heilkraft für deinen physischen Körper und den Willen. Atme die roten Lichtflammen ein und bitte darum, dass sie deinen Willen für deine Lebensreise stärken.

6. Nun richte deine Aufmerksamkeit auf deine linke Seite. Dort siehst du, wie eine violett-purpurne Lichtflamme sich hin zu deiner linken Körperseite bewegt. Dieses Licht repräsentiert das Luft-Element und die Heilkraft für deinen Geist und deine Gedanken. Atme die violett-purpurnen Lichtflammen ein und bitte darum, dass dein Geist und Verstand auf deiner Lebensreise in Klarheit, Harmonie und Ordnung gebracht werden.

7. Richte deine Aufmerksamkeit nun auf die Rückseite deines Körpers und fühle und sieh eine wunderschöne blaue Flamme heilenden Lichts, wie sie von hinten über dich fließt. Atme dieses Licht ein. Dieses blaue Licht repräsentiert das Wasser-Element und es ist die Heilkraft für deinen emotionalen Körper. Während du die blauen Flammen einatmest, bitte darum, dass dein emotionaler Körper und dein Herz gereinigt werden und dass du Freude und Mut für deine Lebensreise empfangen mögest.

8. Sieh nun direkt vor dir eine silberweiße Lichtflamme, die von vorn auf deinen Körper zuströmt. Diese symbolisiert die Kraft der Einheit, des Gleichgewichts und der harmonischen Ausrichtung deiner drei Körper. Atme diese Flammen silberweißen Lichts ein und bitte darum, dass Harmonie und Frieden auf deiner Lebensreise mit dir sein mögen.

9. Nun atme wieder bewusst und richte deine Aufmerksamkeit allmählich auf deinen Körper und spüre, wie du langsam von dieser Reise mit dem Licht zurückkehrst. Gib dem Licht in dir die Ehre und danke für die Heilung, die du erhalten hast. Löse mit deinen Lichthänden den Lichtdom auf, den du errichtet hast, und werde dir deiner Umgebung noch bewusster. Öffne sanft deine Augen. Nun bist du bereit, den Segen für diesen Tag zu empfangen!

Meditation 2

Tägliche grundlegende Meditation für spirituelle Erneuerung:

1. Suche dir eine bequeme Sitzposition. Schließe die Augen. Atme tief und natürlich. Entspanne deinen Körper.

2. Visualisiere einen Ball aus weißem Licht unter deinen Füßen. Während du atmest, visualisiere und fühle, wie das weiße Licht nach oben in deine Füße und weiter in deine Beine, deine Schenkel und deine Hüften steigt. Während du weiter atmest, fühle, wie das weiße Licht heller und heller wird. Fühle, wie das Licht weiter hochsteigt in deinen Unterleib, deinen Bauch, weiter in deinen Brustkorb und dein Herz. Fühle, wie es sich über deine Schultern bewegt, abwärts zu deinen Armen und in deine Hände und Finger. Spüre und sieh, wie das Licht in deinen Hals steigt, in deinen Kopf und dein Gesicht.

3. Visualisiere einen Pfad aus goldenem Licht, der durch einen Wald führt.

4. Gehe diesen Weg entlang, bis du an das Tor zu einem schönen Garten kommst.

5. Auf dem Tor siehst du einen rotgoldenen sechszackigen Stern mit einem Kreuz in der Mitte.

6. Lege deine Hände auf das Symbol und bitte, dass die Heilkraft dein Herz zur Liebe erweckt.

7. Gehe durch das Gartentor und betritt einen schönen Rosengarten. Betrachte die Schönheit, Harmonie und die Liebe, mit der sich die Natur hier zeigt. Habe Freude daran.

8. Irgendwo in dem Garten wirst du eine gold-strahlende feurige Flamme aus Licht in Gestalt der Sonne entdecken. Gehe auf dieses Licht zu. In ihrem Zentrum erscheint dein Christus-Selbst in einem goldenen Gewand aus Licht.

9. Gehe zu ihm, nimm seine Hände und schaue in seine Augen. Fühle seine göttliche Liebe und Demut. Höre, wie es zu dir die Worte sagt: „Komm in mein Herz, mein geliebtes Wesen."

10. Gehe in seinen strahlenden Lichtkörper hinein und schaue durch seine Augen.

11. Höre, wie es zu dir sagt: „Mein Licht ist dein Licht. Mein Körper ist dein Körper der Kraft und Handlung. Meine Augen sind deine Augen der Wahrheit und Vision. Mein Herz ist dein Herz der Liebe. Meine Hände sind deine heilenden Hände."

12. Erschaffe nun zwischen deinen Handflächen einen Ball aus goldenem Licht und spüre, wie er mit jedem Atemzug immer heller wird. Bringe jemanden, der deine Liebe braucht, in diesen Ball. Sieh ihn mit den Augen und der Liebe des Christus-Selbst. Visualisiere die Vollkommenheit seines physischen, emotionalen und mentalen Körpers. Bitte darum, dass ihn diese heilende Liebe erreicht und für sein höchstes Wohl und Wachstum, für seine spirituelle, mentale, emotionale und körperliche Entwicklung arbeitet.

13. Lass dann den Lichtball vergehen und erschaffe einen neuen Ball aus goldenem Licht und bringe dich selbst hinein. Sieh und fühle dieselbe Christus-Liebe wie zuvor und betrachte die Vollkommenheit deines physischen, emotionalen und mentalen Körpers. Bitte darum,

dass diese heilende Liebe dich berührt und mit dir für das höchste Wohl deines Seins wirkt, spirituell, mental, emotional und physisch. Führe diesen Lichtball in dein Herz. 14. Geh zurück durch den Rosengarten und durch das Tor. Sieh das Symbol des sechszackigen Sterns an dem Gartentor. Danke für die Heilung, die du erhalten hast. Ehre die Christus-Gegenwart in dir und in jedem menschlichen Wesen. Richte allmählich deine Aufmerksamkeit auf deinen physischen Körper, öffne sanft die Augen und kehre von der Heilmeditationsreise zurück.

Instruktionen für die Meditationen 3 bis 9:
Geistige Inventaraufnahme

I. Nimm ein Blatt Papier und ziehe drei senkrechte Striche, so dass du vier Spalten hast. In die linke Spalte trage folgende Kategorien ein:

1. Überleben (Wurzelchakra)
   a Geld
   b Heim
   c Besitztümer
   d Gesundheit
2. Beziehungen
   a Freundschaft
   b Partner, Sexualität
   c Kinder
   d Eltern
   e andere wichtige Leute

3. Arbeit / Karriere (Sonnengeflecht- / Solarplexus-chakra)
   a soziale Beziehungen
   b Jobsituation
   c Führungsrollen

4. Liebe und Verstehen (Herzchakra)
   a Gefühle (innen) / äußere Umstände
   b Dankbarkeit
   c Dienen

5. Kommunikation / Zuhören (Halschakra)

6. Geistige Vision und Ziele, Lebensweisheit, Vergebung (Drittes Auge, Augenbrauen / Stirnchakra)

7. Lebenszweck (Kronenchakra)

II. In die nächstfolgende Spalte schreibe zuoberst: **Vergangenheit** – alte Muster, Einstellungen, Gefühle und Zustände vergangener Jahre. Trage das dann für alle sieben aufgezählten Chakrenbereiche ein.

III. In die dritte Spalte schreibe zuoberst: **Gegenwart** – jetzige Muster, Einstellungen, Gefühle und Zustände. Trage auch die gegenwärtigen Muster für alle sieben Chakrenbereiche ein.

IV. In die Spalte ganz rechts schreibe zuoberst: **Zukunft.** Da hinein kannst du schreiben, was du in Zukunft erreichen willst – neue Muster, Einstellungen, Gefühle und Zustände, die deinem Leben in allen sieben Erfahrungsbereichen zugute kommen können.

Meditation 3
Heilung des Wurzelchakras

Den Selbstwert stärken und die Unsicherheit überwinden:

1. Suche dir eine bequeme Sitzposition. Schließe die Augen. Atme tief. Entspanne deinen Körper.
2. Visualisiere einen Ball aus weißem Licht unter deinen Füßen. Während du atmest, visualisiere und fühle, wie das weiße Licht nach oben in deine Füße und weiter in deine Beine, deine Schenkel und deine Hüften steigt. Während du weiter atmest, fühle, wie das weiße Licht heller und heller wird. Fühle, wie das Licht weiter hochsteigt in deinen Unterleib, deinen Bauch, weiter in deinen Brustkorb und dein Herz. Fühle, wie es sich über deine Schultern bewegt, abwärts zu deinen Armen und in deine Hände und Finger. Spüre und sieh, wie das Licht in deinen Hals steigt, in deinen Kopf und dein Gesicht.
3. Sieh hinab auf deine heilenden Hände aus Licht und auf den Boden vor dir. Erschaffe dort eine kreisrunde Scheibe aus weißem Licht, die ein Mehrfaches deiner Körpergröße misst. Und auf dieser Scheibe errichte einen weißen Dom. Das ist dein Heilungstempel zum Ausgleichen und Stabilisieren deiner Energien und deiner drei Körper.

4. Gehe nun in diesen Tempel hinein bis zur Mitte. Wenn du dort stehst, schaue an dir hinab und du wirst sehen, dass du im Mittelpunkt eines gleichseitigen Kreuzes stehst. 5. Nun siehst du auf deiner rechten Seite eine rote Flamme aus Licht, die auf die rechte Seite deines Körpers zuströmt. Diese Flamme repräsentiert das Feuer-Element, die Wärme, den Stoffwechsel und die Heilkraft für deinen physischen Körper und den Willen. Atme die roten Lichtflammen ein und bitte darum, dass sie deinen Willen für deine Lebensreise stärken. 6. Nun richte deine Aufmerksamkeit auf deine linke Seite. Dort siehst du, wie eine violett-purpurne Lichtflamme sich hin zu deiner linken Körperseite bewegt. Dieses Licht repräsentiert das Luft-Element und die Heilkraft für deinen Geist und deine Gedanken. Atme die violett-purpurnen Lichtflammen ein und bitte darum, dass dein Geist und Verstand auf deiner Lebensreise in Klarheit, Harmonie und Ordnung gebracht werden. 7. Richte deine Aufmerksamkeit auf die Rückseite deines Körpers, fühle und sieh eine wunderschöne blaue Flamme heilenden Lichts, wie sie von hinten über dich fließt. Diese blaue Lichtflamme repräsentiert das Wasser-Element und ist die Heilkraft für den emotionalen Körper. Während du die blauen Flammen einatmest, bitte darum, dass dein emotionaler Körper und dein Herz gereinigt werden und dass du Freude und Mut für deine Lebensreise empfangen mögest. 8. Sieh nun direkt vor dir eine silberweiße Lichtflamme, die von vorn auf deinen Körper zuströmt. Diese symbolisiert die Kraft der Einheit, des Gleichgewichts und

der harmonischen Ausrichtung deiner drei Körper. Atme diese Flammen silberweißen Lichts ein und bitte darum, dass Harmonie und Frieden auf deiner Lebensreise mit dir sein mögen.

9. Gehe nun durch die Rückseite des Doms in einen wunderschönen Rosengarten.

10. In diesem Garten wirst du einen Koffer finden, der alle deine gegenwärtigen Besitztümer, deine Bedingtheiten und Muster, Gedanken und Gefühle deines Wurzelchakras enthält, einschließlich aller Probleme mit Selbstachtung und Sich-unwert-Fühlen.

11. Lege dich auf den Rücken neben deinen Koffer. Schau in den Himmel über dir. Sieh wie ein wunderschöner Lichtstrahl aus dem Lichttempel deines Wurzelchakras direkt in den Rosengarten herunterkomnmt und sich mit deinem Wurzelchakra verbindet.

12. Stelle dir vor, wie du aus deinem Körper heraustrittst und wie du mit deinem Koffer in der Hand in den Strahl des heilenden Lichts aufsteigst. Fühle wie du dabei leichter und freier, freier und leichter wirst, den ganzen Weg zum Gartentor deines Wurzelzentrums.

13. Betritt den Garten dahinter und erkunde seine Schönheit. Irgendwo in dem Garten steht der heilende Lichttempel für dein Wurzelchakra. Geh zum Eingang dieses Tempels mit deinem Koffer in der Hand. Nun rufe deinen spirituellen Führer herbei, dass er an deine rechte Seite kommen möge, und rufe deinen Schutzengel an deine linke Seite. Verbinde dich mit ihren Energien durch dein Herz.

14. Bitte deinen spirituellen Führer und deinen Schutzengel, den Koffer zu öffnen und dir alle jene

Lebensumstände und Überzeugungen zu enthüllen, die in dir Gefühle von Unsicherheit, Wertlosigkeit und niederer Selbstachtung hervorrufen. Bitte darum, dass diese Gefühle auf eine große Filmleinwand projiziert werden, die rechts von dir entsteht. Bitte darum, dass dir die Ursprünge dieser Gefühle in deinem Leben oder in deinen Beziehungen aufgezeigt werden. Bleibe in deinem Herzen gesammelt und empfange die Bilder als Geschenk deines höheren Bewusstseins für deine Gesundung. Sammle diese Ereignisse, Situationen oder Überzeugungen, so dass sie vor dir liegen, und sage zu ihnen: „Ich bin nicht ihr, ihr seid nicht ich. Ich habe euch geschaffen, damit ich daraus lerne. Nun möchte ich frei von euch sein!"

15. Bitte deinen Schutzengel und spirituellen Führer, die Energien, die du in deinem Koffer trägst, in neue Energien und Umstände zu verwandeln, wie du sie für die nächste Strecke deiner Reise wirklich brauchst.

16. Kehre nun aus dem Garten deines Wurzelzentrums mit diesen verwandelten Energien zurück und komme in dem Strahl des heilenden Lichts hinab in den Rosengarten. Säe diese neuen Energien wie Samen und betrachte, wie die neuen Muster, Umstände und Haltungen heranwachsen.

17. Kehre durch den Domtempel zurück und danke für die göttliche Führung und den göttlichen Beistand, den du empfangen hast.

18. Atme nun wieder langsam, richte deine Aufmerksamkeit auf deinen Körper und fühle, wie du mit dem Licht von der Reise zurückkommst. Ehre das Licht in dir und danke für die empfangene Heilung. Löse mit deinen Lichthänden den Lichtdom auf und werde dir allmählich deiner

Umgebung bewusst. Öffne sanft die Augen. Nun bist du bereit, den Segen für den Tag zu empfangen!

Meditation 4
Heilung des Sakralchakras

Erwachende Liebe, Vergebung und Intimität:

1. Suche dir eine bequeme Sitzposition. Schließe die Augen. Atme tief. Entspanne deinen Körper.
2. Visualisiere einen Ball aus weißem Licht unter deinen Füßen. Während du atmest, visualisiere und fühle, wie das weiße Licht nach oben in deine Füße und weiter in deine Beine, deine Schenkel und deine Hüften steigt. Während du weiter atmest, fühle, wie das weiße Licht heller und heller wird. Fühle, wie das Licht weiter hochsteigt in deinen Unterleib, deinen Bauch, weiter in deinen Brustkorb und dein Herz. Fühle, wie es sich über deine Schultern bewegt, abwärts zu deinen Armen und in deine Hände und Finger. Spüre und sieh, wie das Licht in deinen Hals steigt, in deinen Kopf und dein Gesicht.
3. Sieh hinab auf deine heilenden Hände aus Licht und auf den Boden vor dir. Erschaffe dort eine kreisrunde Scheibe aus weißem Licht, die ein Mehrfaches deiner Körpergröße misst. Errichte auf dieser Scheibe einen weißen Dom. Das ist dein Heilungstempel zum Ausgleichen und Stabilisieren deiner Energien und deiner drei Körper.
4. Gehe nun in diesen Tempel hinein bis zur Mitte. Wenn du dort stehst, schaue an dir hinab und du wirst

sehen, dass du im Mittelpunkt eines gleichseitigen Kreuzes stehst.

5. Auf deiner rechten Seite strömt eine rote Flamme
aus Licht auf die rechte Seite deines Körpers zu. Diese
Flamme repräsentiert das Feuer-Element, die Wärme,
den Stoffwechsel und die Heilkraft für deinen physischen
Körper und den Willen. Atme die roten Lichtflammen ein
und bitte darum, dass sie deinen Willen für deine Lebensreise stärken.

6. Nun richte deine Aufmerksamkeit auf deine linke
Seite. Dort siehst du, wie eine violett-purpurne Lichtflamme sich zu deiner linken Körperseite hinbewegt. Dieses Licht repräsentiert das Luft-Element und die Heilkraft
für deinen Geist und deine Gedanken. Atme die violett-
purpurnen Lichtflammen ein und bitte darum, dass dein
Geist und Verstand auf deiner Lebensreise in Klarheit,
Harmonie und Ordnung gebracht werden.

7. Richte deine Aufmerksamkeit auf die Rückseite
deines Körpers und fühle und sieh eine schöne blaue
Flamme heilenden Lichts, wie sie von hinten über deinen
Körper fließt. Diese blaue Lichtflamme repräsentiert das
Wasser-Element und ist die Heilkraft für deinen emotionalen Körper. Während du die blauen Flammen einatmest,
bitte darum, dass dein emotionaler Körper und dein Herz
gereinigt werden und dass du Freude und Mut für deine
Lebensreise empfangen mögest.

8. Sieh nun direkt vor dir eine silberweiße Lichtflamme, die von vorn auf deinen Körper zuströmt. Diese
symbolisiert die Kraft der Einheit, des Gleichgewichts und
der harmonischen Ausrichtung deiner drei Körper. Atme
diese Flammen silberweißen Lichts ein und bitte darum,

dass Harmonie und Frieden auf deiner Lebensreise mit dir sein mögen.

9. Gehe nun durch die Rückseite des Doms in einen wunderschönen Rosengarten.

10. Wenn du diesen Rosengarten betrittst, findest du einen Platz, an dem du dich bequem hinlegen kannst. Visualisiere eine große Säule aus orange-weißem Licht an deiner linken Seite.

11. Denke an die wichtigsten Menschen in deinem Leben, mit denen du die größten Beziehungsschwierigkeiten hast. Das können dein Partner, deine Eltern, Freunde, Geschwister, Arbeitskollegen etc. sein.

12. Verlasse nun deinen physischen Körper und gehe in deinen Lichtkörper. Da wirst du diese Menschen in der orange-weißen Lichtsäule stehen sehen.

13. Fühle, wie du zusammen mit ihnen in der Lichtsäule aufsteigst, wie du dabei leichter und freier, freier und leichter wirst und zum Gartentor des Lichttempels deines Sakralzentrums gelangst.

14. Gehe durch das Gartentor, öffne dein Herz, um die Heilenergie zu empfangen, die dort für dich vorhanden ist.

15. Gemeinsam mit all jenen, die mit dir gekommen sind, gehst du zum Eingang deines Heilungstempels.

16. Rufe deinen spirituellen Führer und deinen Schutzengel herbei, damit sie dich und die Gruppe, mit der du gekommen ist, umgeben. Bitte sie, euch vor einen Altar in dem Tempel zu führen.

17. Schaue jeden Menschen an, der mit dir gekommen ist. Sieh, wie jeder von ihnen einen bestimmten Teil von dir spiegelt und wie die Schwierigkeiten, die du bei

ihnen siehst, deine eigenen sind und dir von ihnen nur zurückgespiegelt werden. Frage dich, was du zu lernen und zu verstehen hast, und sei dankbar, dass es diese Menschen in deinem Leben gibt. Vergib dir und ihnen und bitte sie um Vergebung für das, was geschehen ist.

18. Fühle nun, wie dein Schutzengel und dein spiritueller Führer die Energie durch Flammen von orangegoldgelbem Licht in die Energie der Liebe verwandeln.

19. Bringe jeden einzelnen Menschen in dein Herz und sage zu ihm: „Ich mache Platz für dich in meinem Herzen. Ich danke dir für alle Lektionen, durch die du mir geholfen hast. Ich lasse dich nun frei!"

20. Verlasse den Tempel und gehe durch den Garten deines Sakralchakras zurück zum Gartentor. Danke deinem spirituellen Führer und deinem Schutzengel für ihre Hilfe. Tritt hinein in die Lichtsäule und kehre langsam zum Rosengarten zurück. Bewege dich sanft durch deinen Domtempel und verlasse ihn durch die Eingangstür.

21. Atme nun wieder langsam, richte deine Aufmerksamkeit auf deinen Körper und fühle, wie du mit dem Licht von der Reise zurückkommst. Ehre das Licht in dir und danke für die empfangene Heilung. Löse mit deinen Lichthänden den Lichtdom auf und werde dir allmählich deiner Umgebung bewusst. Öffne sanft die Augen. Nun bist du bereit, den Segen für den Tag zu empfangen!

Meditation 5
Heilung des Solarplexuschakras

Freilegen und manifestieren persönlicher Kraft:

1. Suche dir eine bequeme Sitzposition. Schließe die Augen. Atme tief. Entspanne deinen Körper.
2. Visualisiere einen Ball aus weißem Licht unter deinen Füßen. Während du atmest, visualisiere und fühle, wie das weiße Licht nach oben in deine Füße und weiter in deine Beine, deine Schenkel und deine Hüften steigt. Während du weiter atmest, fühle, wie das weiße Licht heller und heller wird. Fühle, wie das Licht weiter hochsteigt in deinen Unterleib, deinen Bauch, weiter in deinen Brustkorb und dein Herz. Fühle, wie es sich über deine Schultern bewegt, abwärts zu deinen Armen und in deine Hände und Finger. Spüre und sieh, wie das Licht in deinen Hals steigt, in deinen Kopf und dein Gesicht.
3. Sieh hinab auf deine heilenden Hände aus Licht und auf den Boden vor dir. Erschaffe dort eine kreisrunde Scheibe aus weißem Licht, die ein Mehrfaches deiner Körpergröße misst. Errichte auf dieser Scheibe einen weißen Dom. Das ist dein Heilungstempel zum Ausgleichen und Stabilisieren deiner Energien und deiner drei Körper.
4. Gehe nun in diesen Tempel hinein bis zur Mitte. Wenn du dort stehst, schaue an dir hinab und du wirst sehen, dass du im Mittelpunkt eines gleichseitigen Kreuzes stehst.
5. Auf deiner rechten Seite strömt eine rote Flamme aus Licht auf die rechte Seite deines Körpers zu. Diese

Flamme repräsentiert das Feuer-Element, die Wärme, den Stoffwechsel und die Heilkraft für deinen physischen Körper und den Willen. Atme die roten Lichtflammen ein und bitte darum, dass sie deinen Willen für deine Lebensreise stärken.

6. Nun richte deine Aufmerksamkeit auf deine linke Seite. Dort siehst du, wie eine violett-purpurne Lichtflamme sich hin zu deiner linken Körperseite bewegt. Dieses Licht repräsentiert das Luft-Element und die Heilkraft für deinen Geist und deine Gedanken. Atme die violett-purpurnen Lichtflammen ein und bitte darum, dass dein Geist und Verstand auf deiner Lebensreise in Klarheit, Harmonie und Ordnung gebracht werden.

7. Richte deine Aufmerksamkeit auf die Rückseite deines Körpers, fühle und sieh eine schöne blaue Flamme heilenden Lichts, wie sie von hinten über deinen Körper fließt. Diese blaue Lichtflamme repräsentiert das Wasser-Element und ist die Heilkraft für deinen emotionalen Körper. Während du die blauen Flammen einatmest, bitte darum, dass dein emotionaler Körper und dein Herz gereinigt werden und dass du Freude und Mut für deine Lebensreise empfangen mögest.

8. Sieh nun direkt vor dir eine silberweiße Lichtflamme, die von vorn auf deinen Körper zuströmt. Diese symbolisiert die Kraft der Einheit, des Gleichgewichts und der harmonischen Ausrichtung deiner drei Körper. Atme diese Flammen silberweißen Lichts ein und bitte darum, dass Harmonie und Frieden auf deiner Lebensreise mit dir sein mögen.

9. Gehe nun durch die Rückseite des Doms in einen wunderschönen Rosengarten.

10. Wenn du diesen Rosengarten betrittst, findest du einen Platz, an dem du dich bequem hinlegen kannst. Visualisiere eine große Säule aus golden-rubinrotem Licht an deiner linken Seite. Denke an deinen Beruf und die Situation an deinem Arbeitsplatz. Werde dir der Probleme mit deinem Beruf bewusst und jener Seite von dir, die um Erfolg kämpft, die sich in ihren Bemühungen nicht recht gewürdigt fühlt. Erlaube es deinen Gedanken, zwei Gestalten vor dir zu offenbaren: ein kontrollierendes Selbst, das dich antreibt und dich an deine Aufgaben gemahnt, und ein hilflos kämpfendes Selbst, das sich nicht gut genug fühlt und sich zugleich in seinen Anstrengungen nicht anerkannt fühlt.

11. Verlasse deinen physischen Körper und gehe mit diesen beiden Aspekten deines Selbst in das golden-rubinrote Licht hinein. Fühle, wie du zum Tor des Gartens deines Solarplexuschakras aufsteigst. Gehe zu deinem Heiltempel.

12. Wenn du ihn betrittst, fühlst und siehst du das Christus-Selbst auf deiner rechten Seite und den Heiligen Geist der Schöpfung als eine Flamme aus golden-rubinrotem Licht auf deiner linken Seite. Verbinde dich mit ihren Energien durch dein Herz.

13. Wenn du den Tempel betrittst, schaue auf beide Aspekte deines Selbst. Lege deine Hände auf ihre Herzen und verstehe zutiefst die Lektionen, die du durch sie lernen musst. Frage dich, warum du sie in deinem Leben brauchst. Frage solange, bis du eine wahre Antwort findest, die dein Herz berührt, weil du deine Lektionen voll verstanden hast. Lass den Heiligen Schöpfergeist und das Christus-Selbst diese Energien in Wahrheit, Weisheit

und Kraft für dich verwandeln. Bringe die transformierten Energien in deinen Solarplexus in Form eines Lichtballs und bitte ihn, dass er in dir wachsen möge.

14. Kehre in deinen Rosengarten zurück, indem du das Gartentor deines Tempelbezirks durchschreitest, und komme wieder die Lichtsäule hinunter. Pflanze diese neuen Energien und lasse sie wachsen. Kehre in deinen Domtempel zurück und danke für deine Reise.

15. Nun atme wieder langsam und richte deine Aufmerksamkeit auf deinen Körper und spüre, wie du langsam von dieser Reise mit dem Licht zurückkehrst. Gib dem Licht in dir die Ehre und danke für die Heilung, die du erhalten hast. Löse mit deinen Lichthänden den Lichtdom auf, den du errichtet hast, und werde dir deiner jetzigen Umgebung bewusst. Öffne sanft die Augen. Nun bist du bereit, den Segen für diesen Tag zu empfangen!

Meditation 6
Heilung des Herzchakras

Beziehungen in göttlicher Liebe aufbauen:

1. Suche dir eine bequeme Sitzposition. Schließe die Augen. Atme tief. Entspanne deinen Körper.

2. Visualisiere einen Ball aus weißem Licht unter deinen Füßen. Während du atmest, visualisiere und fühle, wie das weiße Licht nach oben in deine Füße und weiter in deine Beine, deine Schenkel und deine Hüften steigt. Während du weiter atmest, fühle, wie das weiße Licht heller und heller wird. Fühle, wie das Licht weiter hoch-

steigt in deinen Unterleib, deinen Bauch, weiter in deinen Brustkorb und dein Herz. Fühle, wie es sich über deine Schultern bewegt, abwärts zu deinen Armen und in deine Hände und Finger. Spüre und sieh, wie das Licht in deinen Hals steigt, in deinen Kopf und dein Gesicht.

3. Sieh hinab auf deine heilenden Hände aus Licht und auf den Boden vor dir. Erschaffe dort eine kreisrunde Scheibe aus weißem Licht, die ein Mehrfaches deiner Körpergröße misst. Errichte auf dieser Scheibe einen weißen Dom. Das ist dein Heilungstempel zum Ausgleichen und Stabilisieren deiner Energien und deiner drei Körper.

4. Gehe nun in diesen Tempel hinein bis zur Mitte. Wenn du dort stehst, schaue an dir hinab und du wirst sehen, dass du im Mittelpunkt eines gleichseitigen Kreuzes stehst.

5. Auf deiner rechten Seite strömt eine rote Flamme aus Licht auf die rechte Seite deines Körpers zu. Diese Flamme repräsentiert das Feuer-Element, die Wärme, den Stoffwechsel und die Heilkraft für deinen physischen Körper und den Willen. Atme die roten Lichtflammen ein und bitte darum, dass sie deinen Willen für deine Lebensreise stärken.

6. Nun richte deine Aufmerksamkeit auf deine linke Seite. Dort siehst du, wie eine violett-purpurne Lichtflamme sich hin zu deiner linken Körperseite bewegt. Dieses Licht repräsentiert das Luft-Element und die Heilkraft für deinen Geist und deine Gedanken. Atme die violett-purpurnen Lichtflammen ein und bitte darum, dass dein Geist und Verstand auf deiner Lebensreise in Klarheit, Harmonie und Ordnung gebracht werden.

7. Richte deine Aufmerksamkeit auf die Rückseite deines Körpers und fühle und sieh eine schöne blaue Flamme heilenden Lichts, wie sie von hinten über deinen Körper fließt. Diese blaue Lichtflamme repräsentiert das Wasser-Element und ist die Heilkraft für deinen emotionalen Körper. Während du die blauen Flammen einatmest, bitte darum, dass dein emotionaler Körper und dein Herz gereinigt werden und dass du Freude und Mut für deine Lebensreise empfangen mögest.

8. Sieh nun direkt vor dir eine silberweiße Lichtflamme, die von vorn auf deinen Körper zuströmt. Diese symbolisiert die Kraft der Einheit, des Gleichgewichts und der harmonischen Ausrichtung deiner drei Körper. Atme diese Flammen silberweißen Lichts ein und bitte darum, dass Harmonie und Frieden auf deiner Lebensreise mit dir sein mögen.

9. Stehe nun im Zentrum deines Domtempels. Rufe die vier Flammen der Elemente herbei − rot auf der rechten, violett-purpur auf der linken Seite, blau in deinem Rücken und silberweiß vor dir, um dir auf deiner Reise zu helfen.

10. Gehe durch die Rückseite des Doms in einen schönen Rosengarten.

11. Lege dich an einem bequemen Ort nieder und schaue in den Himmel über dir. Visualisiere einen schönen rosafarbenen Lichtstrahl, der in dein Herzchakra herabkommt aus dem Lichttempel deines eigenen Herzchakras.

12. Steige in diesem Strahl von heilendem Licht auf und begebe dich zum Tor deines Herzchakra-Gartens.

Auf dem Tor siehst du einen sechzackigen goldenen Stern mit einem Kreuz im Zentrum.

13. Lege deine Hände auf das Symbol und empfange die heilende Energie in deinem Herzen.

14. Gehe in den Garten und zum Tempeleingang. Verbinde dich mit deinem spirituellen Führer und dem Heiligen Geist der Barmherzigkeit und betritt deinen Tempel.

15. Bitte beide Helfer, deine vollkommenen männlichen und weiblichen Aspekte und Energien vor dir erscheinen zu lassen (wie im Garten Eden).

16. Gehe mit ihnen zusammen aus dem Tempel, durch den Garten und durch das Tor hinaus, den rosafarbenen Lichtstrahl hinab zurück in den Rosengarten. Sieh, wie sich die vollkommenen männlichen und weiblichen Energien deiner Seele in die verletzten männlichen und weiblichen Aspekte und Energien deiner Persönlichkeit verwandeln.

17. Sieh in ihre Augen. Was fühlen sie, was denken sie? Was trennt sie von der Liebe und Vereinigung?

18. Wähle den Aspekt, der am meisten und zuerst Heilung braucht. Welche alte Überzeugung oder Haltung isoliert und trennt ihn von der Liebe? Was geschah in deiner Familie und in deinem Leben, das dich der Liebe misstrauen ließ und dein Herz verschloss? (Pause) Was sind die Lektionen, die du lernen musst, wenn du das Vertrauen in die Liebe wiedergewinnen willst? Bist du bereit, all den Schmerz, all das Leid gehen zu lassen und voller Vergebung zu sein? Wenn nicht, bitte darum, dass dir gezeigt wird, warum du das nicht tun kannst und wie du weiter mit diesem Problem umgehen sollst.

19. Schau den anderen Aspekt an und frage, welcher Glaube und welche Einstellung deine Fähigkeit zur Liebe und Vereinigung eingeschränkt haben. Was geschah in deiner Familie und deinem Leben, das dich der Liebe misstrauen ließ und dein Herz verschloss? (Pause) Welche Lektionen musst du lernen, um das Vertrauen in die Liebe wiederzugewinnen? Bist du bereit, all den Schmerz, all das Leid loszulassen und voller Vergebung zu sein? Wenn nicht, bitte darum, dass dir gezeigt wird, warum du dazu nicht fähig bist und wie du weiter mit diesem Problem umgehen kannst.

20. Lege deine Hände auf ihre Herzen und werde dein liebendes Selbst, das die Unterstützung des Heiligen Geistes der Barmherzigkeit und deines Christus-Selbst fühlt.

21. Mit den männlichen und weiblichen Aspekten deiner verletzten Persönlichkeit steigst du nun in dem rosafarbenen Lichtstrahl nach oben, steigst hoch bis zur Gartenpforte zum Lichttempel deines Herzchakras. Betritt den Garten und gehe auf deinen Heiltempel zu.

22. Betritt den Tempel und finde dort erneut deine vollkommenen weiblichen und männlichen Aspekte. Rufe Christus herbei, um deinen männlichen Aspekt zu heilen, indem du ihn bittest, dein vollkommenes männliches Selbst mit deinem verletzten männlichen Selbst zu vermischen, dich zu segnen und die Wunden durch Liebe und tiefes Verstehen der Wahrheit heilen zu lassen. Sieh, wie das Licht unablässig deinem Herzen entströmt und durch alle unteren und oberen Chakren fließt. Sieh, wie wichtig es ist, die Brücken deines Herzzentrums immer offen zu halten und mit dem Licht Gottes in dir verbunden zu sein.

23. Bitte Mutter Maria oder ein anderes göttliches Wesen um die Heilung deines weiblichen Aspekts. Erlaube Maria, mit deinem vollkommenen weiblichen Selbst und deinem verletzten weiblichen Selbst zu verschmelzen und über dich die Kraft der bedingungslosen Liebe zu verströmen. Sieh, wie die Verletzungen geheilt werden und sich dein weiblicher Aspekt öffnet, um alle Formen der Liebe ohne Beurteilung oder Kritik zu empfangen und zu verstehen.

24. Sieh das Licht unaufhörlich von deinem Herzen fließen und durch alle deine unteren und oberen Chakren strömen. Sieh, wie wichtig es ist, die Brücke deines Herzzentrums immer offen zu halten und mit dem Licht Gottes in dir verbunden zu sein.

25. Nimm diese Energie tief in dein Herz hinein und bitte dein Selbst, dass es sich dieser Heilung und Liebe, die du gerade fühlst, erinnert, jederzeit, überall und in jeder Situation, wo sich dein Herz verschließen will.

26. Verlasse nun den Tempel durch den Garten deines Herzchakras hin zum Gartentor. Danke deinem spirituellen Führer und dem Heiligen Geist der Barmherzigkeit für die Unterstützung. Gehe zurück in der Lichtsäule und kehre langsam in den Rosengarten zurück. Bewege dich sanft durch den Domtempel und verlasse ihn durch den Vordereingang.

27. Nun atme wieder langsam, richte deine Aufmerksamkeit auf deinen Körper und spüre, wie du langsam von dieser Reise mit dem Licht zurückkehrst. Gib dem Licht in dir die Ehre und danke für die Heilung, die du erhalten hast. Löse mit deinen Lichthänden den Lichtdom auf, den du errichtet hast, und werde dir deiner jetzigen

Umgebung bewusst. Öffne sanft deine Augen. Nun bist du bereit, den Segen für diesen Tag zu empfangen!

Meditation 7
Heilung des Halschakras

Den geistigen Weg und die Lebensziele manifestieren:

1. Suche dir eine bequeme Sitzposition. Schließe die Augen. Atme tief. Entspanne deinen Körper.

2. Visualisiere einen Ball aus weißem Licht unter deinen Füßen. Während du atmest, visualisiere und fühle, wie das weiße Licht nach oben in deine Füße und weiter in deine Beine, deine Schenkel und deine Hüften steigt. Während du weiter atmest, fühle, wie das weiße Licht heller und heller wird. Fühle, wie das Licht weiter hochsteigt in deinen Unterleib, deinen Bauch, weiter in deinen Brustkorb und dein Herz. Fühle, wie es sich über deine Schultern bewegt, abwärts zu deinen Armen und in deine Hände und Finger. Spüre und sieh, wie das Licht in deinen Hals steigt, in deinen Kopf und dein Gesicht.

3. Sieh hinab auf deine heilenden Hände aus Licht und auf den Boden vor dir. Erschaffe dort eine kreisrunde Scheibe aus weißem Licht, die ein Mehrfaches deiner Körpergröße misst. Errichte auf dieser Scheibe einen weißen Dom. Das ist dein Heilungstempel zum Ausgleichen und Stabilisieren deiner Energien und deiner drei Körper.

4. Gehe nun in diesen Tempel hinein bis zur Mitte. Wenn du dort stehst, schaue an dir hinab und du wirst sehen, dass du im Mittelpunkt eines gleichseitigen Kreuzes stehst.

5. Auf deiner rechten Seite strömt eine rote Flamme aus Licht auf die rechte Seite deines Körpers zu. Diese Flamme repräsentiert das Feuer-Element, die Wärme, den Stoffwechsel und die Heilkraft für deinen physischen Körper und den Willen. Atme die roten Lichtflammen ein und bitte darum, dass sie deinen Willen für deine Lebensreise stärken.

6. Nun richte deine Aufmerksamkeit auf deine linke Seite. Dort siehst du, wie eine violett-purpurne Lichtflamme sich hin zu deiner linken Körperseite bewegt. Dieses Licht repräsentiert das Luft-Element und die Heilkraft für deinen Geist und deine Gedanken. Atme die violett-purpurnen Lichtflammen ein und bitte darum, dass dein Geist und Verstand auf deiner Lebensreise in Klarheit, Harmonie und Ordnung gebracht werden.

7. Richte deine Aufmerksamkeit auf die Rückseite deines Körpers und fühle und sieh eine schöne blaue Flamme heilenden Lichts, wie sie von hinten über deinen Körper fließt. Diese blaue Lichtflamme repräsentiert das Wasser-Element und ist die Heilkraft für deinen emotionalen Körper. Während du die blauen Flammen einatmest, bitte darum, dass dein emotionaler Körper und dein Herz gereinigt werden und dass du Freude und Mut für deine Lebensreise empfangen mögest.

8. Sieh nun direkt vor dir eine silberweiße Lichtflamme, die von vorn auf deinen Körper zuströmt. Diese symbolisiert die Kraft der Einheit, des Gleichgewichts und

der harmonischen Ausrichtung deiner drei Körper. Atme diese Flammen silberweißen Lichts ein und bitte darum, dass Harmonie und Frieden auf deiner Lebensreise mit dir sein mögen.

9. Gehe nun durch die Rückseite des Doms in einen schönen Rosengarten und finde einen bequemen Platz, wo du dich hinlegen kannst.

10. Rufe den Strahl aus farbigem Licht herbei, der am besten die Heilung deines Halschakras unterstützen kann. Fühle und sieh, wie er dein Halschakra mit dem heilenden Lichttempel deines Halschakras verbindet.

11. Geh in den Lichtstrahl hinein und fühle, wie er dich emporhebt zum Tor deines Hakschakra-Gartens. Geh durch das Tor hindurch und zum Eingang des Tempels deines Halschakras.

12. Rufe deinen spirituellen Führer herbei und die violett-purpurnen Flammen des Luft-Elements, der Heilenergie deines Geistes. Verbinde dich durch dein Herz mit ihren Energien.

13. Betritt den Tempel und geh zu seinem heiligen Altar. Bitte deinen Führer und die violette Flamme, dir alte Gedankenmuster (Elementale) aus der Vergangenheit zu zeigen, die deine Kommunikation und deine Zukunftsvision blockieren.

14. Bitte deinen Führer, dir zu zeigen, wer und/oder welche Begebenheit in der Vergangenheit dieses alte Elemental-Muster in Bewegung setzte.

15. Betrachte dieses Muster und finde heraus, warum du es in deinem Leben brauchst. Wie hat es dir genutzt? Warum hast du dich entschieden, es zu behalten? Was ist der wahre Schmerz, die wahre Verletzung,

die du vor dir selbst zu verstecken suchst? Gehe tiefer in deinen Nachforschungen, bis du diejenige Wahrheit findest, die so laut in deinem Herzen spricht, dass du den Durchbruch der alten Energie in dir spürst und das Licht, wie es durch dein Halschakra scheint. Sprich mit dem Elemental: „Ich bin nicht du und du bist nicht ich." Sage ihm, wie es dich leiden ließ, wie es die verletzt hat, die du liebst. Sage zu ihm: „Ich habe dich erschaffen; ich habe von dir gelernt und ich bin bereit, dich gehen zu lassen."

16. Schaue alle an, die es angeht, und sage zu ihnen: „Ich kann das nicht länger für euch tun. Ich muss euch freilassen und ich muss frei sein."

17. Bitte deinen spirituellen Führer und die violett-purpurne Flamme, diese alten Energien umzuwandeln im transformierenden Feuer der Liebe, und lass sie zurückkehren zu dir als neue Energien für die Schöpfung und Verwirklichung.

18. Mit den violett-purpurnen Flammen auf deiner linken Seite und deinem spirituellen Führer auf deiner rechten visualisiere jetzt, was du gerne in deiner nächsten Lebensphase erschaffen und verwirklichen möchtest.

19. Gehe durch den Tempeleingang und durch den Garten zur Gartenpforte. Visualisiere dort, wie die violette Flamme zur blauen Flamme des Wasser-Elements wird, das deinen emotionalen Körper heilt. Während du diese Heilenergie einatmest, bringst du deine neue Vision und deine Zukunftsziele in dein Herz. Fühle die Stärke ausgerichteter Emotionen, zielgerichteter Liebe und der Sehnsucht, deine Visionen und Ziele zu verwirklichen.

20. Gehe durch die Gartenpforte und in dem Lichtstrahl hinab zurück zum Rosengarten. Fühle deinen Führer auf deiner rechten und auf deiner linken Seite die roten Flammen des Feuer-Elements, der Heilkraft für den physischen Körper und Willen. Atme sie fest ein.

21. Visualisiere deine Zukunftsvision und ziehe sie von deinem Herzzentrum in dein Solarplexuszentrum. Sammle deine Energiebewegung zu einem Lichtball, der deine Vision enthält, und lass diesen aus deinem Solarplexus hinaus in die Welt gehen. Bitte darum, dass sich die Vision zu deinem höchsten Wohl und zum höchsten Wohl der Menschheit und des Planeten verwirklichen möge. Sieh, wie sie sich jetzt offenbart!

22. Nun atme wieder langsam, richte deine Aufmerksamkeit auf deinen Körper und spüre, wie du langsam von dieser Reise mit dem Licht zurückkehrst. Gib dem Licht in dir die Ehre und danke für die Heilung, die du erhalten hast. Löse mit deinen Lichthänden den Lichtdom auf, den du errichtet hast, und werde dir deiner jetzigen Umgebung bewusst. Öffne sanft deine Augen. Nun bist du bereit, den Segen für diesen Tag zu empfangen!

Anmerkung: Für die Meditationen 8 und 9 sind die Farblichtflammen für die verschiedenen Kräfte der Elemente geändert. Man kann aber wahlweise auch die zuvor angegebenen nehmen.

Meditation 8
Heilung des Stirnchakras

Zur Öffnung neuer Vision und neuen Verstehens:

1. Suche dir eine bequeme Sitzposition. Schließe die Augen. Atme tief. Entspanne deinen Körper.

2. Visualisiere einen Ball aus weißem Licht unter deinen Füßen. Während du atmest, visualisiere und fühle, wie das weiße Licht nach oben in deine Füße und weiter in deine Beine, deine Schenkel und deine Hüften steigt. Während du weiter atmest, fühle, wie das weiße Licht heller und heller wird. Fühle, wie das Licht weiter hochsteigt in deinen Unterleib, deinen Bauch, weiter in deinen Brustkorb und dein Herz. Fühle, wie es sich über deine Schultern bewegt, abwärts zu deinen Armen und in deine Hände und Finger. Spüre und sieh, wie das Licht in deinen Hals steigt, in deinen Kopf und dein Gesicht.

3. Sieh hinab auf deine heilenden Hände aus Licht und auf den Boden vor dir. Erschaffe dort eine kreisrunde Scheibe aus weißem Licht, die ein Mehrfaches deiner Körpergröße misst. Errichte auf dieser Scheibe einen weißen Dom. Das ist dein Heilungstempel zum Ausgleichen und Stabilisieren deiner Energien und deiner drei Körper.

4. Gehe nun in diesen Tempel hinein bis zur Mitte. Wenn du dort stehst, schaue an dir hinab und du wirst sehen, dass du im Mittelpunkt eines gleichseitigen Kreuzes stehst.

5. Auf deiner rechten Seite strömt eine königsblaue Flamme aus Licht auf die rechte Seite deines Körpers zu.

Diese Flamme repräsentiert das Feuer-Element, die Wärme, den Stoffwechsel und die Heilkraft für deinen physischen Körper und den Willen. Atme die königsblauen Lichtflammen ein und bitte darum, dass sie deinen Willen für deine Lebensreise stärken.

6. Nun richte deine Aufmerksamkeit auf deine linke Seite. Dort siehst du, wie eine smaragd-grüne Lichtflamme sich zu deiner linken Körperseite hinbewegt. Dieses Licht repräsentiert das Luft-Element und die Heilkraft für deinen Geist und deine Gedanken. Atme die smaragdgrünen Lichtflammen ein und bitte darum, dass dein Geist und Verstand auf deiner Lebensreise in Klarheit, Harmonie und Ordnung gebracht werden.

7. Richte deine Aufmerksamkeit auf die Rückseite deines Körpers, fühle und sieh eine wunderschöne kristallweiße Flamme heilenden Lichts, wie sie von hinten über dich fließt. Diese kristallweiße Lichtflamme repräsentiert das Wasser-Element und es ist die Heilkraft für den emotionalen Körper. Während du die kristallweißen Flammen einatmest, bitte darum, dass dein emotionaler Körper und dein Herz gereinigt werden und dass du Freude und Mut für deine Lebensreise empfangen mögest.

8. Sieh nun direkt vor dir eine gold-rubinrote Lichtflamme, die von vorn auf deinen Körper zuströmt. Diese symbolisiert die Kraft der Einheit, des Gleichgewichts und der harmonischen Ausrichtung deiner drei Körper. Atme diese Flammen gold-rubinroten Lichts ein und bitte darum, dass Harmonie und Frieden auf deiner Lebensreise mit dir sein mögen.

9. Gehe nun durch die Rückseite des Lichtdoms in einen wunderschönen Rosengarten; dort wirst du einen

Pfad aus goldenem Licht vor dir sehen. Auf der rechten Seite des Pfads wirst du alle Menschen vorfinden, die du gekränkt, verurteilt oder missverstanden hast. Lass mit Hilfe deines Schutzengels dein Herz aufgehen, damit du jeden von ihnen als Spiegel für dich sehen kannst. Vergib dir selber und bitte um Vergebung!

10. Auf der linken Seite des Pfads siehst du alle Menschen, die dich verurteilt haben. Sieh, wie du für sie ein Spiegel gewesen bist. Bitte ihre Schutzengel, vor ihnen zu erscheinen und ihnen dabei zu helfen, dass sie erkennen, wie du ihnen ihre eigenen Fehler gespiegelt hast. Vergib ihnen!

11. Bitte die Führer, beide Gruppen in das heilende Licht emporzuheben.

12. Sieh, wie ein schöner Lichtstrahl aus Amethyst-Farbe herabkommt in deinen Rosengarten. Stelle dich in diesen Lichtstrahl hinein und begib dich zum Gartentor des Lichttempels deines Stirnchakras. Auf dem Tor siehst du ein goldenes Lichtdreieck. Lege deine Hände darauf und lade deine Energien mit seinem Licht auf.

13. Gehe durch das Tor zu deinem Tempel. Während du im Eingang stehst, verbinde dich mit deinem Schutzengel zur Linken und deinem spirituellen Führer zur Rechten.

14. Bitte sie, dich vor deinen Altar zu führen und vor dir alle alten Gedanken oder negativen Energiemuster zu enthüllen, die deine Vision, Klarheit und dein Verständnis blockieren.

15. Dann sieh, wie sie beide nähertreten und diese alten Energien mit ihren Handflächen und violetten Flammen von heilendem Licht umgeben, wobei sie diese alten

Energien in die Energie von Klarheit, Weisheit, Mitgefühl und Objektivität verwandeln.

16. Empfange dieses Licht im Zentrum des spirituellen Auges und kehre durch den Garten deines Tempels und den Strahl von amethysthfarbenem Licht hinab in deinen Rosengarten. Pflanze diesen neuen Samen der Weisheit in deinen Garten und sieh mit neuen Augen auf dein Leben. Gehe durch den Domtempel zurück und danke für die Liebe und das neue Erwachen, das du empfangen hast.

17. Atme nun wieder langsam, richte deine Aufmerksamkeit auf deinen Körper und fühle, wie du mit dem Licht von der Reise zurückkommst. Ehre das Licht in dir und danke für die empfangene Heilung. Löse mit deinen Lichthänden den Lichtdom auf und werde dir allmählich deiner Umgebung bewusst. Öffne sanft die Augen. Nun bist du bereit, den Segen für den Tag zu empfangen!

Meditation 9
Heilung des Kronenchakras

Entdecke deinen spirituellen Lebenssinn und erneuere deine Verbindung zu Freude und Inspiration:

1. Suche dir eine bequeme Sitzposition. Schließe die Augen. Atme tief. Entspanne deinen Körper.

2. Visualisiere einen Ball aus weißem Licht unter deinen Füßen. Während du atmest, visualisiere und fühle, wie das weiße Licht nach oben in deine Füße und weiter in deine Beine, deine Schenkel und deine Hüften steigt.

Während du weiter atmest, fühle, wie das weiße Licht heller und heller wird. Fühle, wie das Licht weiter hochsteigt in deinen Unterleib, deinen Bauch, weiter in deinen Brustkorb und dein Herz. Fühle, wie es sich über deine Schultern bewegt, abwärts zu deinen Armen und in deine Hände und Finger. Spüre und sieh, wie das Licht in deinen Hals steigt, in deinen Kopf und dein Gesicht.

3. Sieh hinab auf deine heilenden Hände aus Licht und auf den Boden vor dir. Erschaffe dort eine kreisrunde Scheibe aus weißem Licht, die ein Mehrfaches deiner Körpergröße misst. Errichte auf dieser Scheibe einen weißen Dom. Das ist dein Heilungstempel zum Ausgleichen und Stabilisieren deiner Energien und deiner drei Körper.

4. Gehe nun in diesen Tempel hinein bis zur Mitte. Wenn du dort stehst, schaue an dir hinab und du wirst sehen, dass du im Mittelpunkt eines gleichseitigen Kreuzes stehst.

5. Auf deiner rechten Seite strömt eine königsblaue Flamme aus Licht auf die rechte Seite deines Körpers zu. Diese Flamme repräsentiert das Feuer-Element, die Wärme, den Stoffwechsel und die Heilkraft für deinen physischen Körper und den Willen. Atme die königsblauen Lichtflammen ein und bitte darum, dass sie deinen Willen für deine Lebensreise stärken.

6. Nun richte deine Aufmerksamkeit auf deine linke Seite. Dort siehst du, wie eine smaragd-grüne Lichtflamme sich zu deiner linken Körperseite hinbewegt. Dieses Licht repräsentiert das Luft-Element und die Heilkraft für deinen Geist und deine Gedanken. Atme die smaragdgrünen Lichtflammen ein und bitte darum, dass dein Geist

und Verstand auf deiner Lebensreise in Klarheit, Harmonie und Ordnung gebracht werden.

7. Richte deine Aufmerksamkeit auf die Rückseite deines Körpers; fühle und sieh eine wunderschöne kristallweiße Flamme heilenden Lichts, wie sie von hinten über dich fließt. Diese kristallweiße Lichtflamme repräsentiert das Wasser-Element, und es ist die Heilkraft für den emotionalen Körper. Während du die kristallweißen Flammen einatmest, bitte darum, dass dein emotionaler Körper und dein Herz gereinigt werden und dass du Freude und Mut für deine Lebensreise empfangen mögest.

8. Sieh nun direkt vor dir eine gold-rubinrote Lichtflamme, die von vorn auf deinen Körper zuströmt. Diese symbolisiert die Kraft der Einheit, des Gleichgewichts und der harmonischen Ausrichtung deiner drei Körper. Atme diese Flammen gold-rubinroten Lichts ein und bitte darum, dass Harmonie und Frieden auf deiner Lebensreise mit dir sein mögen.

9. Gehe nun durch die Rückseite dieses Doms in einen herrlichen Rosengarten. Sieh dort eine schöne violette Flamme zu deiner Rechten und eine kristallweiße Flamme zu deiner Linken. Verbinde dich mit dem heilenden Licht dieser Flammen.

10. Vor dir steht dein Schutzengel; knie vor ihm nieder. Schau hinauf in seine Augen und sage ihm: „Ich übergebe das, was immer mich von meinem höheren Vorsatz abbringt."

11. Fühle, wie dein Schutzengel seine heilenden Hände auf dein Kronenchakra legt und diese blockierte Energie auflöst.

12. Während du hinaufschaust, siehst du direkt hinter deinem Engel eine Säule aus weißem Licht. Tritt in diese Lichtsäule ein und steige zur Pforte des Gartens deines Kronenchakras auf. Über dem Gartentor siehst du einen regenbogenfarbenen Lichtbogen. Fühle das Licht wie eine Dusche, die hinabfließt und dich reinigt. Dann betritt deinen Garten und gehe zum Eingang deines Lichttempels.

13. Verbinde dich mit deinem Schutzengel zur Linken und deinem spirituellen Führer zu deiner Rechten. Tritt vor deinen Altar und bitte darum, dass dir die alten Muster und alten Energien gezeigt werden, die dein spirituelles Ziel hier auf Erden blockieren.

14. Sieh durch die Augen deines Schutzengels auf alle jene Muster und frage, warum du sie brauchst. Was stellen sie für dich dar? Was hast du davon, dass du sie beibehältst, und was, wenn du sie verlierst? Was ist das tiefste Gefühl hinter deinen Mustern? Was kannst du hier lernen? (Pause und Empfangen)

15. Wenn du spürst, dass du die Antworten bekommen hast, die wirklich dein Herz berühren, schaue auf diese Elementale und sagen ihnen: „Ich bin nicht ihr und ihr seid nicht ich. Ich möchte mein wahres Ziel wissen und meine spirituelle Inspiration und Freude erwecken."

16. Bitte deinen Führer und deinen Schutzengel, diese alten Elementale in die Tugend der bedingungslosen Liebe und in neue Ziele zu verwandeln, während du sie in eine kristallweiße Lichtflamme bringst. Nimm die Tugenden an dich und setze sie in dein Herz. Gehe durch den Garten zum Tor, betritt die weiße Lichtsäule und kehre zurück von deiner Reise in den Rosengarten. Gehe

durch den Domtempel hindurch und danke für die spirituelle Unterstützung, die dein Leben begleitet.

17. Atme wieder langsam, nimm deinen Körper wahr und spüre, wie du von der Reise ins Licht zurückkehrst. Ehre das Licht in dir und danke für die empfangene Heilung. Löse mit deinen Lichthänden den Lichtdom auf, den du geschaffen hast, und werde dir allmählich deiner Umgebung bewusst. Öffne sanft die Augen. Nun bist du bereit, für den Tag den Segen zu empfangen!

VII.

PRIVATES GESPRÄCH MIT DASKALOS ÜBER LIEBE UND NICHT-ANHAFTUNG

Nick: Daskalos, du hast viel über Liebe gesprochen. Was ist der Unterschied zwischen bedingungsloser Liebe und jener mit Bedingungen verbundenen Liebe, mit der sich die meisten Menschen abmühen?

Daskalos: Zunächst einmal müssen wir begreifen, dass Liebe einfach nur Liebe ist. Und ich nenne sie bedingungslose Liebe. Und diese bedingungslose Liebe sollte als Widerspiegelung der Liebe Gottes erteilt werden und das Mittel der Widerspiegelung ist unser Herz. Gott bittet uns, Seine Liebe, die durch unser Herz widergespiegelt wird, nicht zu verschmutzen. Damit soll zum Ausdruck kommen, dass es sich in erster Linie um Seine Liebe handelt, der wir nicht einfach eine andere Färbung geben dürfen. Unsere Herzen sollten der kristallklare Spiegel sein, der Seine Liebe, die eine bedingungslose Liebe ist, widerspiegelt.

Auf wen spiegeln wir diese Liebe? In unserem Gebet, bevor wir mit unserer Lektion beginnen, sagen wir, „um

Deine Liebe zu Dir widerzuspiegeln". Ihn bedingungslos zu lieben heißt nicht, Ihn aus Unwissenheit um dies und das zu bitten, damit Er es uns geben möge. Seine Barmherzigkeit ist so, wie Joshua (Jesus) uns gesagt hat: „Bittet, so wird euch gegeben; suchet, so werdet ihr finden; klopfet an, so wird euch aufgetan. Denn wer da bittet, der empfängt." Dies ist der großartigste Ausdruck der Barmherzigkeit Gottes, des Vaters. Er könnte sagen: „Ihr unbewussten Kreaturen, Ich habe euch alles gegeben. Einen perfekten Körper, der vollkommen ist und vollkommen bleiben kann, vorausgesetzt ihr ruiniert ihn nicht durch eure respektlose Lebensweise. Ich habe euch alles gegeben, damit ihr in diesem Körper glücklich leben könnt. Doch ihr zerstört ihn. Was könnt ihr mehr von Mir verlangen? Gunstbezeugungen, vorübergehende Dinge? Ich habe euch alles gegeben! Den Körper, die Sonne, all die Dinge, alles, was Ich geschaffen habe und was ihr braucht, um euern materiellen Körper am Leben und bei guter Gesundheit zu erhalten. Nahrung, Wasser, alles. Ich habe euch in euerm Körper Lungen gegeben, damit ihr Meine Vitalität und Mich einatmen könnt. Ihr atmet und nehmt Nahrung und Flüssigkeit und alles andere auf, was Ich euch gegeben habe, damit ihr euern materiellen Körper bei guter Gesundheit erhaltet. Ich habe euch in euerm Körper auch eure Sinne und das Sehvermögen gegeben. Ihr könnt die Sonne sehen und euch an ihr erfreuen und an allem in der Natur, was Ich gemacht habe. Ich erfreue Mich an Meiner Schöpfung durch sie selbst und durch euch. Warum erfeut ihr euch nicht an ihr? Denn Ich habe sie nicht für euch gemacht, aber ihr könnt euch dennoch an ihr durch eure Sinne erfreuen. Nun, alles gehört Mir.

Ich habe es geschaffen, aus Mir selbst heraus, aus der Übersubstanz Meines Geistes. Und ihr befindet euch in Meinem Körper, der nicht der eure ist. Er gehört Mir. Wer von Meinem Fleisch, der Logos-Übersubstanz, isst, macht sie zu seinem Fleisch. Was ist Mein Blut? In euerm Körper fließt Mein Blut. Was erwartet ihr also, dass Ich euch geben soll? Mehr? Gebt ihr Mir denn wenigstens euern Dank, wenn schon nicht eure Liebe? Sogar Dank gebt ihr Mir? Nein. Wer dankt schon Gott?"

Nick: Wo ist die Dankbarkeit?

Daskalos: „Und was ist es, worum ihr die ganze Zeit bittet? Was von dem, das Ich geschaffen habe, erbittet ihr? Ihr lebt auf dem Planeten. Ich habe euch die Gelegenheit gegeben, euch an ihm zu erfreuen, indem ihr ihn seht. Und statt dessen nehmt ihr eine freche Haltung Mir gegenüber ein. Um es den euren zu nennen? Mein Haus, meinen Besitz, mein, mein, mein, alles mein. Was wollt ihr von Mir als Gott erbitten, was nicht Mein ist und das ihr als das eure bezeichnet? Ich habe es euch gegeben! Noch bevor ihr darum gebeten habt, habe Ich euch alles gegeben. Was noch? Wenn ihr also seht, was Menschen von Gott erbitten, so ist es eingebildet und unwissend, denn es ist bereits alles gegeben. Und ihr dankt Mir nicht einmal und anerkennt, dass Ich bin und dass Ich existiere. Ihr habt also darin versagt, Meine bedingungslose Liebe auf Mich zurückzuspiegeln."

Was ist also an Bedingungen geknüpfte Liebe? Wir werden uns damit beschäftigen.

„Ihr habt in eurer Persönlichkeit, in eurem Zeit und Raum untergeordneten, kleinen Selbst, in dem Körper, in dem ihr lebt, in Meinem Körper, den Ich euch gegeben habe und den Ich für euch erhalte, einen wahrhaftigen Dämon. Warum? Hasst ihr Meine übrigen Lebenswiderspiegelungen, Meinen Mitmenschen? Wenn ihr sie hasst, dann hasst ihr Mich. Denn Ich bin in ihnen. Das ist es, was Joshua gelehrt hat. Was immer ihr Gutes oder Schlechtes einem eurer Mitmenschen antut, das tut ihr Mir an! Ihr alle seid in Meiner Einheit. Ihr verletzt Mich oder ihr tut Mir etwas Gutes. Doch das seht ihr nicht." Was sonst nennt ihr an Bedingungen geknüpfte Liebe, abgesehen von der Liebe, die ihr Gott gebt? Was verlangen wir von Mitmenschen und was geben wir ihnen, unseren Frauen, unseren Männern, unseren Kindern, unseren Eltern? Um welche Art Liebe handelt es sich? Beschäftigt euch damit! Befriedigung unseres dummen Egoismus? Liebt ihr die anderen, wie sie sind oder so wie ihr meint, dass sie sein sollten? Warum, wer hat euch dazu das Recht eingeräumt? Ein jeder befindet sich auf der Stufe seiner Entwicklung. Was also ist Liebe gegenüber Menschen? Gegenüber der Ehefrau, dem Ehemann, den Kindern, den Eltern, den Freunden, den Menschen um uns her? Was ihr an Bedingungen geknüpfte Liebe nennt, ist für mich nur Undankbarkeit gegen Gott und alle anderen Menschen. Was ist bedingte Liebe? „Knie vor mir und befriedige meine Wünsche, ob sie nun sexuell sind oder nicht. Wenn du diesem meinem Interesse dienst, dann liebst du mich. Sonst liebst du mich nicht, warum also sollte ich dich lieben?" Die an Bedingungen geknüpfte Liebe, die ihr für Gott empfindet, wie soll ich sie nennen? Unverschämtheit ist ein sehr mildes Wort dafür. Unverschämtheit gegenüber Gott, weil Gott in jedem Menschen ist.

Also lautet das erste Prinzip des Christentums, das Joshua gelehrt hat: „Liebe den Herrn, deinen Gott in dir, dein Selbst-Sein, dein Geist-Selbst-Sein mit dem, was Ich dir gegeben habe, um es zu lieben und dadurch Mich zu lieben. Denn Ich bin auch in dir. Du bist in Meiner Einheit. Mit dem ganzen Herzen, das Ich dir gegeben habe, mit der ganzen Seele, die Ich dir gewährt habe, mit all deiner Intelligenz, deinem Gemüt. Ich habe dir das Recht eingeräumt, Meine geistige Übersubstanz zu gebrauchen."
Was Joshua gegeben hat, ist klar. Liebe deinen Nächsten – all deine Nächsten – nicht weniger als dich selbst.

Nick: Daskalos, so gut wie du diese Liebe verkörpert und mit anderen geteilt hast, kennen nur sehr wenige Menschen auf dem Planeten in dieser Zeit vollkommene Liebe. Muss man in sich selbst die Theose erreicht haben, um Liebe wirklich zu kennen?

Daskalos: Ganz sicher.

Nick: Führen vielleicht verschiedene Wege zum Ziel, nicht nur die alltägliche Praxis, sondern auch die Exosomatose und Schritte, die über sie hinausgehen? Oder kann man es auch durch liebevollen Dienst an anderen erreichen?

Daskalos: Dazu hat sich Joshua eindeutig geäußert. Wenn man in Dunkelheit lebt, kann man dann vermeiden zu stolpern? Und er sagte: „Wenn das Licht in dir ist, was schadet dir dann die Dunkelheit?" Wenn wir von Gott etwas erbitten, hört Er uns dann? Noch bevor die Idee in unserem Kopf und in unseren Gedanken auftaucht, weiß Er zweifellos schon, dass dies geschehen wird. Und wenn wir Ihn um etwas bitten, bedenke doch nur seine große

Toleranz. Um materielle Dinge? Er wird sie uns geben! Ohne Zweifel wird Er sie uns geben und Er wird dir das geben, was gut für dich ist. Denn kein Vater wird seinem Kind eine Schlange schenken, wenn es um einen Fisch bittet, um seinen Hunger zu stillen. Er wird das Erbetene geben. Und was immer in Seinem Namen erbeten wird – Sein Name bedeutet, das zu werden, was du in dir hast, die Christusschaft – Er wird es geben!

Die Menschen bitten um materielle Dinge. Dinge sind Hirngespinste, Trugbilder, die kommen und gehen. Warum sollte man Gott um so etwas bitten? Gott hat dir alles gegeben: den materiellen Körper, einen Vater, eine Mutter, Liebe, dein Herz, deinen Verstand, alles was du brauchst, um deinen Körper am Leben zu erhalten; die heiligen Erzengel, die in deinem Körper arbeiten. Sie halten ihn bei Kräften und am Leben. Was sonst kann ich erbitten? Selbst das Königreich des Himmels ist im Innern. Ich bitte um nichts! Ich habe es, es ist in mir, ich weiß es, ich habe es gefunden. Warum sollte ich um etwas bitten, was ich bereits gefunden habe? Lasst uns lieber sagen: „Danke dafür, dass wir es haben dürfen!"

Nick: Aha, das ist die richtige Einstellung, das ist der richtige Weg!

Daskalos: Um etwas bitten, was ich bereits in mir habe? Dafür danken, dass ich es habe! Worum soll ich also bitten? „Mein Geliebter, vergib mir, weil ich dich nicht liebe, weil ich dich auf die Dimensionen meines Herzens reduziere, dich dahinein zwänge. Vergib mir, weil ich nicht fähig bin, dir mehr Liebe zu geben. Aber erlaube mir, dich nur zu lieben, das ist mir genug. Ich bitte um nichts sonst. Alles ist mir bereits gegeben." Was erbitte ich von meinem Geliebten? Ich biete ihm ein wenig bedingungslose Liebe an und bitte um nichts, denn Lieben und Bitten ist keine bedingungslose Liebe.

Nick: Liebe ist die einzige Wirklichkeit.

Daskalos: Das Königreich des Himmels liegt im Geist-Seele-Ego-Selbst. Menschen bitten um ein Haus, ein Auto, ein Fahrrad, ein Radio und so weiter. Aber was sind all diese Dinge? Illusionen. Was meine ich mit Illusionen? Diese Beschäftigung mit „mein" und „dein" beraubt mich all dessen, was gut ist, weil ich mich nur auf das konzentriere, was ich als mein bezeichne. Zum Beispiel sind in Wirklichkeit alle Blumen in den Gärten der Menschen auf der Welt mein! Ich sehe sie und aufgrund von Darstellungen habe ich sie im Königreich des Himmels in mir als Vorstellungen. Ich kann sie sehen, sie lieben, mich an ihnen erfreuen. Diese Dinge, diese Objekte werden nach einiger Zeit zerfallen, denn in der materiellen Welt herrscht das Gesetz der Vergänglichkeit. Da ich meine Schätze in meinem inneren Königreich habe, muss ich sie dauerhaft haben. Wenn ich eine Blume sehe und sie liebe, kann ich meine Augen schließen; ich materialisiere sie nicht, sondern ich verwirkliche sie in mir. Indem ich sie im Licht des Himmels sehe, kann ich sie jeden Augenblick, der mir beliebt, in meinem Gedächtnis hervorbringen. Wer kann mir das wegnehmen?"

Nick: Also mangelt es einem an nichts, es gibt keinen Mangel und deshalb sollte es auch keine Anhaftung geben – nur Nichtanhaftung!

Daskalos: Daran besteht kein Zweifel. Ja, man transformiert Materie in etwas Wirklicheres – die Formen, die Farben, die Gestalten. Denn der menschliche Geist ist wirklicher als das, was er zum Ausdruck bringt. Ja, „Nichtanhaftung". Indem ich jedes Ding für sich liebe, binde ich mich daran. Jedoch alles zu lieben ist Loslösung (sich nicht damit zu identifizieren). Warum sollte ich mich an etwas binden und nicht im Ganzen sein, das heißt in der Expansion, im Überbewusstsein, an vielen Orten und in vielen Zuständen gleichzeitig? Ich gehe über die Illusionen der Zeit hinaus. „Ich trete in Deine Allgegenwart ein, Geliebter, und ich kann Dich überall lieben. In allem kann ich Dich lieben. Durch Expansion verliere ich Dich nicht, mein Geliebter, ich gewinne mehr von Dir! Mehr von Deiner Liebe, mehr sogar von Deiner menschlichen Erscheinung als Joshua. Ich kann Dich in allem finden, was ich liebe."

Das ist für mich bedingungslose Liebe.

Strovolos, Zypern
30. März 1994

Fußnoten

[1] Stylianos Atteshlis, *The Symbol of Life,* Nicosia, Zypern: The Stoa Series, 1998, S. 70, 202

[2] Stylianos Atteshlis, *The Esoteric Teachings* (im Eigenverlag, gedruckt in Zypern von IMPRINTA LTD, Nikosia, Zypern), S. 122

[3] Stylianos Atteshlis, aus: *The Esoteric Teachings*, S. 101-106

[4] Ibd., S. 144-145

[5] Ibd., S. 98

[6] Stylianos Atteshlis, aus: *The Esoteric Teachings*, S. 36, 66

[7] Michael Trout, *The Infant-Parent Institute Newsletter,* Champaign, Illinois, September 1992

[8] John Bowlby & James Robertson, aus: „What Price Separation?", *Mothering,* Summer 1992

[9] Selma Fraiberg, *The Magic Years: Understanding and Handling The Problems of Early Childhood,* New York: Charles Scribner's Sons, 1959, S. 35-38

[10] Ibd., S. 45-47

[11] Ibd., S. 56-66

[12] Ibd., S. 91-95, 107-108

[13] Ibd., S. 133-135

[14] Ibd., S. 168-176

[15] Erik H. Erikson, *Childhood and Society,* New York: W.W. Norton and Co. © 1950, 1963 by W.W. Norton & Company, Inc., © 1978, 1991 by Erik H. Erikson. Mit Genehmigung der W.W. Norton & Company, Inc.

[16] Fraiberg, *The Magic Years,* S.160-168

[17] Ibd., S. 189-192

[18] Ibd., S. 242-244

[19] W.H.C. Frend, *The Rise of Christianity*, Philadelphia: Fortress Press, 1984, S. 67

[20] Ibd., S. 18

[21] Erikson, *Childhood and Society*, S. 259

[22] Ibd., S. 260-261

[23] Stephen Mitchell, übers., *Tao Te Ching: A New English Version*, New York: Harper and Row, 1988, S. 44

[24] Erikson, *Childhood and Society*, S. 261

[25] Ibd., S. 261-262

[26] Ibd., S. 262

[27] Frend, *The Rise of Christianity*, S. 24-25

[28] Ibd., S. 25-26

[29] Stephen Mitchell, hrsg., *The Enlightened Mind: An Anthology of Sacred Prose*, New York: Harper Collins, 1991, S. 3

[30] Ibd., S. 51, 215

[31] Erikson, *Childhood and Society*, S. 263-264

[32] Mitchell, *Tao Te Ching*, S. 19

[33] James Hillman & Michael Ventura, *We've Had a Hundred Years* of *Psychotherapy and the World's Getting Worse,* New York: Harper San Francisco, 1992, S. 6

[34] Ibd., S. 17-21

[35] Ibd., S. 152

[36] Ibd., S. 29

[37] Stylianos Atteshlis, *The Esoteric Teachings,* S.167

[38] Huston Smith, *The World's Religions,* New York: Harper San Francisco, 1991, S. 83-86

[39] J.G. Bennett, *Enneagram Studies,* York Beach, Maine: Samuel Weiser, Inc., 1983, S. 132

[40] Mir Valiuddin, hrsg. und übers., *Love of God,* Farnham, Surrey (England): Sufi Publishing Co. LTD., 1972, S.196

[41] Ibd., S. 197-198

[42] Stephen Mitchell, übers., *Tao Te Ching: A New English Version,* New York: Harper and Row, 1988, S. 2, 45

[43] Stephen Mitchell, hrsg., *The Enlightened Mind: An Anthropology of Sacred Prose,* New York: Harper Collins, 1991, S. 88-89

[44] Pancavimsatisahasrika, zit. in Philip Novak, hrsg., *The World's Wisdom,* Edison, New Jersey: Castle Books, 1994, S. 80-81

[45] W.H.C. Frend, *The Rise of Christianity,* Philadelphia: Fortress Press, 1984, S. 91

[46] Ibd., S. 96-97
[47] Huston Smith, zit. in *The World's Religions*, New York: Harper San Francisco, 1991, S. 138
[48] Aus *Zen Word, Zen Calligraphy* von Eido Tai Shimano und Kogetsu Tani. 1990, 1995 Theseus Verlag, Zürich, München. Nachdruck der Shambhala Publications, Inc., Boston, S. 49
[49] Ibd., S. 151
[50] Stylianos Atteshlis, *The Esoteric Teachings,* S. 31
[51] Black Elk, *The Sacred Pipe,* Norman: University of Oklahoma Press, 1953, S. 3-4, aufgenommen und hrsg. von Joseph Epes Brown
[52] Ibd., S. 31, 43
[53] Michael Harner, *The Way of the Shaman,* New York: Bantam Books, 1980, S. xii-xvi
[54] Smith, zit. in *The World's Religions,* S. 75-76
[55] Ibd., S. 75
[56] Ibd., S. 76-77
[57] Novak, hrsg., zit. in *The World's Wisdom,* S. 63
[58] Smith, *The World's Religions,* S. 40
[59] Frend, *The Rise of Christianity,* S. 125-126
[60] Smith, *The World's Religions*, S. 231-233
[61] Novak, hrsg., zit. in *The World's Wisdom,* S. 283
[62] Ibd., S. 289

Glossar

Alternative Spiritualität

Alternative Spiritualität bezeichnet die modernen eklektischen spirituellen Richtungen, die sich außerhalb der Hauptreligionen bewegen; die Spiritualität des „New Age".

Bewusstsein

In diesem Buch wird Bewusstsein insbesondere als das Tätigkeitsfeld der psychospirituellen Transformation gebraucht, in dem man vom geistigen Schlaf des Unterbewusstseins und der Trennung erwacht. Dieses Bewusstsein beginnt mit einer Erlösung und zeichnet sich durch das Verlangen aus, zur Quelle zurückzukehren. Das geschieht im Allgemeinen in den Bereichen der Chakren 4 und 5.

Chakra

Ein Sanskritwort das „Rad" bedeutet. Die Chakren in der menschlichen Persönlichkeit sind kreisrunde Energiestrudel, die eine energetische Verbindung zwischen dem Christus-Selbst und den mentalen, emotionalen und physischen Körpern auf verschiedenen Erfahrungsebenen bilden.

Christus-Selbst

Der individualisierte göttliche Geist, der in jedem von uns wohnt, bildet unsere wahre Identität als Sohn oder Tochter Gottes. Die Bibel beruft sich auf diesen Geist als „das wahrhaftige Licht, welches alle Menschen erleuchtet, die in diese Welt kommen" (Johannes 1, 9). Daskalos bezieht sich auf das Christus-Selbst als die „Heilige Monade" oder das „Geist-Ego-Selbst". Die alternative Spiritualität gebraucht oft den Ausdruck „das höhere Selbst".

Derzeitige oder gegenwärtige Persönlichkeit

Das unentwickelte Bild der permanenten Persönlichkeit, die wir gemeinhin als Persönlichkeit des Einzelnen verstehen. Daskalos erklärt die derzeitige Persönlichkeit als die Gesamtsumme der Elementalschöpfungen des betreffenden menschlichen Geistes.

Ego

Dieser Ausdruck wird – neben der üblichen Bedeutung – in diesem Buch auch so verwendet:

Die Selbst-Identität, die aus der Beobachtung der eigenen menschlichen Natur kommt. Diese Fähigkeit zur Selbstbeobachtung unterscheidet das menschliche Wesen vom Tierreich.

Siehe auch Geist-Ego-Selbst.

Egoismus

Die Identifizierung des Egos mit dem inneren Netzwerk negativer Elementale, die zur Trennung und zum Leiden führt.

Einssein

Bewusstes, aufrechterhaltenes Gewahrsein des „Eins-Seins", das zwischen dem höheren Selbst und der ganzen Schöpfung existiert. Einssein manifestiert sich als ein Zustand ständiger, universaler und bleibender Vergebung gegenüber allen Lebewesen. Dieser Zustand ist in östlichen Kreisen als „Erleuchtung" oder „Einheitsbewusstsein" bekannt und wird von Daskalos „Theose" oder „Selbst-Überbewusstsein" genannt.

Elementale

Ein Ausdruck, den Daskalos gebraucht, um Wesenheiten oder Formen im menschlichen Energiefeld zu bezeichnen, welche durch Gedanken erschaffen sind.

Negative Elementale sind emotionale Gedankenformen, die unbewusst erschaffen werden, um materielles Verlangen zufriedenzustellen und den Wünschen des Egos zu dienen. Die Erschaffung von negativen Elementalen ist der Prozess der Abhängigkeit und bindet die Persönlichkeit auf der materiellen Ebene als deren Sklave und erschafft so die Bedingungen für Leiden. Die Bibel bezeichnet negative Elementale als „unreine Geister" oder „Dämonen". Daskalos nennt negative Elementale auch „Wunschgedanken". Sie existieren in aufgeblähten Formen, „Ego-Stärken" genannt, und in zusammengeschrumpften Formen, den „Ego-Schwächen".

Positive Elementale sind reine Gedankenformen oder Tugenden, erschaffen durch den höheren Geist (higher mind) unter Inspiration des göttlichen Geistes (Spirit). Daskalos nennt positive Elementale auch „Gedankenwünsche". Tugenden reinigen die widerspiegelnde Funktion des Geistes (mind) und erlauben dem Christus-Selbst sich klarer und deutlicher im Bewusstsein zu spiegeln. Ein positives Elemental mag einem aufgeblähten negativen Elemental oder „Ego-Stärke" ähnlich erscheinen, wenn es sich im äußeren Verhalten einer Person manifestiert.

Seine gegenwärtige Wirklichkeit wird durch die Motivation des Erzeugers des Elementals bestimmt.

Enneagram

Ein neunstrahliges Stern-Diagramm, das man gebrauchen kann, um neun verschiedene Persönlichkeitstypen und ihre Beziehungen untereinander zu beschreiben.

Erleuchtung

Siehe "Einssein".

Erlösung

Das Erwachen zum Bewusstsein des inneren Christus-Selbst; die Erfahrung „wiedergeboren" zu werden.

Exosomatose

Außerkörperliche Erfahrung

Der Fall

Der Verlust des Gewahrseins unserer göttlichen Natur führt zur ausschließlichen Identifizierung mit einer isolierten Egoform. Der Ausdruck kommt aus der biblischen Geschichte von Adam und Eva, die hier als ein Sinnbild dieses Prozesses der Trennung von Gott in unserer Wahrnehmung gesehen werden kann.

Geist (engl. mind)

Laut Daskalos ist mind die „Übersubstanz", aus der die gesamte Wirklichkeit des Universums unterhalb der Ebene des göttlichen Geistes erschaffen ist.

Geist (engl. spirit)

Die höchste und unmittelbarste Offenbarung der Gottheit

Geist-Ego-Selbst

Ein Ausdruck für das Christus-Selbst, den Daskalos gebraucht, um dessen individualisierte Natur zu betonen. Siehe Christus-Selbst.

Gnade

Die bedingungslose Ausdehnung der Liebe

Der Heilige Geist

In der christlichen Theologie die dritte Person der Heiligen Dreieinigkeit. Laut Daskalos drückt sich dieser Aspekt der Göttlichkeit als die unendliche Macht Gottes durch die Schöpfung des Universums aus.

Heilige Monade

Siehe „Christus-Selbst".

Hölle

Das Leiden und die Furcht, die unvermeidlich aus Selbstsucht resultieren.

Identifizieren

Sich mit einer inneren Erfahrung identifizieren bedeutet sie mit der Überzeugung verknüpfen, dass „sie ein Aspekt meines wirklichen Ich ist". Sich nicht mit einer inneren Erfahrung identifizieren bedeutet mit der Überzeugung darauf reagieren, dass „das, was in mir ist, nicht das wirkliche Ich ist".

Jungsche Psychologie

Die nachfreudsche Tiefenpsychologie, die sich auf die Theorie von Carl G. Jung gründet. Jung dehnte Freuds Konzept vom Unbewussten aus, um das kollektive Unbewusste einzuschließen. Das kollektive Unbewusste enthält Archetypen oder Mythos erschaffende Muster, die das Individuum mit der ganzen Menschheit und dem Kosmos verbindet.

Mandala

Eine symbolische visuelle Darstellung vom Fluss geistiger Energien, im Allgemeinen mit dem tibetischen Buddhismus assoziiert.

Menschensohn

Unsere menschliche Natur
Sohn Gottes : Die göttliche Natur des Menschen. Siehe „Christus-Selbst".

Panökumenismus

Das Prinzip und die Praxis, die wesentliche spirituelle Einheit aller größeren Weltreligionen anzuerkennen und zu fördern und dabei alternative spirituelle Praktiken anzuwenden, die zum Fortschritt führen.

Permanente Persönlichkeit

Ein Ausdruck, mit dem sich Daskalos auf die ewige und unveränderliche Identität des Menschen bezieht; sie wurde ihm von Gott verliehen.

Psychospirituelle Transformation

Die Wandlung, die sich in der Persönlichkeit vollzieht, wenn sie auf ihrem Weg zum spirituellen Erwachen fortschreitet; der Prozess der Heilung.

Reue

Der Prozess, in dem die blinden Punkte des Bewusstseins, des Schattens, in das Licht des Geistes zur Heilung gebracht werden. Dieser Prozess wird heutzutage Psychotherapie genannt. Das führt zu metanoia, übersetzt aus dem Griechischen als eine „Veränderung des Geistes" (der Vorstellung, wer ich bin).

Der Schatten

Ein Ausdruck geprägt von Carl G. Jung, um die blinden Gebiete im Bewusstsein zu beschreiben. Der Schatten wird durch Egoismus erlebt. Der „innere Judas", wie in diesem Buch beschrieben, ist gleichwertig mit dem Schatten.

Seele

Das fortschreitende, multidimensionale Wesen, erzeugt durch das Zusammenwirken der göttlichen Natur (der Sohn Gottes) mit der menschlichen Natur (der Menschensohn).

Selbst-Bewusstsein

Ein Ausdruck, den Daskalos gebraucht, um die Stufe der psychospirituellen Transformation zu bezeichnen, wo man sich selbst und andere direkt als das Christus-Selbst wahrnimmt. Das ist das Reich der Vergebung und der endgültigen Hingabe an die Wahrheit. Dies geschieht größtenteils im Bereich des sechsten Chakras. Das Selbst-Bewusstsein hält an einer dualistischen „Ich-Du"-Wahrnehmung fest und bedeutet damit die Vorstufe zum Einheitsbewusstsein des Selbst-Überbewusstseins.

Selbst-Überbewusstsein

Siehe Einssein.

Sohn Gottes

Die göttliche Natur des Menschen. Siehe „Christus-Selbst".
Menschensohn: Unsere menschliche Natur

Theose

Einssein mit dem *einen* Gott und der ganzen Schöpfung. Siehe „Einssein".

Transpersonale Psychologie

Ein moderner Wissenszweig aus den späten 1960er-Jahren, der die Spiritualität und transzendentalen Bedürfnisse als wesentliche Aspekte der menschlichen Natur betont.

Trennung

Der Verlust des Gewahrseins der Verbindung zu Gott und zum inneren Christus-Selbst; die Erfahrung geistig „verloren" zu sein. Siehe „Der Fall".

Das Unbewusste

Die Aspekte des inneren Lebens, die außerhalb der bewussten Wahrnehmung liegen.

Das Unterbewusstsein

Ein Ausdruck, den Sigmund Freud gebrauchte, um verdrängte persönliche Erinnerungen und instinktive Neigungen zu beschreiben, die unbewusst das Verhalten steuern. Daskalos beschreibt das Unterbewusstsein als das „Zuhause der derzeitigen Persönlichkeit", da dieses den Komplex der negativen Elementale enthält, welche den Egoismus der unentwickelten Persönlichkeit steuern und zufriedenstellen. Das Unbewusste findet sich hauptsächlich in den Bereichen der Chakren 1, 2 und 3.

Vergebung

Die direkte geistige Wahrnehmung der göttlichen Natur oder des Christus-Selbst in uns oder in einer anderen Person. Vergebung setzt voraus, daß man vergangene menschliche Fehler in diesem Prozess erkennt.

Über die Autoren

Dr. med. Nicholas Demetry ist ein transpersonaler Psychiater, der sich der Selbstverwirklichung widmet. Er lernte bei mehreren spirituellen Lehrern, Heilern und Schamanen und integrierte Techniken und Methoden traditioneller Therapien in die alternativen Praktiken. Seinen medizinischen Doktorgrad erwarb er an der Emory-Universität in Atlanta, Georgia, USA. Nach Abschluss seines Medizinstudiums setzte er seine Studien an der Universität in Hawaii fort und spezialisierte sich auf allgemeine Psychiatrie und transkulturelle Studien. Er ist geprüftes Mitglied der amerikanischen Gesellschaft für ganzheitliche Medizin und führt eine Heilpraxis in Atlanta, Georgia, USA.

Dr. Demetry leitet die „Etherikos International School of Energy Healing and Spiritual Development" in Atlanta, die Programme und Seminare in Amerika, Deutschland, Norwegen, Island, Ungarn, Slowakei, Tschechien und Rumänien durchführt. Er vertiefte sich bei Helen Palmer in das Enneagramm und lehrt es. Bei Stylianos Atteshlis (Daskalos) in Strovolos, Zypern, studierte er christlichen Mystizismus und Heilung.

Dr. med. Edwin L. Clonts erhielt seinen Doktorgrad an der Universität von Tennessee, USA, für Gesundheitswissenschaft. Er erweiterte ein familientherapeutisches Zentrum durch ein der Universität von Minnesota, USA, angeschlossenes Programm. Er ist ein außerordentlicher klinischer Professor an der Abteilung Familientherapie der

Universität Minnesota und geprüftes Mitglied der amerikanischen Gesellschaft für ganzheitliche Medizin und praktiziert eine Synthese von ganzheitlicher und allopathischer Medizin bei Minneapolis, St. Paul, USA, mit dem Schwerpunkt der Gesundheitsvorsorge. Dr. Clonts ist seit Jahren Studierender der Werke „Urantia Buch" und „Ein Kurs in Wundern". Er lernte bei Stylianos Atteshlis (Daskalos), der ihn dazu anregte, den Geist und die Lehren dieser großen Werke zu verwirklichen. Indem er sich vom Leben und von der Weisheit Jesu führen lässt, versucht er ein Modell zu entwickeln, das die fundamentale geistige Einheit der Weltreligionen aufzeigt.

Informationen

über Seminare, Ausbildungsprogramme,
Heilungs-Sitzungen und CDs der

Etherikos International School
für Energie-Heilung und Spirituelle Studien

U.S.A.:
Nicholas C. Demetry, M.D.
990 Soaring Way
Marietta, GA 30062, USA
Tel. 001-770-435-0180
Fax 001-770-956-9949
Web: www.etherikos.com

Edwin L. Clonts, M.D.
P.O. Box 5614
Hopkins, MN 55343, USA
e-mail: clonte@
parknicollet.com

Deutschland / Österreich:
Birgitta Richter
Gschwend 77
A-6932 Langen b. Bregenz
Tel. 0043-5575-20001
Fax 0043-5575-4745
e-mail: birgittarichter@
yahoo.de

Gertraud Anzenhofer
Paosostr. 51A
D-81241 München
Tel./Fax 0049-89-831924

Joachim G. Vieregge
Riedweg 10
D-83674 Gaissach
Tel. 0049-8041-8851
Fax 0049-8041-75293
e-mail: vieregge@
compuserve.de

Hartmut Suffert
Franklinstr. 82
D-70435 Stuttgart
Tel. 0049-711-820 8200
Mobil 0049-172-510 1116
e-mail: hartmutsuffert@
web.de

Ungarn:

Erica Miklody
1021 – Budapest, Hungary
Kuruclesi u– 47-B
Tel./Fax: 0036-1-200-2903

Slowakei / Tschechien:

Rudolf and Eva Stark
e-mail: stark@alfamilia.sk

Island:

Solbjort Gudmundsdottir
Skarphedinsgata 18
105 Reykjavik, Iceland
Tel. 0354-552-4545
Fax 0354-872-1945
e-mail: solbjort@ismennt.is

Im **Heinrich Schwab Verlag** erschienen:

SWAMI OMKARANANDA:

Der universelle Geist der Bergpredigt
ISBN 3-7964-0092-2, kart., 59 S.
Der kürzeste Weg zur Gotterfahrung
Einblick in die Weisheitslehren von Swami Omkarananda
ISBN 3-7964-0181-3, geb., 640 S.
Berühre das göttliche Licht in dir
ISBN 3-7964-0177-5, geb., 141 S.
Leben im göttlichen Licht
ISBN 3-7964-0180-5, kart., 259 S.
Grundfragen und Gesetze des Lebens
ISBN 3-7964-0179-1, kart., 185 S.
Jemand
ISBN 3-7964-0215-1, kart., 175 S.
Das Licht des unendlichen Bewusstseins
ISBN 3-7964-0203-8, Leinen, 188 S.
Die Entwicklung der okkulten Kräfte
ISBN 3-7964-0095-7, kart., 77 S.
Erkenntnis und Erleuchtung in west-östlicher Bedeutung
ISBN 3-7964-0200-3, kart., 76 S.
Friede, Freude, Kraft
ISBN 3-7964-0202-X, Leinen, 191 S.
Geist und Leben (u.a. Autoren)
ISBN 3-7964-0212-7, Leinen, 200 S.
In der Gegenwart des Höchsten
ISBN 3-7964-0090-6, kart., 191 S.
Mensch und Universum
ISBN 3-7964-0217-8, kart., 156 S.

Perlen aus dem Meer der Weisheit
ISBN 3-7964-0209-7, kart., 115 S.

Selbst-Verwirklichung als Wissenschaft und höchste Erfüllung
ISBN 3-7964-0210-0, kart., 160 S.

Stille ist dein wahres Sein
ISBN 3-7964-0211-9, kart., 147 S.

Stufen zur Selbstverwirklichung
ISBN 3-7964-0094-9, kart., 65 S.

Vom kosmischen Bewusstsein
ISBN 3-7964-0091-4, kart., 56 S.

Wege zu Glück und Unsterblichkeit
ISBN 3-7964-0093-0, kart., 73 S.

JOEL S. GOLDSMITH:

Das mystische Ich
ISBN 3-7964-0173-2, kart., 266 S.

Die Kunst der Meditation
ISBN 3-7964-0186-4, kart. 202 S.

Der Donner der Stille (auch auf Französisch)
ISBN 3-7964-0072-8, kart., 222 S.

Der Geist, der in uns lebt (Practicing the Presence)
ISBN 3-7964-0045-0, kart., 195 S.

Ein Leben zwischen zwei Welten
ISBN 3-7964-0170-8, kart., 249 S.

Die Kunst der geistigen Heilung (auch auf Französisch)
ISBN 3-7964-0168-6, kart., 259 S.

LORRAINE SINKLER:

Der geistige Lebensweg von Joel S. Goldsmith
ISBN 3-7964-0033-7, Leinen, 282 S.

Im **Heinrich Schwab Verlag** erschienen:

SATYAMAYI:

Sri Ramana Maharshi – Im Lotus des Herzens
ISBN 3-7964-0174-0, kart., 272 S.

Sri Ramakrishna – Ein Lebensbild
ISBN 3-7964-0071-X, Leinen, 198 S.

SHANKARACHARYA:

Das Kronjuwel der Unterscheidung
ISBN 3-7964-0172-4, geb., 473 S.

Sieben Kleinode geistiger Erkenntnis
ISBN 3-7964-0175-9, geb., 235 S.

Das Herz des Vedanta
Zusammenfassung der Kerngedanken sämtlicher Upanishaden
ISBN 3-7964-0178-3, geb., 528 S.

SWAMI SIVANANDA:

Die Überwindung der Furcht
ISBN 3-7964-0169-4, kart., 108 S.

Hatha-Yoga
ISBN 3-7964-0097-3, Leinen, 153 S.

Licht, Kraft und Weisheit
ISBN 3-7964-0100-7, kart., 81 S.